Wolfgang Schmidbauer
Therapy on Demand

Wolfgang Schmidbauer

Therapy on Demand

Narzissmus und bedarfs-orientierte Psychotherapie

Walter

Bibliografische Information der Deutschen Bibliothek
Die Deutsche Bibliothek verzeichnet diese Publikation in der Deutschen Nationalbibliografie; detaillierte bibliografische Daten sind im Internet unter http://dnb.ddb.de abrufbar.

Druck und Bindung: Clausen & Bosse, Leck
ISBN 3-530-42190-1
www.patmos.de

Inhalt

Einleitung

Zuerst einmal nicht schaden!

Die klassische »große Psychotherapie« als einmalige, lebensbeeinflussende Erfahrung scheint zu veralten. Wer länger als Psychotherapeut arbeitet, entdeckt bald, wie viele Menschen nach einer solchen Behandlung später erneut Hilfe benötigen. Mir scheint es wichtig, eine Psychotherapiekultur zu entwickeln, die auf diese Gegebenheiten eingeht. Das bedeutet, das Modell der »fertigen« Therapie, des »durchanalysierten« oder »geheilten« Neurotikers aufzugeben und sich auf die rapide wachsende Zahl der Menschen einzustellen, die immer wieder von einer therapeutischen Arbeit profitieren bzw. durch sie vor Schlimmerem bewahrt bleiben.

Ein Modell der endgültigen Heilung in der Psychotherapie erscheint mir heute nicht nur unrealistisch, sondern auch gefährlich. Die Ansprüche des Kranken können sich dann mit denen eines Therapeuten zu einem Knoten verbinden. In der Behandlung droht die Gefahr, dass eine narzisstische Störung nicht gemildert wird, sondern sich steigert. Der Kranke hat das Empfinden, nicht groß, nicht erfolgreich genug zu sein; er sucht Hilfe, um endlich zu gewinnen, was ihm zusteht und woran ihn Ängste hindern. Hier Heilung anzukündigen, ohne die mitgebrachten Größenvorstellungen zu kritisieren, ist sehr gefährlich und kann die Probleme des Kranken verstärken.

In Supervisionen habe ich oft den Eindruck gewonnen, dass der Gedanke an den »erfolgreichen Abschluss« der Therapie die Wahrnehmung vieler Analytiker blockiert und Klienten einen schlechten Dienst erweist. Manchmal will es der »geheilte« Kranke seinem Therapeuten nicht zumuten, ihm ungeheilt wieder unter die Augen zu treten. So wird der Therapeut in seinem Glauben an Heilung bestärkt und der nächste Therapeut in der Illusion gehalten, er werde durch eine neue Technik leisten, was sein Vorgänger nicht geleistet hat. Die zu Grunde liegende, narzisstische Störung bleibt unbearbeitet.

Der naive Betrachter stellt sich eine professionelle Entwicklung in der Regel so vor, dass jemand in der Ausübung seines Berufs immer

Größeres leistet, schwierigere Probleme löst und seine Umwelt durch seine Erfolge beeindruckt. Ich will hier eine Gegenthese entwickeln, die mir nicht nur in Bezug auf die Angehörigen der helfenden Berufe – Sozialpädagogen, Psychotherapeuten und Ärzte – angebracht erscheint, sondern auch angesichts eines durchdachten und humanen Umgangs mit der Welt schlechthin. Sie beruht auf einem einfachen und schon in der klassischen Medizin bekannten Prinzip, das in unserer hoch technisierten und fortschrittsgläubigen Welt freilich ebenso glatt vergessen wird, wie es von der Zunge des Lateinkundigen rollt: *Primum nil nocere*. Das erste Gesetz der Professionalität ist es, keinen Schaden anzurichten.

Wer sich als Psychotherapeut (ebenso wie als Supervisor oder Coach) ausdauernd und aufmerksam bemüht, den von ihm angerichteten Schaden zu erkennen und zu vermindern, wird nicht lediglich einen banalen und eigentlich selbstverständlichen Teil seiner professionellen Aufgabe erfüllen. Er entwickelt vielmehr den Kern seiner Kompetenz, wenn er immer genauer herausfindet, was er durch voreilige oder übereifrige Bemühungen, Ehrgeiz, Geltungssucht, Erfolgsansprüche anrichtet, wo er die Zeit seiner Klienten (und die eigene Kraft) verschwendet, weil er sein Selbstgefühl auf ihre Kosten sichern möchte und sich sinnlos anstrengt, um seine Kompetenz zu beweisen.

Wer sich kritisch mit den inneren Deformationen und neurotischen Hintergründen seines eigenen Berufsstandes auseinander setzt, wird manchmal als Nestbeschmutzer bekämpft. Mich stört dieser Vorwurf heute nicht mehr. Ich bin überzeugt, dass eine wirksame und ökonomische Behandlung der narzisstischen Störungen nur möglich ist, wenn die Therapeuten bereit sind, sich selbst zu kritisieren und sich vor primitiven Idealisierungen des eigenen Standes, der eigenen Ausbildung oder therapeutischen »Schule« zu hüten. Denn diese machen den Helfer verwundbar für den primitiven Narzissmus seiner Klienten. Sie verführen ihn, auf Schmeichelei zu reagieren. Er will perfekt sein, kann weder Kritik annehmen noch die Entwertungen seiner Person als Zeichen einer schwer wiegenden seelischen Problematik unglücklicher Personen untersuchen und diesen dabei helfen, sich darüber klar zu werden, was sie in hilfloser Rachsucht anrichten.

Die Einsicht, wie wichtig der Verzicht auf falschen Eifer und Rivalität mit anderen Helfern ist, wird durch einen zweiten Gedanken erleichtert: Der Gegensatz zwischen einer »nur« stützenden und einer »prozesshaften«, »verändernden«, »entwicklungsfördernden« Intervention ist ein Teil des Problems, kein Weg zu seiner Lösung. Es ist kein Zufall, dass eine zentrale Metapher, aus der er sich speist – Freuds Chirurgen-Gleichnis – mit ihrem mechanischen Bild die diffizile Situation einer psychologischen Behandlung nicht klärt, sondern parteiisch verdunkelt. In Wahrheit ist jede wirksame aufdeckende Psychotherapie auch eine stützende Behandlung, sie kann gar nichts anderes sein.

In der Praxis hat diese falsche Unterscheidung bereits zu einschneidenden Folgen geführt: Sehr viele seelisch schwer belastete Menschen würden keine Hilfe erhalten, wenn nicht die praktizierenden Psychotherapeuten die Regeln unterlaufen würden, nach denen sie von den Krankenkassen bzw. kassenärztlichen Vereinigungen kontrolliert werden.

Bei vielen krankenversicherten Personen, die nicht genügend Geld haben, um Psychotherapie aus der eigenen Tasche zu finanzieren, muss eine Behandlung durch gewisse Kunstgriffe bei der Darstellung von Lebensgeschichte und Psychodynamik als Veränderungs- und Heilungsprozess ausgegeben werden, während es in Wahrheit darum geht, Schlimmeres zu verhüten und ein Abgleiten in einen destruktiven Ausgang aufzuhalten.

Oft erfahren wir durch eine Psychotherapie eher, wie hartnäckig Ängste, Depressionen und vor allem Beziehungsschwierigkeiten sind, als dass wir uns von ihnen gänzlich befreien könnten. Viele unserer Klienten empfinden sich auch nach einigen Jahren einer Behandlung nicht als geheilt. Aber sie können sich, wenn die Psychotherapie kunstgerecht durchgeführt wurde, besser in ihrem Leben orientieren. Sie sind die ganze Zeit arbeitsfähig geblieben und haben nur selten mit somatischen Inszenierungen Krankenhausaufenthalte mit Operationen oder aufwändige Kuren beansprucht.

Manchmal wird eine solche Behandlung von den Krankenkassen finanziert, die nicht genau wissen dürfen, was sie da tun, denn sie sind gesetzlich beauftragt, von einer Heilungsveranstaltung auszugehen. In anderen Fällen zahlen die Klienten, weil sie wissen, was sie an einer Therapie haben, die nicht enden muss; häufig kommen ihnen Therapeuten entgegen, die ihren Auftrag auch so verstehen, für solche Begleitungen verfügbar zu sein, und dann auf einen Teil ihres Honorars verzichten. Es ist eine informelle, selten publizierte, kaum dokumentierbare, auf Therapiekongressen und in Ausbildungsinstituten eher geheim gehaltene Praxis.

Die Krankenkassen würden eine solche Behandlung nicht bezahlen, wenn der Bedarf nach ihr offen vorgetragen würde. Es gehört nicht zu ihrem Auftrag, prophylaktisch tätig zu sein, vorbeugende Maßnahmen gegen Klinikaufenthalte und Arbeitsunfähigkeit sind dagegen eine zentrale Aufgabe der bedarfsorientierten Psychotherapie. Obschon es viele Hinweise gibt, dass eine psychotherapeutische Stabilisierung narzisstischer Störungen eine der ökonomischsten Interventionen im Gesundheitssystem ist, haben sich die bürokratischen Prozesse nicht in dieser Richtung verändert.

Viele Therapeuten halten an dem Konzept der einmaligen, gründlichen Therapie fest. Wenn sie es schon nicht selbst an ihren Erfolgen beweisen können, dann nutzen sie es wenigstens, um sich über jene zu erheben, die nicht so gründlich arbeiten wie sie. Sie werden ironisch lächeln oder sich abwenden, wenn sie hören, dass ein Klient zehn oder zwanzig Jahre behandelt wurde und auf Befragen behauptet, das eigentliche Therapieziel, ein normales Leben in einer glücklichen Familie zu führen, keineswegs erreicht zu haben. Es kränkt den Helfer-Narzissmus, sich damit zu bescheiden, Ärgeres verhindert zu haben.

Schadensbegrenzung und Schadensvorbeugung in der Psychotherapie gilt nicht als Aufgabe unseres gesetzlichen Versicherungssystems. Stützende Behandlung sollte nach dem Kleingedruckten der Leistungsverträge entweder mit Medikamenten oder im Rahmen der Fünfminutenmedizin einer normalen ärztlichen Beratung stattfinden.

Es erfordert viel Aufmerksamkeit, Geschick und Engagement, in ihrem Selbstgefühl schwer gestörten Menschen durch eine psychotherapeutische Behandlung nicht zu schaden. Je größer die illusionären Erwartungen sind, die sich an eine Psychotherapie richten, desto stärker wird diese Gefahr. Wer hier sowohl Schaden vermeiden wie die hochbelastete Persönlichkeit stabilisieren kann, darf stolz darauf sein, dass ihm das gelungen ist. Und es schadet den Beteiligten, wenn sie sich selbstquälerisch oder vorwurfsvoll damit plagen, dass Heilungserwartungen unerfüllt bleiben mussten.
Analytische Psychotherapeuten belegen in ihren Berichten an die Kassengutachter, dass ihre Klienten an einer akut aufgetretenen, neurotischen Störung erkrankt sind, die eine günstige Heilungsprognose hat. Dann werden ihnen mehr Sitzungen bewilligt als bei Menschen, die unter chronischen seelischen Verletzungen und Behinderungen leiden. Niemand darf davon reden, dass ihr Leben erträglicher wird, wenn es einen professionellen Helfer gibt, der das labile Selbstgefühl festigt, die periodischen Wutanfälle neutralisiert, den Gefahren der Selbstzerstörung durch vorschnelles Hinwerfen von Freundschaften, Eigentum, Arbeitsplatz oder durch riskante Selbstbehandlungsversuche mit Drogen begegnet, so lange nicht ein Behandlungsplan und eine Prognose erstellt werden, die beide einem Heilungskonzept verpflichtet sind.
In einigen Fällen mag es sein, dass die seelisch Kranken, die einer solchen Begleitung bedürfen, nach einigen Jahren soviel Stabilität gewinnen, dass sie über kürzere oder längere Zeit ohne den Therapeuten leben und arbeiten können. In anderen Fällen gelingt das nicht. Um zu verhindern, dass sie arbeitsunfähig werden oder eine stationäre Behandlung benötigen, brauchen diese Klienten eine stabile, möglichst langjährige Beziehung zu einem vertrauten Therapeuten. Er soll in der Lage sein, sich schnell einen Überblick über die aktuelle narzisstische Krise zu verschaffen, und in einigen Sitzungen das angegriffene, vom Kollaps bedrohte Selbstgefühl wieder festigen.
Es liegt nahe, sich zu fragen, warum die Standesvertreter der Therapeuten, die doch in den beratenden Kommissionen der Kranken-

kassenverbände und der Kassenärzte sitzen und die Richtlinien verantworten, hier nichts unternehmen. Ich erkläre mir das durch die wachsende Konkurrenz zwischen den Therapieschulen. Um sich durchzusetzen, hat jede von ihnen mehr versprochen, als sich eigentlich halten lässt.
Pathetisch gesprochen: Mir scheint, dass die Psychotherapie hier ein Stück ihrer Seele verkauft hat. Wenn es nur noch darum geht, möglichst schnell und effektiv Menschen wieder aus der Behandlung zu entlassen, dann gehen sehr viele Qualitäten verloren, welche den ursprünglichen Sinn der Therapie ausgemacht haben. Es ist die geduldige, langfristige, korrigierende Begleitung, die ihrem eigenen Rhythmus folgt und nicht von außen getaktet wird. Es steckt eine Entwertung von Wachstum, von Pflege, von Kultur darin, verbunden mit der Überschätzung einzelner Interventionen und formalisierter Behandlungsschritte. Qualitätsmanagement durch dokumentierbare Maßnahmen angesichts dokumentierter Diagnosen? Daraus wird oft genug nur ein klägliches Haschen nach Quantitäten und Messdaten, welche die zentralen Qualitäten der psychotherapeutischen Behandlung außer Acht lassen. Von einem wirklichen Qualitätsmanagement in der Psychotherapie sind wir weit entfernt.

Haltung oder Technik?

Beruht Psychotherapie auf einer Haltung oder auf einer Technik? Die Antwort ist natürlich »Auf beidem!«, aber man kann zusätzlich sagen, dass diese zwei Aspekte in unterschiedlichen Situationen akzentuiert werden. Wer als Therapeut beginnt, wer angehende Therapeuten unterrichtet oder seine therapeutische Methode in der Konkurrenz unterschiedlicher Verfahren durchsetzen will, der betont die Technik. Er wendet sie an, er kann sie lehren, wer sie beherrscht, der wird erfolgreich arbeiten, wer sie nicht beherrscht, muss scheitern.
Die Technik reicht in der Praxis jedoch oft nicht aus, weil sie viel zu sehr auf eine spezielle Situation zugeschnitten ist und – mecha-

nisch angewendet – ihre versprochenen Wirkungen nicht entfaltet.

Wenn Fritz Perls mit seiner aus dem Psychodrama abgeleiteten Technik der Traumarbeit in Esalen einer Gruppe staunender Zuhörer die Geheimnisse der Gestalttherapie zeigt, dann fließen in seine Deutungen, Fragen und Anregungen dreißig Jahre Erfahrung als Psychoanalytiker, Philosoph, Arzt ein.

Wenn einer der Seminaristen nun in seinem Heimatland die in Kalifornien erlernten Techniken praktiziert und lehrt, wird ihm die erlernte Methode nicht zu einer vergleichbaren Ernte an Einsichten verhelfen. Wahrscheinlich wird er viel öfter *erklären*, dass die gestalttherapeutische Vorgehensweise solches oder solches vorschreibe. Er wird sich bei vielen Einfällen fragen, ob das jetzt ein technisch korrekter Einfall sei oder einer, der dem zu vermeidenden »verkopften« oder »autoritären« Umgang mit dem Klienten entspreche.

Ähnlich fragen sich unsichere Analytiker ständig, ob das, was sie tun, »analytisch« sei – gewiss viel öfter, als Freud sich das selbst gefragt hat. Eine zentrale Aufgabe der Supervision ist es, Berufsanfänger darin zu fördern, *alle* Kompetenzen, die sie haben, in die Therapiesituation einzubringen und diese nicht durch eine negative Fixierung an die neu erlernte Technik verarmen zu lassen.

Um solche Widersprüche zu klären, ist der Begriff der Haltung sinnvoll. Sie umfasst einen viel weiteren Bereich als die Technik oder die Methode: eine Art grundsätzliche Einstellung, die sich vielleicht am besten als intuitive Strukturierung des Erlebnisfeldes beschreiben lässt. Dieses wird eben durch diese Haltung so gestaltet, dass möglichst viel geschieht, was der Arbeit des Therapeuten nützt, und möglichst wenig, was sie behindert.

Die therapeutische Haltung geht der Methode insofern voraus, als in keiner Therapie die Methode noch angewendet werden kann, wenn die Bereitschaft des Klienten zur Kooperation verloren geht. Daher ist unter dem Aspekt der therapeutischen Haltung jede technisch auch noch so korrekte Intervention zu vermeiden, die dazu führt, dass der Klient unzugänglich wird und aus der Zusammenarbeit aussteigt. Die richtige Deutung ist schlechter als die falsche (oder keine), wenn sie zu einem Abbruch der Zusammenarbeit führt. Die therapeutische Haltung richtet sich auf die Zusammenarbeit und darauf, sich über alle durch die Therapie entstehenden Probleme konstruktiv auszutauschen. Sie sorgt dafür, dass der Therapeut nichts tut, was seine Arbeit und seine Rolle unklar macht, belastet, blockiert.

In diesem Buch geht es mir darum, eine therapeutische Haltung zu vermitteln, die den Umgang mit narzisstisch traumatisierten Menschen erleichtert und angehenden Therapeuten dabei helfen kann, die Arbeit mit diesen Personen so fesselnd und herausfordernd zu finden wie die Suche nach dem verdrängten Konflikt des Neurotikers.

Ich ziehe die Ausdrücke »narzisstisch traumatisiert« und »narzisstische Störung« anderen Beschreibungen wie Frühstörung, Persönlichkeitsstörung oder Borderline-Persönlichkeit vor. Dieser Begriff ist genau genug, um uns zu vermitteln, dass es um etwas anderes geht als bei den Neurosen. Er ist offen, sucht wenig zu etikettieren und möglichst genau zu beschreiben. Er lenkt die Aufmerksamkeit auf die Geheimnisse der Kränkungsverarbeitung, deren Gelingen und Versagen die Helfer nicht weniger beschäftigt als ihre Klienten.

Therapy on Demand (TD), bedarfsorientierte Psychotherapie, ist von vielen Therapeuten schon immer praktiziert worden. Aber mir scheint manchmal, dass erfolgreiche Therapeuten dieses Geheimnis ihrer Arbeit eher verschweigen und es im Strom der offiziellen, von Ehrgeiz durchtränkten Schulmeinungen untergeht. Ich habe den Eindruck gewonnen, dass Therapeuten oft nichts davon ahnen und manchmal auch nichts davon wissen wollen, wie sehr das, was sie tun, das Selbstgefühl traumatisierter Menschen schädigen kann.

Obwohl ich seit vielen Jahren als Lehranalytiker und Supervisor an einem analytischen Institut arbeite, habe ich aus frühen Begegnungen mit verschiedenen anderen Methoden und einem ausgeprägten Interesse an Kulturforschung und Lernpsychologie eine Art Immunität gegen Dogmatik in der Psychotherapie erworben. Ich schreibe nicht für Analytiker allein, sondern für alle Leser, die ihr Verständnis für

Störungen des Selbstgefühls vertiefen wollen, ob es nun Psychologen, Pädagogen, Ärzte, Verhaltenstherapeuten, Systemiker – oder Betroffene! – sind.

Grundsätze der *Therapy on Demand* (TD)

Therapy on Demand unterscheidet sich in folgenden Punkten von der klassischen Psychoanalyse und psychoanalytischen Therapie einerseits, von der traditionellen »kleinen« oder »stützenden« Psychotherapie andererseits:

1. Angesichts der zunehmenden Zahl so genannter »narzisstischer« Störungen ist die gesellschaftliche Geltung der theoretisch anspruchsvollen psychotherapeutischen Methoden – vor allem auch der Psychoanalyse – bedroht. Es kommt häufiger vor, dass die Größenfantasie eines oder einer Erkrankten mit der Größenfantasie eines Helfers unheilvoll interagiert. Dann sprechen später in Beratungsstellen oder psychotherapeutischen Kliniken Kranke vor, denen es nach jahrelanger, mehrstündiger Psychoanalyse nicht besser, sondern sogar schlechter geht als zuvor. Verhaltenstherapeuten publizieren solche Fälle als Beweis für ihre Vorurteile gegen die Psychoanalyse. TD soll solche Entwicklungen verhindern und helfen, sich von primitiven (beruflichen) Idealisierungen zu distanzieren.
2. Die Vorstellung einer »Heilung« narzisstischer Störungen und traumatischer Entwicklungen wird in diesem Kontext als problematisch erkannt. Wer sie anbietet oder entsprechenden Illusionen eines Kranken nicht aufklärend, sondern gewährend (und daher scheinbar zustimmend) begegnet, wird bei solchen Erkrankungen einen immensen, vergeblichen Aufwand betreiben. Eine Dokumentation dieser Problematik bietet Tilman Mosers jüngstes Buch *Bekenntnisse einer halb geheilten Seele*[1].
3. Traumatisierungen führen zu Strukturschwächen des Selbstgefühls und stimulieren eine illusionäre, perfektionistische Sehnsucht

nach einem »ganz normalen Leben«, das mit Hilfe einer Therapie hergestellt werden soll. Therapeuten können in einer Halt gebenden Beziehung die Kranken stabilisieren und eine konstruktive Entwicklung einleiten. Aber es gelingt in vielen Fällen nicht, diesen Prozess so abzuschließen, dass in Zukunft keine therapeutische Hilfe mehr notwendig ist. Wenn dies von der Therapie erwartet wird, kann sie den Zustand des Kranken und das Selbstgefühl des Therapeuten erheblich belasten. TD kann die Betroffenen von diesem letztlich deprimierenden Perfektionismus befreien.

4. TD ist »stützende« und aufdeckende Therapie zugleich. Sie ermittelt aus der Biografie des Kranken, der Familiendynamik und den soziokulturellen Einflüssen verletzliche Punkte. Sie unterstützt den Kranken in der Unterscheidung zwischen gravierenden Problemen und harmlosen Kränkungen. Sie bietet eine bedarfsorientierte, möglichst ökonomische Hilfe an, um in Selbstgefühlskrisen schnell und wirkungsvoll wieder eine Stabilisierung herzustellen.

5. TD verzichtet darauf, die endgültige Trennung vom Therapeuten als Ziel einer regelrechten, »abgeschlossenen« analytischen Behandlung zu fordern; sie lässt diese Frage offen. Sie strebt eine Kultur der therapeutischen Praxis an, in der es ohne großen formalen und emotionalen Aufwand möglich ist, in Krisen mit einer vertrauten, bereits früher als stabilisierend erlebten Person zu sprechen und einen Rahmen für bedarfsorientierte *on-demand*-Interventionen zu finden, der sowohl die Bedürfnisse des Patienten als auch des Therapeuten berücksichtigt und dem Klienten Sicherheit gibt, ohne ihn in seiner Autonomie einzuschränken. Ziel einer Behandlung ist nicht die Ablösung, sondern die innere Freiheit des Klienten, je nach Bedarf fortzubleiben oder wiederzukommen.

6. TD versucht, die umfassende Theorie der Psychoanalyse um Gesichtspunkte aus der Narzissmusforschung, Bindungstheorie und Systemtheorie zu ergänzen. Ziel ist ein Gesamtkonzept aller eventuell in einer Lebensgeschichte notwendig werdenden Interventionen. Dieses wird in engem Austausch mit dem Patienten entworfen, schrittweise umgesetzt und je nach den Ergebnissen modifiziert.

7. TD versteht sich als professionelle Haltung, die eine dauernde Reflexion der eigenen Gegenübertragung voraussetzt, um die Mitte zwischen »stützenden« Interventionen und anderen zu finden, welche den Kranken konfrontieren und seine Autonomie fördern. Der Therapeut benötigt, um nicht unangemessen von eigenen Kränkungen oder narzisstischen Bedürfnissen beeinflusst zu werden, eine Intervisionsgruppe, die sein Berufsleben begleitet und *on demand* sichert, dass er nicht auf Grund eigener, unerkannter Stabilisierungsbedürfnisse seine abstinente Haltung einbüßt.

Teil 1

Das Phänomen des Narzissmus

1. Das verletzte Selbstgefühl und seine Stützen

Wer kleine Kinder beobachtet, erkennt deutlich, wie sehr sie die periodische Annäherung an einen einfühlenden, auf sie bezogenen Erwachsenen (das »Objekt«) benötigen. Das seelische System entwickelt sich optimal, wenn es sich in Krisensituationen an ein reiferes System annähern und mit ihm kommunizieren kann. Unter diesen Bedingungen werden die inneren Reize in dem kindlichen System nicht so bedrohlich, dass Notmechanismen entwickelt werden müssen, um sie unter Kontrolle zu bringen.
Biologisch ist der Mensch weder Nesthocker noch Nestflüchter, sondern ein Kontaktwesen; die Fähigkeit zur Kontaktaufnahme ist beim menschlichen Säugling weiter entwickelt als bei vielen anderen Lebewesen. Trotz der relativ hohen Ausreifung des kindlichen Organismus (wenn wir ihn mit typischen »Nesthockern« vergleichen) ist das Menschenkind sehr lange von den Erwachsenen abhängig. Innerseelisch ist die Gedächtnisspur einer vertrauten Person, eines Objektes der Spiegelung und der Identifizierung, die wichtigste Stütze des Selbstgefühls.

Krisen des Selbstgefühls

Für den kindlichen Organismus geht es anfänglich sehr schnell um Leben und Tod. Das Ich ist noch wenig entwickelt; es kann sehr viele Reize nicht einordnen. Die herzzerreißende Not, welche wir aus dem Schreien des Säuglings heraushören, entspricht mit hoher Wahrscheinlichkeit einer entsprechenden inneren Bedrohung. Das kleine Kind kann die eigenen Affekte, die eigenen Reaktionen von Wut, Angst, Trauer, Schmerz nicht einordnen und nicht bewältigen, wenn es nicht von jemandem begleitet und getröstet wird.
Vielleicht haben die Menschen unter primitiveren gesellschaftlichen Umständen die Verinnerlichung eines Regulationssystems für diese

Affekte nicht so sehr gebraucht. Wer als Jäger und Sammlerin in der Steppe lebt und jeden Tag nach Essen, Wasser und Schutz vor Raubtieren sucht, ist weniger als der Städter darauf angewiesen, emotionale Reize zu verarbeiten und zwischen unterschiedlichen Erlebnis- wie Reaktionsformen zu wählen. Er muss und darf mit einer körperlichen Aktion reagieren, durch die seine affektiven Spannungen abgebaut werden.

Ich glaube nicht, dass die narzisstischen Störungen einst adaptiv waren, weil sie dem Überleben in einer Welt des Faustrechts dienten. Aber ich bin überzeugt, dass sie in einer Gesellschaft ohne Gewaltenteilung und Bürokratie die von ihnen Betroffenen längst nicht so beeinträchtigt haben wie heute. Es war viel »normaler«, in Wut zu geraten und zuzuschlagen oder sexuelle Impulse in die Tat umzusetzen. Wer heute einen Streit mit dem Ehepartner, eine Kränkung beim Warten in der Supermarktschlange oder einen abweisenden Gesichtsausdruck des bewunderten Psychotherapeuten als eine Frage von Leben und Tod auffasst und inszeniert, gilt als gestört.

Freud sagt über die Symptombildung bei der Hysterie, dass sich hier älteres Menschtum darstelle.[2] Ergänzend lässt sich über Menschen mit Frühstörungen oder Borderline-Persönlichkeit sagen, dass sie in ihrem Leben sehr oft daran scheitern, dass ihre psychische Organisation einer modernen Gesellschaft mit ihren Brechungen des unmittelbaren emotionalen Auslebens durch Vernunft, Disziplin, Höflichkeit, Ironie und Humor nicht standhalten kann. Manchmal helfen ihnen Drogen zu einer funktionierenden Fassade. Doch ist dieser Gewinn an Stabilität teuer erkauft.

Seelische Störungen sind ein notwendiger Begleiter der menschlichen, d.h. der kulturellen Evolution. Die Kulturfortschritte sorgen dafür, dass es immer mehr und immer wirkungsvollere Systeme gibt, die ein Überleben von Säuglingen auch dann sicherstellen, wenn der primäre Schutz durch die Mutter versagt.

Die seelische Stabilität des Erwachsenen hängt damit zusammen, dass er seine Antriebe, die Umwelt neugierig zu erforschen und sie seinen Bedürfnissen entsprechend zu verändern, dank einem ausreichenden Reizschutz durch ein einfühlendes Objekt entwickeln konnte. Sie erfordert weiterhin, dass er eine Fantasie von Austausch verinnerlicht hat, durch den der Reizschutz eine soziale Qualität gewinnt. Der Erwachsene ist von einem Netz von Freunden, Bekannten, Kollegen umgeben, die es ihm ermöglichen, in Krisen seines Selbstgefühls auf Hilfe zu vertrauen, weil auch andere bei ihm in ihren Krisen verlässliche Hilfe finden.

Die Lösung der als Ödipuskomplex beschriebenen Situation findet nicht allein durch Identifizierung mit einem Elternteil statt, sondern durch Verinnerlichung einer Situation in einer Gruppe aus mindestens zwei Personen (den Eltern der Kleinfamilie), die sich konstruktiv austauschen. In der gelingenden Entwicklung fördert der Reizschutz durch den Austausch die Produktion von Triebwünschen und Neugieraktivität; diese wiederum fördern den Austausch mit anderen. Wer schon viele Freunde und ein gutes Beziehungsnetz hat, erwirbt leichter weitere Freunde als der Einsame, der beim ersten Kontakt seine gesamten Bedürfnisse an ein dann entsprechend überschätztes Objekt richtet und im Zusammenbruch seiner Erwartungen in eine Krise gerät, welche seine Rückzugsneigungen und regressiven Wünsche verstärkt.

Hysterie und Selbstgefühl

Das »hysterische« Verhalten, in dem Sexualpartner bzw. die eigene sexuelle Bedeutung idealisiert bzw. blockiert und entwertet werden, hängt damit zusammen, dass in der Kindheit kein Austausch verinnerlicht werden konnte, in dem Eltern einander stabil bestätigt haben. Die regressive Entwicklungshemmung bedingt immer auch eine idealisierende Überschätzung eines möglichen Sexualpartners. Durch diese Entwicklungsstörung bildet sich kein stabiles Netz von Beziehungen aus, das durch Austausch zusammengehalten wird. So muss der Sexualpartner überschätzt werden. Da seine Idealisierung in der Realität nicht aufrecht erhalten werden kann, ergibt sich ein periodischer Wechsel von Idealisierung und Entwertung, der entweder (Don-Juan-Typus) zu immer neuen Beziehungsaufnahmen führt oder aber innerhalb ein und derselben Beziehung zu einem Wechsel von Entwertungstrennung und Annäherungskompromiss.

In der »modernen« seelischen Entwicklung sind beide Formen der Belastung meist verknüpft: Wenn Eltern keine stabile Beziehung haben, wenn die Mutter, die ein Kind versorgen soll, nicht ausreichend gut von ihrer Umwelt gestützt wird und mit ihr in stabilem Austausch steht, ist die Wahrscheinlichkeit groß, dass sie bereits zu Beginn der Entwicklung dem Kind keinen ausreichenden Reizschutz bieten kann.

Die statistisch nachgewiesenen Risikofaktoren wie Sucht eines Elternteils, Geschwistergeburt in einem Abstand von weniger als einem Jahr belegen diesen Einfluss ebenso wie die seit langem bekannte Verknüpfung zwischen Zufriedenheit der Eltern und seelischer Anfälligkeit der Kinder. »Zufriedenheit« ist eine seelische Folge angemessener Austauschsituationen. So haben »zufriedene Hausfrauen« die günstigste Prognose für psychisch stabile Kinder, »zufriedene berufstätige Mütter« die zweitbeste, »unzufriedene berufstätige Mütter« die drittbeste und »unzufriedene Hausfrauen« die schlechteste.

Die im 19. Jahrhundert entwickelte Theorie, dass die »Hysterie« der Frau ihr Gegenstück in der männlichen »Hypochondrie« hat, hängt damit zusammen, dass es für Frauen auf Grund biologischer und kultureller Einflüsse die sexuellen Beziehungen sind, die die zentralen Fantasien über den Gewinn von Austausch und Schutz prägen. Für Männer stehen körperliche Stärke und Dominanz im Mittelpunkt.

In der Hysterie drehen sich die Dramen um Frösche und Prinzen, um den idealisierten (aber unerreichbaren) und den erreichbaren (aber nicht genügend bewunderten) Mann; in der Hypochondrie (die im 19. Jahrhundert als »männliche Hysterie« galt) geht es um die ängstliche Sorge um einen von Auflösung bedrohten Körper: Es gibt keine harmlosen Missempfindungen, es gibt nur organische Katastrophen. Beide Leiden spiegeln das Versagen des Reizschutzes in der frühen Kindheit und die geschlechtsspezifischen Kompensationsversuche wider.[3]

Autismus und Zwangskrankheit

Das Versagen des primären Reizschutzes führt in seinen extremen Formen zu autistischen Störungen. Bei den schwersten Fällen des kindlichen Autismus scheint eine organische Disposition vorzuliegen, welche es dem Kind erschwert, andere Menschen in ihren Potenzialen als Spender von Reizschutz zu nutzen. Die betreffenden Kinder nehmen keinen Kontakt auf und geraten sehr leicht in Panik, wenn z.B. eine ihrer stereotypen Handlungen unterbrochen wird oder die Ordnung in ihrem Kinderzimmer ein wenig verändert ist.

Während solche extremen Fälle sehr selten sind, lassen sich mildere Formen dieser Verwendung der Ordnung bei den meisten Menschen beobachten: Wenn sich in der Umwelt nichts ändert, wenn wir nach einer Trennung alles so wieder finden, wie wir es verlassen haben, beruhigt und entlastet uns das. Wie sehr, das erkennen wir oft erst, wenn während unserer Abwesenheit ein Einbrecher unsere Wohnung durchwühlt oder ein Hagelsturm unseren Garten demoliert hat. Verletzungen der körperlichen Ordnung durch Krankheiten oder Operationen sind noch belastender. Die Belastung steigt, je ausgeprägter das Trauma Grundbedürfnisse verletzt, je mehr Grundbedürfnisse verletzt werden und je nachlässiger sich die Umwelt nach dem Trauma um Wiedergutmachung bemüht. So wird der Einbruch belastender, wenn die Versicherung nicht zahlt und die Polizei dem Beraubten vermittelt, er sei durch eigene Nachlässigkeit an dem Geschehen beteiligt. Eine Vergewaltigung ist ein extrem traumatisierendes Ereignis, was auch daran liegt, dass eine Frau von einem Mann, den sie sich als Beschützer wünschte, missbraucht worden ist und anschließend häufig aus ihrer Umwelt absurde Vorwürfe einer Mitverantwortung zu hören bekommt.

Manchmal behaupten Traumatisierte sie hätten etwas dazu getan, dass sie so verletzt wurden, nicht weil sie tatsächlich beteiligt waren, sondern weil es den menschlichen Narzissmus entlastet, die Fantasie von Kontrolle über das eigene Leben zu festigen. Wenn die soziale Umwelt hier keinen Halt bietet, sondern diese Selbstanklagen auch noch bestätigt, werden die Betroffenen erneut verletzt. Man sagt z. B. der vergewaltigten Frau, die sich vorwirft, ein ausgeschnittenes Kleid getragen zu haben, das sei schon richtig, sie hätte in der Tat durch weniger aufreizendes Verhalten das Trauma verhindern können.

Um sich diesem Prozess zu entziehen, setzen nicht wenige Traumatisierte ihre seelischen Verletzungen, an denen sie sich schuldig fühlen, in körperliche um. Wenn die Spannung durch innere, unsichtbare Unordnung unerträglich wird und seelisches Leid mit Erfahrungen der Abwertung und Schuldzuschreibung verknüpft wird, beruhigt eine sichtbare Wunde. Daher die Neigung in dieser Weise belasteter Menschen, sich selbst Verletzungen zuzufügen, sich mit scharfen Klingen zu schneiden, sich Haare auszureißen, Nägel zu kauen.

Die Regression auf archaische Ordnungsbedürfnisse bestimmt auch viele Symptome der Zwangskranken. Diese werden süchtig nach Handlungen, welche geeignet scheinen, auf einfache Weise einen unordentlichen Zustand (schmutzige Hände) in einen ordentlichen (saubere Hände) zu verwandeln. Die Sucht drückt sich in der Wiederholung der entspannenden Aktion aus – die Hände werden gewaschen, bis die überlastete Haut schmerzt.

Bei den autistischen Regressionen, vielen Formen der Schizophrenie, der Zwangserkrankung, des psychotischen Stupors, erstarrt das seelische System, um sich vor neuen Reizen zu schützen. So wird vermieden, von einer Bezugsperson abhängig sein zu müssen. Diese Kontaktverweigerung macht das für den Beobachter Beunruhigende dieser Störungen aus.

Das seelische System sucht sich selbst zu schützen und zu reparieren. Selbst der Autismus ist ein Versuch, sich vor noch größeren und tiefgreifenderen Ausfällen im Reizschutz und in der Verarbeitung von Reizen zu bewahren. Die Idealisierung und die mit ihr verbundene Spaltung, welche als zentrale Störungen der »narzisstischen Persönlichkeit« oder des »Borderline-Syndroms« aufgefasst werden, sind ebenfalls solche Reparaturversuche.

Das Selbstobjekt

Eine verletzte und überforderte Regulation des Selbstgefühls sucht sich durch Anlehnung an eine andere Person zu reparieren. Das Objekt dieser Anlehnung wird bewundert und überschätzt; wir nennen es ein Selbstobjekt. Sobald sich herausstellt, dass es zu diesem Zweck nicht (mehr) taugt, wird es fallen gelassen und entwertet. Parallel dazu fühlt sich auch der Mensch entwertet, der dieses Selbstobjekt verloren hat. Für Don Juan ist die Frau, die er soeben zu erobern sucht, ein solches Selbstobjekt, das er mit allen Aufwertungsfantasien ausrüstet. Einmal gewonnen, wird sie wertlos. Die Realität zerstört die Fantasie. Die entstehende Depression wird durch erneute Suche, erneute Idealisierung einer noch nicht eroberten Frau bekämpft.

Ein ruhiger, zuversichtlicher Mann verwandelt sich über Nacht in ein Bündel Elend. Er kann nicht mehr schlafen und schwankt zwischen Wutanfällen und Depressionen. Äußerlich hat sich in seinem Leben und in seiner Ehe nichts geändert. Er hat nur beim Stöbern in alten Papieren einen Packen Liebesbriefe gefunden, der ihn über eine Liebschaft seiner Frau unterrichtete, die seit zwölf Jahren beendet ist. Und so hat er sein Selbstobjekt verloren.

Besonders verwirrend ist diese Situation, wenn dasselbe Objekt sowohl überschätzt wie entwertet wird. So kann ein Mann seine Frau einerseits als völlig unattraktive Schlampe darstellen, die es nie wert war, dass er sie geheiratet hat, und gleichzeitig vor Angst zittern, dass ihn diese Schlampe verlässt. Der Entwertungsmechanismus wird in diesem Fall verwendet, um das seelische System vor der kränkenden Einsicht in die eigene Verletzlichkeit und Abhängigkeit zu bewahren.

Viele solcher Störungen verlaufen zyklisch, nach dem Modell

»himmelhoch jauchzend – zu Tode betrübt«. In diesem Zyklus steckt die Abfolge von Idealisierung (Überschätzung, Abhängigkeitsbildung) und Entwertung (Entidealisierung, Trennungsversuch, (Pseudo)Autonomie). Das seelische System des Menschen kann sich auch selbst besetzen, idealisieren (»Ich bin der Größte«, »Der Starke ist am mächtigsten allein«) oder entwerten, ja im Selbstmord das eigene Entwertungsurteil auch vollstrecken.
Wer liebt und sich geliebt fühlt, handelt spontan und denkt nicht darüber nach, ob er den Partner überfordert, ihm zu viel gibt, zu viel verlangt. Sobald die Liebe nach Beweisen sucht oder Beweise fordert, sind ihre Potenziale bereits geschmälert.
Die so genannte »Objektbeziehungstheorie« von Melanie Klein entwickelt eine Reihenfolge, wonach erst Teilobjekte (Muttermilch, Mutterbrust, Penis) und dann ganze Objekte »verinnerlicht« werden. Das scheint eine unnötige Begriffsvermehrung. Primaten lernen aus einer ganzheitlichen Wahrnehmung des Objekts. Sie setzen diese Identifizierungen ein, um die Verarbeitungsfähigkeit ihres seelischen Systems zu verbessern.

Austausch und seelische Stabilität

Nahrungsaufnahme, Grenzen zur Außenwelt und zu den Ausscheidungen, Eroberung der Außenwelt durch neugierige Erforschung sind Aufgaben, welche das seelische System bewältigen muss. Sie lassen sich situativ beschreiben, es sind keine eigenen »Phasen« (oral, anal, phallisch, genital) notwendig, um sie zu erfassen. Diese gliedern einen kontinuierlichen Austauschprozess willkürlich und schaffen fiktive Wesenheiten (die »orale Störung« oder »der anale Charakter«).
Die Entwicklung führt von einer vollständigen und einseitigen zu einer teilweisen und auf Austausch basierenden, wechselseitigen Abhängigkeit. Austauschbeziehungen dominieren auf jeder Entwicklungsphase das seelische Geschehen: In der »oralen« Phase geht es um den Austausch von Nahrung, in der »analen« um den

Austausch von Anpassungsleistungen, in der »phallischen« um den Austausch von Eroberungen und in der »genitalen« um den Austausch von reifer Sexualität in dem Sinn, dass der Austausch auf allen bisher erreichten Ebenen so gut funktioniert, dass ein Kind entstehen und heranwachsen kann.

Dieses Modell seelischer Störungen lässt uns mit sparsamer Begriffsbildung die komplexen Strategien verstehen, welche den Hintergrund der Symptome bilden. Es geht davon aus, dass der Reizschutz durch traumatisierende Einflüsse durchbrochen und gefährdet wird, dass aber das seelische System große, während des ganzen Lebens vorhandene Ausgleichsmöglichkeiten hat, die in der Therapie erkannt und unterstützt werden.

Diese Ausgleichsmöglichkeiten werden, ebenso wie die Traumatisierungen, nur dann fassbar, wenn eine weit über das Trieb- oder Objektbeziehungsmodell hinausreichende Erforschung des historischen und sozialen Feldes stattfindet, das den Kranken umgeben und während seiner Kindheit und Adoleszenz geprägt hat. Jede intensive Beziehung, die wir im Lauf unseres Lebens eingehen, verändert uns auch; sie kann uns stabilisieren, aber auch traumatisieren, und tut in der Regel beides – in einem Maß, das sich durch Forschung klären lässt.

Symbiotische Bindungen

Das Trauma behindert die Autonomieentwicklung. Verängstigte, verletzte, unsichere Kinder klammern sich an ihre Eltern. Gut versorgte Kinder können ihre Eltern als Ausgangsbasis nutzen, um sich Interessanterem zuzuwenden. Bei einem sozialen Tier wird das Trauma immer auch Versuche in Gang setzten, durch Kontakt mit anderen und besonders intensive Beziehungen die Verletzungen zu heilen. Damit wird die Grenze zu anderen Personen durchlässig; es ist nicht möglich, sich rechtzeitig von ihnen zu trennen, die Gefahr schwer wiegender Belastungen und ständiger Verletzungen in Beziehungen steigt.

Angstpatienten unterwerfen oft ihr Leben dem Ziel, eine andere Person zu kontrollieren. Heftige Symptome, Beschwörungen, alle Formen von sexueller Erniedrigung werden aufgebracht, um zu verhindern, dass sich diese Person entzieht. Sie erfüllt die Funktion einer Plombe, die das verletzte Ich stabilisiert. Nicht selten setzt ein Versagen dieser Funktion so heftige Reaktionen frei, dass die Betroffenen nicht mehr weiterleben wollen, einen Selbstmordversuch unternehmen, eine Nervenklinik aufsuchen, sich mit Hilfe von Drogen betäuben.

Die Angst entsteht zum Teil als Reaktion auf eine unbewusste narzisstische Wut, welche das Objekt zerstören könnte, von dem sich die Betroffenen derart abhängig fühlen. Der Teufelskreis der Angstneurose entfaltet sich so, dass die Abhängigkeit frustrierende Einschränkungen auferlegt. So entstehen Wutfantasien, das einschränkende Objekt zu zerstören, welche dann die Abhängigkeit steigern und dazu führen, dass es um jeden Preis kontrolliert werden muss, weil es sich sonst im Handumdrehen auflöst. Die Abhängigkeit führt in die Wut, und die Wut verstärkt die Abhängigkeit.

Die Grandiosität

Die Größenfantasie wird von den meisten Narzissmusforschern als Naturphänomen hingenommen, das zu den Anfängen der menschlichen Entwicklung gehört. Der Säugling imaginiert sich als Herrscher einer undifferenzierten Mutter-Kind-Einheit. Diese Erklärung versäumt es jedoch, die Unterschiede zu erfassen, die sich später in den Größenfantasien ausbilden. Sie vor allem prägen die berufliche Entwicklung.

Der wesentliche Prozess, in dem die Größenfantasien ausdifferenziert werden, ist die Identifizierung. Sie ist ein hoch wirksamer, wo immer möglich eingesetzter Lernprozess, der freilich weniger erforscht ist als seine elementaren Vorläufer oder Begleiterscheinungen wie die bedingten Reflexe oder die instrumentellen Reiz-Reaktions-Verknüpfungen. Das liegt daran, dass die Identifizierung weniger kontrollierbar ist und von ganzheitlichen, emotionalen Reaktionen getragen wird.

Das Primatenkind ist von vertrauten Geschöpfen umgeben und beginnt, sich auf dieser Grundlage neuen Situationen zu nähern. Immer dann, wenn eine fremde Situation seinen Reizschutz überfordert, sucht es die Nähe der vertrauten Wesen. Diese Entwicklung verläuft sozusagen in konzentrischen Ringen, die nacheinander überschritten werden. Zunächst dient die Mutter als Schutz vor anderen Erwachsenen. Später vertritt angesichts des völlig Fremden jeder Erwachsene die Mutter.

Das Kind beobachtet Artgenossen. Jede dieser Beobachtungen wird in der Gestalt einer latenten Identifizierung gespeichert. Angesichts neuartiger Situationen werden diese Modelle im Erleben durchprobiert, um jenes herauszufinden, das am besten passt. Darüber hinaus werden diese Identifizierungen in Spiel und Fantasie aktiviert, kombiniert, zu Rollen verschmolzen. Wir nennen diese innere Tätigkeit »Tagträume«. Sie sind ebenso Ausdruck wie Grundlage der narzisstischen Grandiosität.

Alle Menschen sind schwach, dem Schlaf, der Krankheit, dem Tod unterworfen; daher sehnen sich auch alle nach einer unerschütterlichen Stärke. Diese in Dämonen oder Götter zu verlagern, ist relativ weise. Denn wenn wir das nicht tun, geraten wir in große Versuchung, fehlbare Menschen mit dieser unerschütterlichen Stärke auszurüsten. Diese Sehnsucht muss viel grausamer enttäuscht werden als die Verlagerung in eine metaphysische Welt, bei der lediglich die Unzuverlässigkeit ihrer Anbindung an unsere Realität jene Probleme schafft, auf die Schamanen, Zauberer, Priester und Theologen mit ihren jeweils eigenen Mythenbildungen und Spitzfindigkeiten reagieren.

Die grundsätzlich illusionäre Qualität unseres Selbstgefühls ist eine Botschaft, die wir nicht gerne zur Kenntnis nehmen. Aber es gibt zu viele Beobachtungen, die sie belegen, zu viele Hinweise auf Verführbarkeit, Kränkbarkeit und jene pharisäischen oder kannibalischen Prozesse, die langfristige Gefährdungen erzeugen, um kurzfristige Einbußen hinauszuschieben.

Gestützte Grandiosität

Während ein auch in der Psychologie keineswegs verlassenes moralisierendes Menschenbild den Narzissmus abwertet und hinter der infantilen Grandiosität Krankhaftes vermutet, sprechen die analytischen Beobachtungen dafür, die Grandiosität für eine normale Entwicklungsgrundlage des Selbstgefühls zu halten. Sie hilft dem Kind, seine Ängste zu bewältigen und an den Schutz zu glauben, den die Erwachsenen spenden können, wenn es diese idealisiert. Idealisieren heißt: als grandios erleben, als vollkommen, makellos.

Idealisierung beruht darauf, negative Seiten auszublenden, Kritik zurückzustellen, an das Gute zu glauben. Indem sich das Kind mit diesen idealisierten Eltern identifiziert, gewinnt es Zuversicht. Diese Zuversicht hilft ihm, die Realität zu bewältigen. Sie tut das umso besser, je mehr es dem Kind gelingt, die idealisierende Vorleistung durch realen Austausch zu festigen. Das gelingt in dem Zustand am besten, in dem die Idealisierung wohlwollend zugelassen, aber nicht realitätsblind verteidigt wird.

Viel wichtiger als die Konstruktion einer »realistischen Beziehung« scheint der Aufbau von nicht-defensiven Idealisierungen. Das bedeutet, dass die Idealisierung flexibel wird und auf Widersprüche reagieren kann, die sich zwischen ihr und der Wirklichkeit einstellen. Gefährlich ist erst die zur manischen Abwehr gesteigerte, erstarrte Grandiosität. Beispiele, nach den oralen, analen und genitalen Feldern (nicht »Phasen«) geordnet:

Die Mutter duldet Kritik an ihrem Essen und versucht, wo sie diese berechtigt findet, es so zuzubereiten, dass es dem Kind schmeckt. Oder aber die Mutter sagt bei der ersten Kritik: »Ich weiß schon, du liebst mich nicht, mein Essen schmeckt dir nicht, ich koche nie wieder etwas.« Der Angestellte duldet Kritik an seinen Leistungen und versucht, wo er diese berechtigt findet, seinem Chef entgegenzukommen. Ebenso nimmt der Chef Anregungen seiner Mitarbeiter über seinen Führungsstil entgegen und bemüht sich, diesen zu verändern. Oder aber der Angestellte »bockt«, passt sich scheinbar an, arbeitet aber weniger, als er könnte; der Chef schneidet den Widerspruch autoritär ab, schließlich hat er hier das Sagen. Der Liebhaber findet die Hinweise seiner Geliebten wichtig, wo er zärtlicher oder leidenschaftlicher mit ihr umgehen soll. Oder er zieht sich beleidigt zurück und überlässt das nächste Mal die Initiative ihr.

Man kann die Idealisierung mit einer Form vergleichen. Diese Form kann aus elastisch-festem, aus brüchigem, aus starrem oder aus einem Material aufgebaut sein, das bereits bei der geringsten Beanspruchung zerfällt. Ein wichtiger Aspekt, der aus der Beobachtungen von den biologischen Verwandten des Menschen abgeleitet wurde, ist hier die Bindung. Bindung ist ein Begriff, der eine gewisse Stabilität des Austauschs charakterisiert. Das Baby gibt eigene Reaktionen, Zärtlichkeiten, Anklammern, bezogene Signale; die Mutter antwortet mit Zärtlichkeiten, Zuwendungsreaktionen, Nahrung, Schutz. Je verlässlicher der Austausch funktioniert, desto stabiler Bindung und Reizschutz. Die Bindung beruht darauf, dass sich das Kind mit Menschen identifizieren kann, die sich untereinander konstruktiv austauschen.

Je fester das Kind gebunden ist, desto eher und kraftvoller kann es die Eltern verlassen. Wer eine genügend gute frühe Umwelt hatte, wird problemlos nach einer besseren späten Umwelt suchen; wem sie fehlte, der klammert sich an den Mangel und fürchtet sich vor neuen Bindungen; wer weiß, ob er es dort nicht noch schlechter trifft.

Besser als das unbekannte Gute ist das bekannte Übel allemal – so lautet das Motto der unsicheren Bindung, der defensiven Idealisierung. »Was der Bauer nicht kennt, frisst er nicht«. Wer verlässlich gebunden ist, macht sich auf zu erobern: »Öfter mal was Neues, und wo es mir gut geht, da ist meine Heimat!«

Die defensive Idealisierung ist rückwärts gewandt. Sie orientiert sich daran, nicht zu verlieren. Die flexible Idealisierung hingegen ist dynamisch; sie glaubt an eine Steigerung nach einem Umbau. Es darf etwas abgerissen werden, wenn die Zuversicht realistisch ist, es nachher schöner zu errichten.

Das schöpferische Selbstgefühl speist sich aus der Grandiosität des frühen Narzissmus. Das Kind hat darauf vertraut, dass die Realität seinen Fantasien einen ebenso guten Nährboden bietet wie früher die Mutter. Kreativität ist immer auch Pflege dieser Komponente des Selbstgefühls. Wenn dieser pflegliche Umgang mit der eigenen Kreativität gelingt, d.h. wenn die Grandiosität flexibel ist und Kritik zugelassen wird, dann kann der Mensch schöpferisch bleiben, wenn einmal Erfolg ausbleibt oder die Umwelt ihn nicht bestätigt.

Das schöpferische Selbstgefühl

Das schöpferische Selbstgefühl ist mit der Schönheit und Beweglichkeit des Organismus vergleichbar. Es entsteht unter »normalen« äußeren Umständen, die beim Menschen individuell nicht organisierbar sind. Ein menschliches Baby kann nur überleben, wenn es von einer Kultur beschützt wird, deren Agentin meist die Mutter ist. Diese Kultur ist nicht vorwiegend darauf ausgerichtet, besonders günstige Voraussetzungen für die Entwicklung des Individuums zu schaffen. Sie kämpft immer auch um das eigene Überleben.
Wird das Kind unzureichend mit einfühlendem Austausch versorgt, entstehen Verletzungen. Diese werden durch starre Idealisierungen ausgeglichen. Dieser Prozess begleitet unser Leben. Wo wir einem einfühlenden Austausch begegnen, werden wir kreativer; wo er uns fehlt, verkümmert unsere Kreativität. Gute wie schlechte Erfahrungen werden auf dem Weg der Identifizierung gespeichert, nicht nur in der Kindheit, sondern das ganze Leben lang in unterschiedlicher Intensität – besonders intensiv in Verliebtheitsphasen oder in Zuständen der Trance und Inspiration. Wie wir aus der Beobachtung animistischer Kulte (z.B. Voodoo) wissen, sind auch solche Inspirationen ein Leben lang möglich. Unsere Fähigkeit zu befreienden Identifizierungen ebenso wie unsere Gefährdung durch lähmende Traumatisierungen verlieren wir erst durch den Tod.

Unterschiedliche Qualitäten des Traumas

Flexible und kreative Idealisierungen entstehen durch Austauscherfahrungen, starre durch die Erfahrung des Traumas. Es gibt grobe und subtile Traumatisierungen, körperliche und psychische. Ein Autounfall, eine Vergiftung, eine schwere Erkrankung oder eine Behinderung haben traumatische Qualitäten. Sie ziehen aber die Psyche nicht so in Mitleidenschaft wie Folter, Vertreibung aus der Heimat, Vergewaltigung und andere Verletzungen, die durch gezielte Handlungen zugefügt werden.

Es gibt vermutlich genetische Dispositionen, die mitbestimmen, wie viele Verletzungen ein Mensch ausgleichen kann. Vielleicht können wir sie uns als Gefäß vorstellen, das allgemein Erfahrungen sammelt. Es gibt große und kleine, dichte und undichte Gefäße. Wer ein großes, stabiles Gefäß hat, um positive Erfahrungen zu sammeln, wird zuversichtlicher sein und bleiben als jemand, der ein kleines oder undichtes besitzt. Aber wer keine Erfahrungen sammeln kann, dass ihm ein Austausch gelingt, dem hilft auch das große Gefäß wenig. Die Vielfalt menschlicher Schicksale und Irritationen entsteht aus dieser Verbindung: Jede positive Erfahrung kann unterschiedlich gut gespeichert werden; umgekehrt nützt der beste Speicher nichts, wenn keine guten Erfahrungen vorliegen. Eine genetische Disposition, Erfahrungen energisch festzuhalten, kann bei guten Erfahrungen segensreich sein, bei schlechten wird sie zum Fluch. Brüchige Strukturen, die gute Erfahrungen nicht halten, schützen auch vor dem Persistieren der schlechten.

Eine weitere genetische Komponente ist die Aktivität des Organismus. Je aktiver, desto mehr positive Erfahrungen kann er sammeln, desto mehr Chancen hat er, negativen zu entgehen. Überall wirken hier Regelkreise: Wer durch seine Aktivität Erfolgserlebnisse sammelt, wird seinen Austausch mit der Umwelt noch aktiver gestalten und weitere Erfolgserlebnisse sammeln. Wer durch Misserfolg entmutigt ist, wird passiver und daher in seiner Mutlosigkeit bestätigt. Wem der konstruktive Austausch mit frühen Bezugspersonen gelingt, der hat gute Chancen, dass er auch später solche Austauschbeziehungen aufbauen und sich in ihnen stabilisieren kann. Wem er misslingt, der wird traumatisiert und in seiner Fähigkeit zum Austausch beeinträchtigt.

Die Rolle der Fantasie

Wenn sich die Fähigkeit zum Austausch entwickelt, orientiert sich die Fantasie an den realen Möglichkeiten der beteiligten Personen. So erschließt sie in einem imaginären »Probehandeln« (Freud) neue Austauschmöglichkeiten und optimiert diese. Traumatische Einflüsse fixieren die Fantasie auf Vermeidung einer erneuten Verletzung und blockieren diese Kreativität. Die Fantasie entfernt sich von der Realität.

Die Fantasie wird ärmer an Nuancen und Differenzierungen. Sie nähert sich dem Perfektionismus. Nur die ideale Befriedigung ist gut genug, um für das Trauma zu entschädigen. Reale Möglichkeiten werden abgekanzelt. Die traumatisierte Fantasie verliert spielerische Qualitäten in einem wertfreien Raum. In ihr erhebt sich sofort die Frage: gut oder böse, normal oder krankhaft, richtig oder falsch, wertvoll oder wertlos, Beweis der Liebe oder der Lieblosigkeit.

Der klassische Witz von der jüdischen Mutter beleuchtet die Folgen dieser Entwicklung. Sie schenkt dem Sohn zwei Krawatten. Am nächsten Morgen trägt er die eine. Die Mutter weint. »Warum?« fragt der Sohn. »Du liebst mich nicht, die andere Krawatte gefällt dir nicht!« Dieser Witz blamiert die Mutter. Aber in den Austauschsituationen des Lebens gibt es immer zwei Beteiligte. Selten ist der eine ganz schuldig, der andere ganz unschuldig. Vielleicht würde die Mutter nicht so reagieren, wenn der Sohn sie nach dem Geschenk in den Arm genommen und ihr gezeigt hätte, dass die Krawatten nicht Materie, sondern Symbole für Liebe sind. Er trägt die Krawatte, dazu ist sie da und damit ist es auch genug des Gefühlsausdrucks.

Das Pygmalion-Dilemma

Wir strafen unsere Partner, wenn sie nicht in unsere Fantasien von einem Selbstobjekt passen und diese nicht erfüllen. Ungern machen wir uns daran, uns mit ihrer Realität überhaupt zu befassen – es wäre doch so viel schöner, wenn sie so wären, wie wir sie mit Hilfe unserer Fantasietätigkeit gemacht haben. Es gibt einen Mythos dazu, der für die narzisstische Störung so bedeutungsvoll ist wie die Sage von Ödipus für die Hysterie: Die von Pygmalion, dem kretischen Bildhauer, der aus Elfenbein ein Bild der Frau seiner Träume fertigte und sich derart in es verliebte, dass er in Sehnsucht verging, nicht mehr aß und trank, bis Venus ihn erlöste, gerührt von soviel Hingabe: Sie verwandelte das Bild in eine Frau aus Fleisch und Blut.

So endet die Geschichte glücklicher als die von Narziss, der sich in sein eigenes Spiegelbild in einer klaren Quelle verliebte und verschmachtete, weil es sich immer auflöste, wenn er es zu erreichen suchte. Pygmalion wurde von Venus erlöst; Narziss von ihr vernichtet. Der Mythos erwähnt eine Rache der Liebesgöttin, weil Narziss die Liebe der Nymphe Echo zurückgewiesen hatte. Natürlich spielt in diesen Geschichten die Haltung des Mythos zu Autoerotik und Homosexualität eine Rolle. Die Homosexualität lässt sich als Scheu vor der Andersartigkeit des nicht eigenen Geschlechts verstehen. Sie lässt vermuten, dass das Selbstgefühl eine traumatische Einschränkung erfahren hat, so dass keine Neugier die Angst vor dem Fremden überbrückt und die sexuelle Erforschung des anderen Geschlechts anziehend erscheinen lässt.

Doch dürfte der Homosexuelle seelisch stabiler und entwicklungsfähiger sein als Menschen, die sich nur aus sozialer Folgsamkeit, nicht aus Lust am erotischen Austausch heterosexuell verhalten. Er äußert den Mut zu sich selbst und wehrt sich gegen eine Normalität, die er emotional nicht ausfüllen kann. Damit unterscheidet er sich von jenen Personen, die so wenig in ihrer Sexualität beheimatet sind, dass sie im Grunde weder homo- noch heterosexuell sein können, sondern nur »normal«. Aus diesen Normopathen rekrutieren sich auch jene, welche die Homosexualität erbittert bekämpfen.

2. Die narzisstische Dimension seelischer Verletzungen

Der pharisäische und der kannibalische Narzissmus

Verbreitet und für Arbeitsbeziehungen wie Liebesverhältnisse zerstörerisch sind Formen der narzisstischen Aufwertung der eigenen Person durch Entwertung anderer (Mobbing). Sie können pharisäisch oder kannibalisch sein. Im pharisäischen Narzissmus wird (nach dem biblischen Beispiel) jemand entwertet, von dem ich mich vorteilhaft abhebe, auf dessen Anerkennung ich aber zu meiner Selbststabilisierung nicht angewiesen bin.
Die überall verbreiteten rassistischen und nationalistischen Vorurteile, die Entwertung von Minderheiten und Fremden haben diese Qualität. Die Fortschritte des Rechtsstaates und der Zivilisierung haben es immer schwer gehabt, sich gegen diese Mechanismen zu behaupten. Es bedarf dauernder Aufmerksamkeit, um zu verhindern, dass schlummernde Ressentiments geweckt und die Glut unter der Ascheschicht zu Gewalt und Bürgerkrieg angefacht wird.
Der Übergang zu kannibalischen Prozessen ist fließend. Das Vollbild des kannibalischen Narzissmus erfordert, dass jemand entwertet wird, von dessen Anerkennung sich die Entwerter (zu) abhängig fühlen. Mitarbeiter entwerten ihren Chef, Liebende ihre Liebespartner, Eltern ihre Kinder und umgekehrt.

Eine junge Frau klagt bei ihrer Therapeutin immer wieder über ihren Partner. Sie sei in ihrer Ehe extrem unglücklich, sexuell geschehe kaum mehr etwas, nur die beiden kleinen Kinder halten sie noch bei diesem Ungeheuer. Die Therapeutin sieht als zentrales Problem der Klientin deren Aggressionshemmung. Sie könne sich einfach nicht durchsetzen, mache bei allem mit, was der Ehemann verlange, schlafe ohne Lust mit ihm und beklage sich nachher darüber.
Eine typische Szene: Die Klientin leidet an heftigen Rücken-

schmerzen. Sie möchte, dass ihr Mann am Abend die Kinder zu Bett bringt; dieser wehrt ab, er habe schließlich den ganzen Tag gearbeitet, das sei ihre Sache. Trotz ihrer Rückenschmerzen bringt sie also die Kinder ins Bett. Die Therapeutin rät nun, dass die Klientin sich doch in solchen Fällen durchsetzen und ihren Mann energischer auffordern solle, seinen Teil an der Versorgung der Kinder zu leisten. Darauf beginnt die Klientin zu weinen und sagt anklagend zur Therapeutin: »Sie sagen genau dasselbe wie mein Mann, es ist alles nur meine Schuld!«

Die Therapeutin fühlt sich hilflos und sucht Supervision. Die Antwort der Klientin kommt ihr regelrecht verrückt vor, ob sie eine Geisteskrankheit übersehen hat? Sie ist doch so solidarisch mit der Klientin! Sie erinnert sich an ihre eigenen Gefühle gegen ihren Ex-Ehemann, von dem sie sich scheiden ließ. Diese Männer ändern sich nie! Der Ehemann ihrer Klientin ist in Therapie. Sie verspürt den Wunsch, den Therapeuten anzurufen und ihm zu sagen, er solle sich mehr anstrengen.

Die Therapeutin ärgert sich über die Passivität der Klientin und ist zugleich mit ihr identifiziert. So sucht sie die Schuld an der Misere in der Unverantwortlichkeit des Ehemannes. Sie vermutet eine bisher unbeeinflussbare Aggressionshemmung und möchte die Klientin dazu bringen, sich gegen ihn durchzusetzen. Daher ist sie verblüfft, als sie feststellen muss, dass ihre gut gemeinten Versuche diese dazu bringen, sie mit dem Ehemann gleichzusetzen.

Die Situation wird verständlich, wenn wir die Dynamik des kannibalischen Narzissmus einbeziehen. Die Klientin *braucht* das grausame Verhaltens ihres Mannes, um sich in ihren eigenen Gefühlen zu trösten, als Frau unzulänglich zu sein: Er ist noch liebloser, unverantwortlicher, unreifer als sie selbst. Daher wird die Therapeutin, die von der Klientin fordert, ihren Mann doch zu einem verantwortungsvolleren Verhalten zu erziehen oder sich von ihm zu trennen, als ebenso verständnislos und grausam erlebt wie dieser. Sie, die sich aufspielt und so tut, als ob sie ein Selbstgefühl gesichert hätte, um das die Klientin erfolglos ringt, soll ruhig die Entwertung einstecken, dass sie auch

nicht besser ist als der Ehemann, der sagt: »Ich mache meine Arbeit, du aber jammerst und versaust mir den verdienten Feierabend!«
Im Stadium des kannibalischen Narzissmus wirken Partner oft so, als ob sie keine Beratung oder Therapie, sondern einen rächenden Gott bräuchten, der den Menschen aus der Welt schafft, an den sie in ihrer Entwertung gebunden sind.

Der parasitäre Narzissmus

Die parasitäre Reaktionsweise verbindet pharisäische und kannibalische Anteile mit einer Regression, in der nicht mehr zwischen Achtung und Verachtung, zwischen öffentlichem Ruhm und geheimer Wichtigtuerei unterschieden wird.
Narzisstische Parasiten sind nicht kreativ, sondern allenfalls schlau. Wie lästig und gleichzeitig wie schwer auszurotten sie sind, erweist ihr zum Mythos gewordenes Urbild: Herostrat, der den Tempel der Diana in Ephesos – eines der Weltwunder der Antike – in Brand steckte, um berühmt zu werden. Die Epheser versuchten damals, ein Verbot durchzusetzen, Herostrats Namen der Geschichte zu überliefern. Es sollte vereitelt werden, was dieser Vater der destruktiven Eitelkeit unbedingt erreichen wollte. Aber es ist missglückt, wir wissen von Herostrat, auch wenn wir ihn verachten.
Die zeitgemäße Variante des parasitären Narzissmus wird als »Trittbrettfahrer« beschrieben. Diese Täter – es sind fast immer Männer – schmerzt Verachtung weniger als Bedeutungslosigkeit. So erscheint ihnen die rein imaginäre Wichtigkeit, andere zu verwirren, Blaulicht und Alarmsirenen in Gang zu setzen, begehrenswerter als ihre innere Leere. Warum verbringt ein Lausbub einen Nachmittag damit, die Hausbesitzer der Nachbarschaft durch Missbrauch ihrer Türklingeln zu quälen? Warum werden Autos zerkratzt und Antennen geknickt? Die Täter sagen uns: Ich habe keine Ruhe, ich habe keine bequeme Wohnung, ich habe kein schönes Auto. Ich sehe keine Chance, sie mir auf redliche Weise zu erwerben. Eines kann ich sofort tun: Ich kann euch, die ihr das habt, in eurem Besitz stören.

Der explosive Narzissmus

Zwei Männer laufen einen halben Tag lang auf der Suche nach den begehrten Steinpilzen durch den Wald. Ein einziger, stattlicher Pilz ist die enttäuschende Beute. Am Abend, vor der Heimfahrt, legt der Finder den Pilz auf einen Stein und drischt mit seinem Wanderstock auf ihn ein.

Der einzige »ertappte« Pilz muss die Rache für die vielen ertragen, die sich nicht finden ließen. Das Beispiel verliert seine Harmlosigkeit, wenn wir den Terror gegen einen Touristen betrachten, der von einem Fanatiker niedergeschossen wird.

In der narzisstischen Wut verlieren wir unser kritisches Urteil, wir verschmelzen die Rollen von Richter und Henker, Anwalt und Ankläger. So wird etwas zerstört, das uns eigentlich helfen oder nützen könnte, uns aber in jedem Fall nicht beeinträchtigt, sondern nur eine ungreifbare Beeinträchtigung symbolisiert und stellvertretend für sie von einer Zerstörung getroffen wird, die fast immer auch selbstzerstörerische Qualitäten hat.

Die Steigerung dieser Aktion ist der Selbstmord. Der Selbstmörder ahnt, dass viel an der elenden Situation, in die er geraten ist, mit seiner eigenen Person zusammenhängt. So richtet er sich selbst. Aber die Grenze zwischen der gegen das eigene Selbst und der nach außen gerichteten Aggression war schon immer durchlässiger, als es eine Idealisierung des tugendhaften Selbstmörders erwarten ließe, der lieber sich als einem anderen ein Leid antut. Schon lange kennen wir den »erweiterten Selbstmord«. Ein Täter oder auch ein Paar, die Gruppe einer fanatisierten Sekte entscheiden sich, gemeinsam in den Tod zu gehen. In manchen Fällen sind alle Opfer einverstanden; in anderen, die uns sehr viel stärker berühren, tötet eine Mutter ihre Kinder und dann sich selbst.

Ein Selbstmörder hat den Austausch mit anderen Menschen aufgegeben. Er will seine Belastungen allein abschütteln, er setzt sich über alle anderen hinweg und weiß es besser. Dieses Stück ungezähmter Grandiosität zeichnet ihn immer aus. Aber wie es nach dem Leben anderer greift, darin gibt es ungeheuere Unterschiede. Die Suizidforscher sind sich heute weitgehend einig darüber, dass Selbstmordhandlungen meist nicht durch die Absicht motiviert sind, aus dem Leben zu scheiden.[4] Sie ergeben sich aus einem Gemisch von Wünschen, die sich nur in einer solchen Tat und in keiner anderen ausdrücken lassen. Wer sich tötet, will sehr oft nicht sterben, aber endlich Ruhe haben vor quälenden Kränkungen. Er will den Personen, die ihn vermeintlich im Stich lassen und verletzen (weil sie nicht als Selbstobjekte funktionieren, die sein narzisstisches Gleichgewicht erhalten) mit einem letzten Appell klarmachen, dass sie ihn endlich verstehen und ihr Verhalten ändern müssen. Er folgt aggressiven Impulsen, die sich sowohl gegen diese Personen wie auch gegen das eigene Ich richten, das nicht so viel wert ist, wie es ihm und anderen sein müsste.

Im Mikrokosmos der »normalen«, familiären Suizidalität ist erpresserische Geiselnahme ein alltägliches Problem. Der Suizidale kidnappt gewissermaßen sein eigenes Leben, setzt es gefangen und droht, die Geisel zu töten, wenn er nicht bekommt, auf was er um keinen Preis verzichten möchte. Ein derart eingesperrtes Leben ist für ihn eine große Last. Mit jeder Selbstmorddrohung wird das Selbstgefühl elender und der Zugzwang lastet schwerer, entweder nicht mehr drohen zu müssen, weil man befriedigt wurde, oder weil man ernst gemacht hat.

Wer Liebe erpresst, spürt oft genau, dass er mit jedem Erpressungsversuch an Anziehungskraft verliert – was bleibt ihm übrig, als die erpresserischen Manöver zu steigern? Der verlassene Liebhaber, die von ihren Eltern enttäuschte Tochter glauben oft gar nicht mehr, dass sie die ersehnte, von guten Gefühlen erfüllte Situation über Druck und Vorwurf noch finden werden. Im Gegensatz zum kriminellen Geiselnehmer, der mit dem Geldkoffer zufrieden ist, scheint Liebeserpressern eine erzwungene Zuwendung nicht die echte, gewünschte Währung. Sie fühlen sich, als hätte man sie mit einem Sack alter Zeitungen abgespeist, und beschließen, die Geisel – sich selbst – doch noch hinzurichten.

Diese Phänomene scheinen auch bei politisch oder religiös motivierten Selbstmordaktionen eine Rolle zu spielen. Für Täter, die sich so verkannt, erniedrigt, im Diesseits unglücklich fühlen, dass der Freitod ihnen ein guter Ausweg erscheint, hat die Realität zunehmend weniger Chancen, Anziehungskraft zu entwickeln. Je aussichtsloser ein politischer Kampf ist, desto anziehender wird der Selbstmord als Waffe. Er verspricht, den Kampf zu beenden, ohne sich eine Niederlage eingestehen zu müssen, er richtet eine letzte Aggression gegen den gehassten Feind und eine kaum weniger große gegen das eigene Ich, das sich Wert und Lebensrecht genommen hat, weil es den Sieg nicht erringen konnte und jetzt sich selbst, aber (im Selbstmordterror) auch andere für diese Niederlage straft.

Folgen seelischer Traumatisierung

Der Schock einer seelischen Traumatisierung bereitet das Opfer nicht darauf vor, sich in andere Opfer einzufühlen. Wir würden so gerne glauben, dass die Opfer von ungerechter Gewalt, die sadistisch behandelten Kinder, die rassistisch Verfolgten aus ihrem Leid lernen und sich entscheiden, es anderen möglichst zu ersparen. Aber das ist sehr häufig gerade nicht der Fall: Das misshandelte Kind wird, wenn es überlebt und selbst Vater wird, die eigenen Kinder prügeln. Die rassistisch Verfolgten werden, kaum haben sie Gelegenheit dazu, andere zu Opfern machen.

Psychologen, welche nach dem Sturz der Militärdiktatur in Griechenland herauszufinden suchten, wie man viele bisher unbescholtene Soldaten dazu gebracht hatte, als Folterspezialisten in den Lagern für politische Gefangene zu arbeiten, fanden immer wieder, dass die jungen Männer zuerst selbst den Entwürdigungen und Quälereien ausgesetzt worden waren, die sie später den Gefangenen antaten. Sexuelle Erniedrigung und Beschämung gehört zur Grundausbildung in vielen Armeen. Wenn die Soldaten später Gefangene machen, tun sie diesen an, was sie selbst erlitten haben.

Im Augenblick des Schreckens greift das überlastete Ich nach jedem Stück Identifizierung, das sich ihm bietet, um ein Mindestmaß an innerer Ordnung zu erhalten. Und einer dieser Strohhalme ist häufig der Angreifer selbst: Da er so stark, so übermächtig ist, wäre es – auch wenn der Geist sich über das angetane Unrecht empört – doch im Grunde begehrenswert, ein wenig zu sein wie diese böse Macht.

Diese Identifizierung unterliegt keinem Willen, keiner bewussten Absicht, sie setzt tiefer an und wirkt nachhaltiger. Das heißt freilich nicht, dass sie hingenommen werden muss. An sich ist dieses Modell der Angstbewältigung uralt und durch zahlreiche Riten dokumentiert. Ihr Inhalt ist in der modernen Gesellschaft vor allem in den Halloween-Bräuchen erhalten. Wer sich Furcht erregend maskiert und damit andere erschreckt, hat selbst weniger Angst. Die zahllosen Motive von Vampiren, Zombies, Außerirdischen, Dämonen, Hexen enthalten Versuche, Ängste zu bannen, indem sich Menschen mit den Angstmachern identifizieren.

Keine kleinen Probleme, nur Katastrophen

Die innere Welt der narzisstischen Störung sieht so aus, dass es in ihr keine kleinen Probleme gibt, sondern nur Katastrophen. Manchmal greife ich, wenn erst einmal eine gewisse Basis von Humor und Wohlwollen entstanden ist, zu der Metapher von dem kleinen und dem großen Hund. Kleine Hunde kläffen bei dem kleinsten Anlass, sie fühlen sich sofort bedroht, müssen ständig ihre Wachsamkeit und ihre aggressive Potenz beweisen, reagieren immer maximal. Der große Hund hingegen hat es nicht nötig, seine Stärke zu beweisen, er lässt sich durch kleine Anlässe nicht aus der Ruhe bringen, er hebt den Kopf, schaut nach, und legt ihn in den meisten Fällen wieder auf die Pfoten, NAR (»No Acting Required«[5]).

Die Metapher vom kleinen und vom großen Hund variiert das klassische Thema »hysterisches Elend« und »allgemeines Leid«. Gemessen an der hysterischen Überaktivität, der Energieverschwendung durch Selbstbeweihräucherung und der Lebenshemmung durch Vermeidungsstrategien (zu denen auch die Symptome gehö-

ren) wirkt es ruhig und souverän, wenn ein Mensch das Leben und sich selbst so annimmt wie sie eben sind. Aber Vorsicht! Auch darin kann viel Selbstüberschätzung stecken.
Wer der Metapher noch nicht müde ist, kann sich noch ein Beziehungsmodell damit basteln. Unschwer auszumalen ist die Situation, wenn sich zwei kleine Hunde begegnen. Wenn ein kleiner Hund auf einen großen trifft, kann es geschehen, dass die Ruhe des großen den kleinen beruhigt und er allmählich weniger hektisch droht und kläfft. Es kann auch geschehen, dass der große Hund seine Ruhe verliert und sich schließlich nicht anders verhält als der kleine.

Die Bedeutung der Lebensgeschichte

Wenn wir den narzisstisch Gestörten bewegen können, seine Geschichte zu erzählen, gewinnen wir ein Bild von dem Kind, das ahnungs- und hilflos in die Fallen einer traumatischen Familiensituation geraten ist. Wir ahnen, wie belastet ein Leben ist, in dem es nicht nur misslingt, sich mit einem als »gut genug« idealisierbaren Elternteil zu identifizieren, sondern umgekehrt die frühen Bezugspersonen alles Mögliche tun, um das Weltvertrauen des Kindes zu zerstören, und seinen Glauben an einen gelingenden Austausch zu vernichten.
Als 2002 der einstige US-Präsident Jimmy Carter den Friedensnobelpreis erhielt, gerieten auch Einzelheiten seiner Erziehungspraktiken in die Medien. Sie zeigen, wie eng Licht und Schatten nebeneinander liegen. Nur eines der vier Kinder Carters war bereit, in der Öffentlichkeit etwas über den Vater zu sagen. Bert Lance, einer der engsten Vertrauten des Ex-Präsidenten, beschreibt dessen Familienleben: »Jimmy Carter verstand es nicht zu belohnen, aber er wusste, wie man strafte. So zog er auch die Kinder auf, und seine Strafen stehen mir noch lebhaft in Erinnerung.«[6]
Nach Lance gab es im Hause Carter Prügel mit einer Rute oder einem Lineal, verabreicht nach einem detaillierten Strafkatalog:

Fünf Schläge für das eine, sechs oder sieben für das andere kindliche Vergehen. Dabei ließ der Vater immer 24 Stunden zwischen dem Urteil und dem Vollzug der Strafe verstreichen, damit das Kind Zeit hatte, über seinen Ungehorsam nachzudenken.

Die menschliche Entwicklung ist so komplex, dass es nicht angeht, aus einem solchen Detail gravierende Folgen abzuleiten. Aber ich glaube, dass es den Umgang mit einem schwierigen Menschen sehr erleichtern würde, wenn wir wüssten, dass er als Kind solchen Ritualen geopfert wurde. Daher ist ja auch die Fähigkeit, Menschen dazu zu bewegen, ihre Geschichte zu erzählen, und sich dann diese Geschichte anzueignen, eine so wesentliche Hilfe in unserem Umgang miteinander, lange vor aller Psychoanalyse.

Die menschliche Bereitschaft, dem Mitmenschen freundlich zu begegnen, ist sehr mächtig. Sie erlaubt uns beispielsweise, auf Reisen in einem Strom von Informationen zu schwimmen, die uns helfen, unser Ziel zu finden. Nur ganz selten wird es uns geschehen, dass eine freundliche Frage abgewiesen wird; viel größer ist die Gefahr, dass die Bereitschaft, freundlich zu antworten, die Ortskunde des Befragten überfordert und er uns, um uns nicht ohne Antwort gehen zu lassen, mit einer falschen Auskunft versorgt.

Diese Bereitschaft beruht auf dem elementaren Wunsch, von anderen so behandelt zu werden, wie man selbst sie behandelt. »Was du (nicht) willst, das man dir tu …« Wenn wir einem gesunden Menschen die Hand drücken oder ihm freundschaftlich auf die Schulter klopfen, wird er Händedruck und Schulterklopfen gerne mit uns tauschen, es sind schließlich Signale einer freundlichen Beziehung. Sobald wir freilich eine Person, die sich gerade eine Hand verletzt oder das Schlüsselbein gebrochen hat, mit solchen Gesten traktieren, müssen wir uns nicht wundern, wenn wir Schmerzensschreie, Vorwürfe oder einen Hieb ernten.

Seelische Wunden, Narben und Amputationen sind unsichtbar, sie können in oberflächlichen Kontakten verleugnet werden, erscheinen aber plötzlich, wenn sich eine Beziehung vertieft und die Hoffnung auf ein Selbstobjekt geweckt wird.

Brigitta

Ein glänzendes literarisches Beispiel für diese Dynamik ist Adalbert Stifters Erzählung *Brigitta*. Stifter beschreibt, wie ein Mädchen geboren wird, dem die gewöhnliche Harmonie der Züge fehlt, die Menschen als Schönheit empfinden. Es wird deshalb von seiner Mutter nur aus Pflichtgefühl angenommen. Später lehnt Brigitta die nun aus Reue kommende Liebe der Mutter ab:

> »Als sie [Brigitta] in ihren Spielen vorrückte und behender ward, verdrehte sie oft die großen wilden Augen, wie Knaben tun, die innerlich bereits dunkle Taten spielen. Auf die Schwestern schlug sie, wenn sie sich in ihre Spiele einmischen wollten – und wenn jetzt die Mutter in einer Anwandlung verspäteter Liebe und Barmherzigkeit das kleine Wesen in die Arme schloss und mit Tränen benetzte, so zeigte dasselbe keineswegs Freude, sondern weinte und wand sich aus den fassenden Händen. Die Mutter aber wurde dadurch noch mehr zugleich liebend und erbittert, weil sie nicht wusste, dass die kleinen Würzlein, als sie einst den warmen Boden der Mutterliebe suchten und nicht fanden, in den Fels des eigenen Herzens schlagen mussten und trotzen.«[7]

Brigitta wächst zu einer wilden, einsamen Jungfrau heran, die – gerade weil sie anders ist als alle anderen Frauen – die Aufmerksamkeit eines umschwärmten, besonders anziehenden Mannes auf sich lenkt. Dieser hat ebenfalls etwas Wildes, was aber seine Anziehungskraft nur steigert; er ist auf dem Lande aufgewachsen und viel gereist.

Brigitta erkennt, dass Stephan Murai von ihr gefesselt ist, sie kann aber nicht an seine und ihre Liebe glauben und durchweint eine ganze Nacht. Sie zieht sich von ihm zurück. Schließlich spricht er sie darauf an: Ob sie ihm abgeneigt sei? Stifter beschreibt nun das Bedürfnis einer Traumatisierten nach einem Selbstobjekt:

> »Nicht abgeneigt, Murai«, antwortete sie, »o nein, nicht abgeneigt; aber ich habe auch eine Bitte an Sie: tun Sie es nicht, tun Sie es nicht, werben Sie nicht um mich, Sie würden es bereuen!«
> »Warum denn, Brigitta, warum denn?«
> »Weil ich«, antwortete sie leise, »keine andere Liebe fordern kann als die allerhöchste. Ich weiß, dass ich hässlich bin, darum würde ich eine höhere Liebe fordern als das schönste Mädchen dieser Erde. Ich weiß es nicht, wie hoch, aber mir ist, als sollte sie ohne Maß und Ende sein. Sehn Sie – da nun dies unmöglich ist, so werben Sie nicht um mich. Sie sind der einzige, der danach fragte, ob ich auch ein Herz habe, gegen Sie kann ich nicht falsch sein.«[8]

Die Geschichte Brigittas nimmt das zentrale Thema von Stifters großem Roman *Der Nachsommer* vorweg. Auch hier verlieren sich die Liebenden zunächst, weil sie an ihrer Liebe zweifeln und ihre idealen Auffassungen nicht in den Alltag retten können. Aber nach langer Trennung gelingt die Wiederannäherung. Auch Brigitta und Stephan müssen sich aus kleinem Anlass und großem Missverständnis trennen; jeder ist zu stolz, um einzulenken und die aufgerissene Kluft der Entwertungen zu überbrücken. Das gelingt erst viele Jahre später.

Eltern, die sich entwerten

In der normalen Entwicklung kann sich ein Kind mit einem gleichgeschlechtlichen Erwachsenen strukturbildend identifizieren. Stifter beschreibt, wie Brigitta und ihre Mutter an dieser Aufgabe scheitern. Das Kind gewinnt durch diese Identifizierung, die »Bewältigung des Ödipuskomplexes«, eine innere Haltung, die es ihm ermöglicht, seine eigenen Gefühle, seine intuitiven Lösungen zwischenmenschlicher Probleme primär als brauchbar und gut zu erleben. Es kann sein spontanes Repertoire ausschöpfen und dann durch Versuch und Irrtum, durch Einsicht und Planung lernen, andere Menschen für sich zu gewinnen, einen Platz in einer Gruppe zu erobern, ein Netz von Freundschaften aufzubauen und auf dieser Grundlage auch sein sexuelles Leben zu entfalten.

Wesentlich ist dabei, dass weder Kontakt noch Einsamkeit als primär belastend empfunden werden: Das Kind kann sich aus langweiligen sozialen Situationen zurückziehen, ohne sich vor völliger Verlassenheit zu fürchten, und es kann Kontakte aufnehmen, ohne sich besonders anstrengen oder kontrollieren zu müssen.

Wem die Gnade dieser Entwicklung zuteil geworden ist, der hat es nicht leicht, sich in jene Menschen einzufühlen, die keine Chance dazu hatten. Aber er kann das natürlich immer noch weit besser, als es narzisstisch belasteten Menschen untereinander möglich ist. Wenn wir ein zerstrittenes Ehepaar oder ein von Mobbing-Vorwürfen belastetes Team untersuchen, finden wir sehr häufig zwei Personen, die in ihrem spontanen Kontaktverhalten und in ihrer Selbst-Akzeptanz beeinträchtigt sind. Sie werfen dann dem jeweils anderen vor, einen schlechten oder bösen Kontakt hergestellt zu haben, während sie selbst sich doch so sehr um einen guten und richtigen Kontakt bemühten. Die Anfälligkeit solcher Beziehungssysteme zeigt sich in der Wertung: Wer beteuern muss, er habe gute Kontakte, ist in einer labileren Situation als jemand, der sich seiner Kontakte sicher ist. Das oft als barbarisch verschriene Gesetz »Wie du mir – so ich dir«, »Auge um Auge, Zahn um Zahn« ist human gegenüber der narzisstischen Regression, in der alle sterben müssen, welche ein Ideal verletzen.

Freud hat sich nie auf die Austauschprozesse *zwischen* den Eltern bezogen, sondern stets nur darauf, welche Fantasien das Kind auf die Eltern richtet und mit welchem Teil es sich identifiziert. Wer aber schwere narzisstische Störungen untersucht, bei denen scheinbar keine massiven Traumatisierungen deutlich werden, findet subtile und doch gravierende Störungen im Austausch zwischen den Eltern. Die Eltern haben zwar dem Kind ein stabiles Zuhause garantiert, sie haben es versorgt und sich nicht scheiden lassen. Aber sie haben sich gegenseitig entwertet und dem Kind dadurch eine schwere Hypothek aufgeladen.

Meine Beziehungen regle ich am liebsten allein …

Menschen gehen davon aus, dass es sinnvoll und möglich ist, Beziehungen zu zweit zu regeln. Das klingt banal. Wie sonst soll man es tun? Die therapeutische Praxis zeigt jedoch, dass viele narzisstisch belastete Personen immens viel Zeit und Kraft daran wenden, sich *allein* mit einer Beziehung zu beschäftigen und sich in ihr zurechtzufinden. Im Aufbau fantastischer Gebäude und deren Abbruch durch Zweifel versuchen sie, ein Selbstobjekt zu konstruieren. Tage und Nächte werden mit Grübeleien verbracht. Soll ich einen Anruf tätigen, einen Brief oder eine E-Mail schicken? Soll ich warten, ob ich angerufen werde? Viele Stunden geistiger Anstrengung kreisen ergebnislos um die Frage, ob eine Äußerung oder eine Zurückhaltung positiv oder negativ gedeutet werden müssen.

Der Analytiker solcher Menschen ist überrascht, weil nach einer in sanften Gesprächen scheinbar friedlich verbrachten Stunde ein zorniger Klient kommt, der sich darüber beklagt, der Helfer habe ihn während der letzten Sitzung angeschrien, beleidigende Äußerungen getätigt und ihm den Mund verboten.

Es fruchtet wenig, solche Kranken für verrückt zu halten oder ihre Irrtümer mit Hilfe einer Tonbandaufzeichnung zu korrigieren. Sie zeigen uns etwas ganz Wichtiges: ihre Schwierigkeiten, sich darauf zu verlassen, dass sie in einer Beziehung Erlebtes offen äußern dürfen. Sie führen uns vor Augen, dass ihnen irgendeine unserer tatsächlichen oder vermeintlichen Aussagen (gerade das lässt sich durch die Zeitverzögerung und Bearbeitung des Gesagten oft nicht mehr klären) nahe gegangen ist.

Sie haben daraufhin beschlossen, die Botschaft nicht sogleich anzunehmen und zu erwidern, sondern sie ungeöffnet mit nach Hause zu nehmen und in ihrem privaten Labor mit hochsensiblen Instrumenten und gehörigem Zeitaufwand zu untersuchen. Dann konfrontieren sie uns mit dem Ergebnis ihrer Untersuchung – und sind überzeugt, wir hätten die Botschaft genau so verkündet, wie sie es sich inzwischen erschlossen haben. Wenn der Inhalt ihrer Rekonstruktion ein aggressiver ist, haben wir sie angeschrien.

Wer den Hintergrund solcher Störungen untersucht, findet in der Regel ein Paar (oder eine Gruppe) von Bezugspersonen, die sich nicht leben lassen konnten und sich mit Entwertungen traktierten. Wenn Eheleute zusammenbleiben, obwohl sie sich entwerten, kann das Kind in dieser Welt doppelter Botschaften nur durch schwerwiegende Einbußen an unmittelbarer Kontaktfähigkeit überleben.

Unter Eltern, die sich realistisch sehen, ist Austausch realistisch und spontan; wenn er nicht funktioniert, tauschen sie sich darüber aus, bis sie sich wieder einigen können. Wenn aber die Eltern einander mit der charakteristischen Mischung aus Idealisierung und Entwertung behandeln, die durch unverarbeitete Sehnsucht nach einem Selbstobjekt entstehen, lebt das Kind in einem Minenfeld. Es muss sich immer überlegen, ob es für eine Äußerung überschwänglich gelobt oder vernichtend kritisiert wird.

Der Sohn des entwerteten Vaters kann sich nicht mit seiner Männlichkeit identifizieren, er kann nicht herausfinden und ausdifferenzieren, wie er auf die Frauen wirkt, die er begehrt. Er muss entweder der Mann sein, von dem seine Mutter träumt, ganz anders als der reale Vater. Oder er muss ein Mann sein, der Frauen entwertet, wie es der Vater vorgelebt hat. Vor allem aber darf er nicht spontan sein. Er darf nichts ausprobieren. Er muss die richtige Frau finden, mit der alles klappt.

Die Tochter des entwerteten Vaters plagt sich mit der Angst, eine Frau zu werden, die von einem Mann abhängig ist, den sie nicht mehr verlassen kann. So trainiert sie in der Pubertät erst einmal Unabhängigkeit. Aus den Gefahren der Erotik heraus verlagert sie das Problem in die besser kontrollierbare Welt der Nahrungsaufnahme, entwickelt eine Anorexie, ist stolz darauf, dass sie nichts braucht und alle anderen abhängiger sind als sie.

Später, wenn sie ihrem Erleben nach genug bewiesen und genug gehungert hat oder ihr in einer Klinik die Anorexie abtrainiert wurde, probt sie ständig das Verlassen. Sie verliert nach wenigen Monaten in ihren Liebesbeziehungen das sexuelle Interesse.

Suche nach dem Selbstobjekt

Narzisstisch gestörte Menschen bringen in Beratung oder Therapie die Bereitschaft mit, den Helfer ihrem Selbstgefühl einzuverleiben. »Selbstobjekt« ist ein brauchbares, aber in seinem Nutzen auch begrenztes Wort. Seine Erscheinungen im Alltag sind ersehnte Märchenprinzen oder hingebungsvolle Geishas, sind vollkommene Mütter oder Väter, Brüder oder Schwestern, zu denen alle Grenzen aufgehoben werden, sind makellose Chefs und begnadete Künstler.
»Rein genau« nennt der Dichter diese Gefühle und setzt hinzu: »Du warst in abgelebten Zeiten/meine Schwester oder meine Frau!« Wer mit einem solchen Selbstobjekt verschmilzt, kann hoffen, alle seine Selbstgefühlsnöte zu überwinden. Diese Verschmelzung wird ersehnt und gefürchtet, denn wer sie eingeht, muss mit einer Zerstörung seines Selbstgefühls rechnen, wenn das Unternehmen nicht gut geht. Das Selbstobjekt muss idealisiert bleiben, es muss dauerhaft mit Gefühlen der Verliebtheit besetzt sein, sonst ist das Selbstgefühl bedroht.
Freud hat in seinen Brautbriefen Heinrich Heine zitiert, der in einem Gedicht von dem fiktiven arabischen Stamm der Asa spricht, »welche sterben, wenn sie lieben«. Auch *seine* Liebe sei von dieser Beschaffenheit. Dahinter steht ein in Europa (anders als in Asien oder Afrika) verwurzeltes Modell der idealen Liebe. Es ist im höfischen Mittelalter entstanden und wurde in den ideologischen Hintergrund der bürgerlichen Ehe aufgenommen.
Sowohl die Verliebtheit (als Fantasie der Erfüllung der Sehnsucht nach dem Selbstobjekt) als auch die mit dem Verlust eines idealisierten Menschen verbundenen Ängste und Schmerzen teilen Helfer und Schützling. Da wir alle von traumatischen Erfahrungen geprägt sind und unsere Möglichkeiten, sie zu verarbeiten, durch die Ausbildung zum Psychotherapeuten vielleicht reflektiert, aber keineswegs perfektioniert werden können, gibt es oft Fälle, in denen ein Klient Reifungsschritte vollzogen hat, die seinem Therapeuten nicht gelungen sind – beispielsweise eine Familiengründung.
Statt sich einzugestehen, dass der Kranke Stärken haben muss, die

ihm selbst fehlen, kann der selbst von Perfektionismus beeinträchtigte Therapeut davon abhängig werden, dass der Klient sich selbst entwertet, um ihn aufzuwerten. Er kann dann Regressionsneigungen des Kranken nicht erkennen und angemessen auf diese reagieren.

Die Sehnsucht nach Selbstobjekten teilen alle Menschen. Was die narzisstische Störung von der reifen Persönlichkeit unterscheidet, ist ihre Unfähigkeit, die Enttäuschung dieser Sehnsucht zu verarbeiten, in ihr handlungsfähig zu bleiben, sich entweder das einst idealisierte Liebesobjekt im Alltag zu bewahren oder ein neues zu idealisieren. Wer mit den Kränkungen im Zusammenhang mit dieser Sehnsucht nach dem Selbstobjekt umgehen kann, zieht vor allem seinen Körper und seine vitalen Triebe zu Rate. Er fühlt sich in andere Personen ein und orientiert sich an der sozialen Realität. So wird die Erfahrung ertragen, dass sich Gegenstände unserer Verliebtheit verändern. Sie sind weder so, wie wir sie haben möchten, noch werden sie so, wie wir sie erziehen wollen. Dennoch können sie mit uns in einen liebevollen Austausch treten.

Narzisstisch gestörte Menschen ertragen es nicht, wenn sich eine idealisierte Beziehung verändert. Sie fühlen sich massiv bedroht und vermögen dann oft nicht mehr, ihre eigenen Interessen wahrzunehmen – zu mächtig sind ihre Bedürfnisse, sich für eine Kränkung zu rächen, die Veränderung eines Selbstobjekts auszulöschen. Ihre Perspektive ist verengt: Die (der) oder keine (keiner). Der gesunde Narzissmus räumt der zweiten Liebe eine bessere Chance ein als der ersten: Man hat doch aus deren Scheitern gelernt.

Hier einige typische Wege, mit der Problematik der Selbstobjektbeziehung umzugehen.

Griseldis

Der bereits erwähnte Pygmalion-Typus (vgl. S. 41) formt *eine andere Person* zum Selbstobjekt. Anders der Griseldis-Typus. Er (oder sie) formt *sich selbst* zu einer Bezugsperson, die alle eigenen Ansprüche und Wünsche opfert. Nach Boccaccio soll der um seine Unabhängigkeit fürchtende Weiberfeind Gualteri von Saluzzo gegen seinen Willen heiraten, weil seine Untertanen es fordern. Er nimmt die arme Bauerntochter Griseldis, weil sie bereit ist, sich allen seinen Wünschen zu unterwerfen. Dann prüft er ihren Gehorsam, indem er ihr nacheinander die beiden von ihr geborenen Kinder wegnimmt, sie nach 15-jähriger Ehe verstößt und zwingt, seine neue Frau beim Hochzeitsessen zu bedienen. Erst als Griseldis dies alles bereitwillig tut, darf sie zum Staunen des Hofes erfahren, dass die vermeintliche Braut ihre in der Ferne aufgezogene Tochter ist: Jetzt wird die Mutter wieder als Gräfin eingesetzt.

Der Fantasie-Typus *meidet* reale Beziehungen, weil er sich den Risiken nicht aussetzen kann, dass die idealisierten Selbstobjekte sich verändern, ihn verlassen, ihn kränken. Er verlegt häufig die Kränkung *vor* die Beziehung – die real möglichen Partner sind unerotisch, hässlich, zu alt, zu jung, es wäre ein extremer Abstieg, ein grausames Sich-Begnügen, sich auf eine Beziehung einzulassen.

Alle diese Strategien der Selbstobjektstabilisierung können sich in einer günstigen Form entwickeln und schließlich in einen reifen Austausch übergehen. Von Freud wissen wir beispielsweise aus den »Brautbriefen«, dass er viel vom Pygmalion-Typus hatte. Er versuchte mit manchmal tyrannischer Energie, in das Leben seiner Verlobten einzugreifen und sie nach seinem Bild zu formen. Aber diese Stürme legten sich und die beiden fanden ihren Weg in einen alltagstauglichen Austausch. Umgekehrt wird der oft in Eheberatungen fallende Satz: »Ich dachte, meine Ehe sei gut, bis meine Frau mir sagte, wie sie sich fühlt«, von Männern gesprochen, deren Frau die Griseldis gespielt hat. Auch solche Ehen können über lange Zeit stabil bleiben.

Fantasien von idealen Partnern schließlich können durch Druck der Umstände oder Ängste vor dem Verlust wesentlicher Chancen (etwa eigene Kinder) so weit aufgegeben werden, dass neben ihnen eine reale Beziehung möglich wird, oft ohne dass der Traum ganz verschwindet. Von dem toskanischen Dichter Dante wissen wir, dass er Ehefrau und Kinder hatte. Seine ideale Liebe galt jedoch stets jener verstorbenen Beatrice, mit der er sich in seinem Epos vereint.

Beatrice ist Dantes Geschöpf, sein Selbstobjekt, seine Führerin im Paradies.
Menschen, die lange Zeit mit imaginären Selbstobjekten ihre narzisstische Störung kompensiert haben, denken meist erst dann an eine Behandlung, wenn sich ihre Lebensperspektive verengt hat. Vorher sagen sich die Betroffenen, sie hätten eben den Richtigen noch nicht gefunden, es sei noch Zeit. Künstler hingegen, welche die Selbstobjekt-Beziehung in die Beziehung zu ihren Werken transformieren können, haben eine konstruktive, auf Austausch basierende Lösung entwickelt, ähnlich wie verliebte Paare, die durch Humor, Kreativität und Vernunft jeder für den anderen die primitive Idealisierung zugleich erhalten und zähmen. Sie sind schließlich von diesem Prozess, der die Verliebtheit in den Alltag hinein transformiert, so fasziniert, dass sie an dem Partner festhalten können, mit dem gemeinsam sie Verliebtheit und Abstand, Abhängigkeit und Autonomie bewältigt haben. In der Alltagssprache heißt es dann, aus dem verliebten Paar sei ein liebendes geworden.
Jeder anspruchsvolle, unsere Kreativität fordernde Beruf hat auch Selbstobjekt-Qualitäten. Er stabilisiert unser Selbstgefühl und wir reagieren mit Wut, wenn er entwertet oder uns genommen wird. Das gilt für Therapeuten nicht weniger als für Lehrer, Anwälte, Ärzte oder Priester. Daher ist das Sprichwort, dass »die Liebe heilt«, in der Therapie nicht falsch, obwohl es den professionellen Aspekt nicht erfasst. Es geht in einer gelingenden Psychotherapie manchmal um einen im Prinzip ähnlichen Prozess wie in einer gelingenden Liebesbeziehung. Wenn sie mit einer primitiven Idealisierung (und nicht mit einer Entwertung) beginnt, muss diese ebenso schonend wie kritisch umgewandelt werden, um einen realistischen Austausch einzuleiten und diesen dann zu entwickeln.

»Hätte ich doch schon früher Therapie gemacht!«

Diese Suche nach dem oder der »Richtigen« wird dadurch erschwert, dass in der Vergangenheit einige attraktive, aber unvollkommene Angebote abgelehnt wurden. Ich erzähle in solchen Szenen manchmal die Anekdote vom Kamel in der Wüste. Es trifft auf eine Oase und sagt sich: Hier ist das Gras nicht grün genug. So kehrt es in die Wüste zurück und träumt von einer besseren Oase. Aber die zweite Oase ist »schlechter« als die erste, die dritte »schlechter« als die zweite.

In solchen Situation ist es ein Fehler, wenn der Therapeut in die Klage einstimmt, dass eine Behandlung doch *früher* eine viel bessere Chance gehabt hätte. Er paktiert dann mit den resignativen Anteilen der Kranken und schlägt den angebotenen Fluchtweg ein. Weil die Klientin mit 39 Jahren noch Jungfrau ist, hätte nur eine zehn, ja zwanzig Jahre früher absolvierte Behandlung eine Chance gehabt.

In Wahrheit können wir in jedem Alter mit unserer Umwelt in einen realistischen Dialog eintreten oder diesen entwerten, weil wir meinen, es besser zu wissen. Die 39-Jährige, die behauptet, dass eine 19-Jährige es doch soviel leichter hätte, eine erste erotische Beziehung zu leben, sucht nach einer Ausflucht, um ihre Abhängigkeit von einem Selbstobjekt und ihre Angst vor den Botschaften ihres Körpers unangreifbar zu machen. Beide Mächte können in jedem Alter jede Beziehung blockieren. Und umgekehrt kann eine Entwicklung, die sich von diesen Abhängigkeiten befreit, in jedem Alter eingeleitet werden.

Die Hälfte der Brücke

Die Therapie narzisstischer Störungen ist eine gute Übung darin, Ungewissheit zu ertragen. Wenn wir den Therapeuten mit einem Architekten vergleichen, muss er sich darin üben, halbe Brücken zu bauen, die in sich so stabil sind, dass sie nicht darauf angewiesen sind, dass die andere Seite rasch und passend entgegengebaut wird. Sein Angebot bleibt fest, auch wenn die Bauleute vom anderen Ufer, statt den passenden Bogen zu wölben, seine Konstruktion erst einmal allen möglichen Belastungsprüfungen unterziehen.

Wer sich dem Helfer nicht anvertrauen, sich nicht an ihn anlehnen

und ihn seinen Teil der Arbeit tun lassen kann, wird von der Behandlung nicht profitieren. Wer alles auf die Therapie setzt und sich in seiner Lebensbewältigung zurückentwickelt, kann sich auch in der Behandlung nicht mehr entwickeln, weil er zu viel Kraft braucht, um die narzisstische Wut gegen einen Therapeuten zu bändigen, der die Sehnsüchte des Regredierten nicht erfüllen kann.
Während der rhythmische Wechsel von Progression und Regression eine wesentliche Fähigkeit des gesunden Menschen ist, seine Leistungsfähigkeit erhält und ihn Arbeit wie Erholung genießen lässt, misslingt bei narzisstischen Störungen dieser zyklische Ablauf. Man könnte sagen: der normale Narzissmus erlaubt es uns, zu sein; der gestörte muss sich beweisen.

Nur Leistung zählt

So muss sich beispielsweise ein Student vor einer Prüfung seine Leistungsfähigkeit beweisen, indem er pausenlos bis zur völligen Erschöpfung lernt. Das Gegenstück dieser Störung ist dann die Lernhemmung: Er kann alles andere leisten, aber sich nicht auf das Examen vorbereiten. Was er vollendet, muss einen so hohen Anspruch befriedigen, dass die narzisstischen Bedürfnisse die vernünftige Planung überrennen. Wenn er jeden Tag ein Stück machen würde, müsste er es am Abend wieder auflösen, wie es Penelope mit ihrem Schleier tat. Dieser kleine, mickrige, erbärmliche Fetzen von etwas, das doch ganz und groß und ganz groß sein muss, hat kein Recht, bestehen zu bleiben. Ihn in seinem Recht zu belassen, ihn ruhen zu lassen und am nächsten Tag ein kleines Stück weiterzuarbeiten, würde bedeuten, ein für alle Mal die Fantasie aufzugeben, dass blitzschnell etwas Großes entsteht, etwas Vollendetes geschaffen werden wird.
Sehr oft sind diese Größenfantasien gar nicht mehr auffindbar. Sie zeigen sich nur in einer immensen, unrealistischen Schärfe der Kritik. »Ich will beileibe nichts Großartiges machen«, sagt der Gestörte dann. »Wie kommst du auf diesen absurden Gedanken? Ich will nur

eine ganz normale Leistung von erträglichem Durchschnitt abliefern, gar nichts besonderes!« Dann empfiehlt es sich oft, in seinen Papierkorb zu sehen. Dort finden sich dann die normalen, die durchschnittlichen Leistungen, die er keinem fremden Urteil zumuten will. Er hat das Gefühl, ersticken zu müssen, wenn er nicht alles auf einmal schafft, das ganze Feld in einem einzigen Atemzug, ohne abzusetzen, Tag und Nacht. In dieser rastlosen Arbeit kann er die Zweifel und Bedenken zum Verstummen bringen, die ihn quälend überfallen, wenn er zwischendurch ausrasten, sich etwas Schönes gönnen, die verdiente Ruhe mit Freude und Entspannung füllen möchte.

Wenn es solchen Personen doch gelingt, die Examensarbeit, an der andere ein Jahr schreiben, in zwei Wochen aufs Papier zu werfen und völlig übernächtigt beim letztmöglichen Termin das ausgedruckte Exemplar abzuliefern, sehen wir einen geschlagenen, geplagten Menschen. Es fällt uns nicht leicht, den narzisstischen Triumph zu erkennen, der mit dieser Aktion verknüpft ist. Aber manchmal finden wir ihn doch – etwa, wenn der Betroffene sein Haupt über die Arbeit eines Konkurrenten schüttelt. Dafür hat dieser Mensch ein volles Jahr gebraucht! Seine eigene Arbeit ist nicht viel besser. Aber das liegt daran, dass er sie in vierzehn Tagen hingehauen hat. Wenn er sich das Jahr Zeit hätte nehmen können, wenn nicht soviel dazwischen gekommen wäre, ja dann …

Die gegenwärtig wohl häufigste und unauffälligste Form der Abwehr narzisstischer Verwundungen ist eine Fixierung auf Leistung ohne Rücksicht auf andere Bedürfnisse. Wer arbeitet und etwas voranbringt, der kommt auf keine »dummen« Gedanken, er muss nicht über den Sinn des Ganzen nachdenken. Es gibt durchaus Fälle, in denen Menschen pausenlos arbeiten, ohne sich zu schaden. Ob ein Zustand schließlich als schöpferische Inspiration, konstruktive Überzeugung vom Sinn des eigenen Tuns oder manische Abwehr und Arbeitssucht zu beurteilen ist, hängt nicht davon ab, was wir in einzelnen Situationen beobachten können, sondern wie stabil und produktiv die Betroffenen handeln.

Teil 2

Therapie narzisstischer Störungen

1. Die Schwelle ist der Platz der Erwartung

Der Beginn ist die Hälfte der Tat[9]

Bei der ersten Begegnung zwischen Helfer und Klient in der Behandlung einer narzisstischen Störung ist die Atmosphäre hochgradig gespannt. Für einen traumatisierten Menschen ist jede Situation, die er nicht zu kontrollieren vermag, bedrohlich. Wenn er sich überhaupt darauf einlassen kann, dass ihm eine andere Person nahe kommt, dann nur, weil die Not groß ist und die schmerzliche Einsicht unabweisbar, dass er sich mit eigenen Mitteln nicht befreien kann.

Es wäre einfach, wenn die beschriebene Spannung immer wahrnehmbar wäre und das tiefe Misstrauen des traumatisierten Menschen, sein Unbehagen, sich einer nicht kontrollierbaren Situation auszuliefern, von Anfang an berücksichtigt werden könnte. Aber der Therapeut begegnet in der Regel nicht dem Problem des Klienten, sondern dessen Versuchen, es zu verleugnen und zu kompensieren. Eine dieser Kompensationen ist die Idealisierung des Helfers, hinter der Zweifel, Misstrauen, Angst und Bedenken verborgen bleiben.

Die Idealisierung ist wahrscheinlich die gefährlichste Anfangsverwirrung, weil sie sich am leichtesten mit dem Narzissmus des Helfers verbindet und auf diese Weise einer Prüfung entzieht. Eine fiktive Entlastung des Helfers von Unsicherheiten und Zweifeln an der eigenen beruflichen Kompetenz ist sehr gefährlich, weil sie den Helfer und seinen Klienten in eine Scheinwelt versetzt.

Die Scheinwelt des idealisierten Helfers

Angesichts der wachsenden Komplexizität der modernen Welt und einer damit verknüpften hohen Unsicherheit in Bezug auf die Frage, ob das eigene Handeln gut oder schlecht, zielführend oder inkompetent sei, greifen wir alle nach soviel Sicherheiten wie möglich. Unsicherheit zu ertragen ist eine hohe seelische Leistung. Diese Situation führt zu so paradoxen Folgen wie einem hohen Honorar für den Experten, der angesichts einer verzwickten Problemlage den Rat gibt, nichts zu tun, weil alle Lösungsversuche die Problematik nur verschlechtern.

In der Tat sind angesichts nahender Gefahr, eines bedrückenden Schicksals oder heftiger Gefühlsäußerungen Helfer einfach zu bekommen, die sofort etwas machen, auch wenn es nichts nützt oder schadet. Seltener zu finden sind andere, die in Ruhe warten und erst dann etwas unternehmen, wenn eindeutig ist, dass Handeln angezeigt ist, weil sich die Situation sonst verschlechtert. Der unsichere Jäger verschießt seine Munition, ehe er die Chance hat, etwas zu treffen. Der unsichere Arzt spritzt, schneidet, diagnostiziert und verordnet Medikamente. Durch solche Ärzte ausgelöste Leiden sind eine der häufigsten, nach Ansicht mancher Autoren (wie Ivan Illich) sogar die häufigste Krankheitsursache.

Therapeuten arbeiten in einem weniger objektivierbaren Feld. Bis der Kranke sein Therapieziel erreicht, wird in jedem Fall einige, bei manchen Methoden sogar viel Zeit verstreichen. Dem Kranken geht es nach jeder Sitzung besser, schlechter oder nicht anders als vorher. Eine schnelle subjektive Besserung kann trügerisch sein. Sie tritt auch auf, wenn der Therapeut dem Alkoholiker versichert, dass sein Trinken keine Sucht sei, der Ehefrau mit Beziehungsproblemen, dass es an ihrem gestörten Partner liege, dem Mobbingopfer, dass es ohne eigenen Anteil einem unfähigen Chef ausgesetzt sei.

So ist leicht zu begreifen, dass jeder Therapeut viel Aufmerksamkeit darauf richten sollte, ob er seinen Klienten nützt. Wenn er das nicht tut, schadet er ihnen – denn er stiehlt ihnen Zeit und Kraft, ohne dass sie davon profitieren. Je unsicherer der Therapeut nun angesichts solcher Beobachtungsaufgaben ist, desto verführbarer wird er durch eine primitive Idealisierung vonseiten des Kranken. Wenn dieser einfach alles, was der Therapeut sagt, wenn er jede seiner Eigenschaften bewundernswert und hilfreich findet, fühlt sich der Helfer sicher.

In dieser Idealisierung verschwinden die Fehler des Therapeuten ebenso wie seine Vorzüge. Unter dem narkotischen Einfluss der Idealisierung findet der Kranke einfach alles wundervoll und richtig, was ihm gesagt wird; freilich kann er sich nichts davon merken und braucht schnell den nächsten Termin oder den Anruf bei Nacht, um sich wieder daran zu erinnern.

Der Helfer kann unter dem Schutz der Idealisierung versagen, ohne dass ihn eine kritische Rückmeldung bedroht. Klienten lassen sich unter großen finanziellen Opfern scheiden oder geben einen Beruf auf, der sie von ihren Selbstgefühlsproblemen wirksam abgelenkt hat. Sie tun das alles, ohne sich einzugestehen, dass sie unbewusst von dem idealisierten Helfer entschädigt werden wollen; umgekehrt wird ein Helfer, der die Idealisierung genießt und sich in seinem Selbstgefühl auf sie stützt, auch solche schnellen Lösungen als positive Veränderungen und Aufbruch in eine bessere Zukunft werten.

Die Therapie entgleist in eine Sekte. Ohne den Glauben an eine Erlösung wird die Angst übermächtig, dass alle Opfer umsonst waren.

Es ist freilich ebenso schwer, einer Idealisierung zu entgehen, wie ihre Ansprüche zu erfüllen. Es ist leicht, von Realitätssinn, Bescheidenheit und Humor zu reden, aber schwer, sie unter Belastungen zu bewahren. Sobald ein Therapeut meint, er könnte Idealisierungen gänzlich vereiteln oder durch ein Patentrezept bezwingen, sitzt er schon einer neuen Form des Perfektionismus auf.

Das Klima der Entwertung

Was den Helfer subjektiv mehr belastet als die Idealisierung, sind plumpe oder subtile Entwertungen, mit denen der Klient versucht, das durch die Tatsache seiner Hilfsbedürftigkeit beschädigte Selbstgefühl wieder aufzubauen. Wenn der Klient überschwänglich begeistert ist von der Lage der Praxis, ihrer Möblierung und den Bildern an der Wand, ist das angenehm für den Helfer, der schließlich seinen Geschmack genauso gerne bestätigt sieht wie andere Leute auch. Wenn der Klient hingegen die Nase rümpft über den Kunstgeschmack des Helfers und den zierlichen Biedermeiersekretär, der viel Geld gekostet hat, autoritativ zu einer Fälschung erklärt, dann sieht der Helfer Probleme auf sich zukommen.

Ist es sinnvoll, die Bewertung umzukehren und den kratzbürstigen Klienten zum leichteren Fall zu erklären, der wenigstens die narzisstischen Probleme auf den Tisch legt und sie nicht durch Idealisierung verschleiert? Ja und nein. Ich tue das manchmal um der supervisorischen Pointe willen; professionelle Hilfe muss sich schließlich durch Ernsthaftigkeit, aber nicht durch Langeweile auszeichnen. Aber nüchtern betrachtet sind beide Botschaften, die idealisierende und die entwertende, aus positiven und negativen Elementen gemischt.

Der idealisierende Klient drückt seine Bereitschaft aus, den Helfer zu bewundern, was auch heißt, von ihm zu lernen, ihn an die Stelle bösartiger Überich-Instanzen zu setzen, seine Ängste und Zweifel erst einmal hintanzustellen. Gleichzeitig versucht er, die Heilung billig zu bekommen: Wenn der Helfer alles kann, muss er nichts mehr tun; wenn der Helfer ihn perfekt versteht, muss er sich nicht mehr bemühen, mit seinem Chef oder seiner Ehefrau klar zu kommen.

Der entwertende Klient hingegen zeigt seine Bereitschaft, sich mit der aggressiven Seite seiner Hilfsbedürftigkeit auseinander zu setzen. So kann der Therapeut rasch zur Arbeit an den Größenvorstellungen vordringen. Sobald es gelingt, ein liebe- und humorvolles Gespräch darüber zu führen, ob der Klient tatsächlich bei einem Therapeuten besser dran wäre, der seine Ansprüche an einen perfekten Helfer erfüllt, ist ein Anfang gemacht.

Die Erforschung der Lebens-, Familien- und Kulturgeschichte des Klienten beginnt im Erstgespräch. Aus ihr wird das Verständnis für die Stützen seines Selbstgefühls erarbeitet. Der Kranke sitzt nicht zufällig gerade heute gerade vor mir. Dieses Ereignis hat eine Geschichte. Diese sagt viel über ihn und über meine Möglichkeiten aus, ihn zu unterstützen.

Wer fragt, erhält – Antworten

Es gibt in der klassischen Analyse eine kritische Distanz zur Frage; der obige Satz wird so ausgesprochen, dass ein »erhält *nur* Antworten« eingesetzt werden müsste. Ich kann Frage-Abstinenz für sinnvoll halten, wenn wir einen Kranken vor uns haben, der bereit ist, sich auf eine klassische Analyse einzulassen, das heißt mindestens dreimal pro Woche zu kommen und frei zu assoziieren. Dann ist es sinnvoll, den Strom dieser Einfälle nicht durch Fragen zu lenken, sondern ihn durch Deutungen zu erhellen. In anderen Therapie-Situationen denke ich an den Spruch einer viel gereisten Amerikanerin, die angesichts meines Erstaunens, wie gut sie sich überall zurechtzufinden wisse, lakonisch sagte: *»I believe in asking!«*

Das mythische Modell der Frageabstinenz ist Parcival, der sich die Blöße der Frage nicht geben will und deshalb noch viele Jahre herumirren muss, ehe er eine zweite Chance erhält. Wer nachfragt, gesteht Unwissenheit ein. Daher durchkreuzt er auch alle Idealisierungen, die ihm eine geheime Allwissenheit zuschreiben, fremde wie eigene.

Wer Fragen stellt und dem Gegenüber die Möglichkeit gibt, ihm zu antworten, leitetet eine elementare, kontaktstiftende Interaktion ein, während schweigendes Abwarten zu einem Zwangsritual werden kann, das dem Therapeuten nicht mehr einbringt als Unterwerfung.

Fragen können einladend sein, zudringlich, liebevoll, bohrend, sie können streicheln, aber auch verletzen. Sie sind Ausdruck des psychischen Grundes, auf dem sie wachsen, sie können offen sein oder inquisitorisch. Es ist klar, dass sich nur offene und wertneutrale Fragestile mit der hier skizzierten therapeutischen Haltung vertragen. Wer ganz auf die Frage verzichten will, um sich gegen ihren Missbrauch zu sichern, gleicht jemandem, der Liebenden den Gebrauch ihrer Arme verbieten möchte, weil diese schließlich auch dazu verwendet würden, das Opfer einer Vergewaltigung festzuhalten.

Sinn der Frage ist immer, sich ein möglichst genaues Bild zu machen, wie der Patient lebt, was ihn freut und ärgert, wie er sich einrichtet, wie er mit seinen Eltern und seinen Freunden umgeht. Wir müssen uns sein Leben vorstellen können, sonst können wir ihm nicht helfen, sich darin besser zurechtzufinden. Da aber gerade der narzisstisch Belastete, der uns für ein Selbstobjekt hält, überzeugt ist, wir sähen die Welt bereits durch seine Augen, hält er selbst solche Aufklärung für unnötig und wundert sich, dass wir die Personen nicht kennen, von denen er uns erzählt. Daher müssen wir nachfragen, wenn wir etwas nicht verstehen, damit wir es wirklich verstehen und nicht die symbiotische Illusion des Kranken fördern.

Vorgeschichte des Anfangs

Wer die Vorgeschichte der ersten Begegnung erforscht, kann etwas von dem Kräftefeld erkennen, das die Therapie bestimmen wird. Warum ist dieser Klient zu *mir* gekommen? War er schon bei anderen Helfern, und welche Erfahrungen hat er mit ihnen gemacht? Wer hat ihn mit welchen Argumenten empfohlen? Was weiß er von mir, und wie bestimmt es seine Erwartungen?

Die forschende Haltung des Therapeuten ist sozusagen sein Schutzgeist, um ihn vor den Gefahren der Idealisierung wie der Dämonisierung und Entwertung zu schützen. Sie ermöglicht jenen mittleren Kurs, der unverzichtbar ist, um weder ein so mächtiger Heiler zu sein, dass der Klient nichts tun kann, noch ein Pfuscher, der nicht weiß, was er tut, und deshalb mehr schadet als nützt.

Die narzisstische Störung beruht darauf, dass Kränkungen so unerträglich erscheinen, dass ein vernünftiger, den Interessen des Betroffenen dienender Umgang mit ihnen unmöglich ist. Viele Kranke wissen das. Der Widerspruch zwischen Vernunft und Praxis quält sie. Der Therapeut kann angesichts einer solchen Zwickmühle nicht viel leisten; daher muss das Wenige gut gemacht werden. Es besteht darin, dem Leidenden zu vermitteln, dass sein Dilemma nicht banal ist und sich nicht mit einer Willensanstrengung aus der Welt schaffen lässt. Die Bereitschaft, Verletzungen ernst zu nehmen und sie nicht zu bagatellisieren, ist von hohem therapeutischen Wert, obwohl sie auf den ersten Blick enttäuscht.

Wer sich den Arm gebrochen hat, sich dessen aber noch nicht bewusst ist, kann zunächst trotz des Schmerzes noch auf eine schnelle Heilung hoffen. Wenn er dann aber einen Gipsverband trägt, ist es mit dieser Hoffnung vorbei. Der Arm ist blockiert. Aber der Patient bemerkt doch bald, wie der Schmerz nachlässt und der Heilungsprozess langsam fortschreitet. Er gewinnt eine neue Hoffnung: Wenn der Gipsverband entfernt ist, wird der Arm wieder so gut zu gebrauchen sein wie früher. Doch auch diese Hoffnung wird enttäuscht: Durch Muskelschwund schmerzt und schwächelt der Arm. War denn alles verkehrt? Jetzt gewinnt der Betroffene durch die Erfahrung, dass diese Leiden durch Übung von Tag zu Tag schwinden, eine neue, diesmal realistische Hoffnung, dass der Bruch wirklich ausheilt.

Ähnlich ist es für den narzisstisch Kranken zunächst nicht leicht, überhaupt anzunehmen, dass er es schwerer hat als andere und sorgfältiger planen und sich besser schützen muss, um dasselbe zu erreichen. Aber wenn er bemerkt, dass er damit Erfolg hat, wird er schrittweise den Sinn dieser Strategie erkennen.

Der Kranke mit dem Armbruch wünscht sich statt des lästigen Gipsverbands viel sehnlicher einen Heiler, der ihn durch Auflegen der Hände und einen schönen Zauberspruch von allen Schmerzen und Einschränkungen befreit. Aber er ist fast immer einsichtig genug, das Fehlen eines solchen Heilers zu ertragen und dem Fachmann dankbar zu sein, der einen kunstgerechten Verband anlegt – vorausgesetzt, er wird umfassend über seine Lage aufgeklärt und nicht mit Vorwürfen traktiert, dass er, weil er sich aus Dummheit den Arm gebrochen habe, nicht die Zauberheilung verdiene, die besseren Menschen als ihm jederzeit zuteil werden könne.

Wer narzisstisch etwas abzugeben hat, kann anerkennend von den Menschen sprechen, mit denen er in seinem Leben zu tun hatte: seinen Eltern, Lehrern, Kollegen, Vorgesetzten, Freunden, Partnern, Kindern. Wer in narzisstischer Not ist, kann das nicht mehr. Er fühlt

sich schlecht und wertlos, erfolglos, ungeliebt und muss das ausgleichen, indem er Schuldige findet, entweder ganze Personen (siehe oben: Eltern, Lehrer, Vorgesetzte …), die ihn alle enttäuscht haben, oder aber Elemente, die ein an sich bewundernswertes Selbstobjekt verderben.
Die Co-Alkoholikerin sieht als einziges Problem in einem sonst tadellos bewältigten Leben den Alkoholismus ihres Mannes, der seine Gesundheit und die wirtschaftliche Lage der Familie ruiniert. Sie erkennt nur selten, wie sie von dieser Rolle stabilisiert wird, wie sie sich durch sie vor narzisstischen Gefahren schützt und aufwertet, etwa in dem Sinn, dass sie einen so wilden und mutigen Mann erträgt, der sich soviel mehr zutraut als andere und doch von ihr total abhängig ist.
Die Behauptung, man habe nur ein einziges Problem, ist ein ebenso typisches Signal der narzisstischen Störung wie das Selbstbild des Problembündels, das buchstäblich kein gutes Haar am eigenen Selbst lassen kann. Die Lebensgeschichte verrät immer beides: dass es mehr Probleme gibt als nur eines und mehr Kompetenzen als gar keine. Im Grunde ist es ebenso unmöglich, total zu versagen, wie alles richtig zu machen.

Eine Therapie, die keine sein darf

Oft werden Therapeuten mit der Frage konfrontiert, wie eine Person behandelt werden kann, die eine solche Behandlung ablehnt: der Alkoholiker, der nicht einsieht, dass er sein Leben ruiniert, der drogenabhängige Verwandte, dem eine Gerichtsverhandlung bevorsteht, die depressive Schwiegermutter, die ihre Nieren mit Psychopharmaka ruiniert.
Die Hoffnung, man könne eine Therapie erhalten, die keine ist, eine spenden, die das Opfer nicht als solche erkennt, ist ein Symptom der narzisstischen Störung. Freunde und Verwandte werden in einer Weise beansprucht, als ob sie Therapeuten wären. Ich erinnere mich an eine junge Medizinerin. Sie erzählte, wie ihre Mutter sie anrief

und dringend um ärztliche Hilfe bat. Meine Gesprächspartnerin bemühte sich nach Kräften, denn die professionelle Regel, keine Angehörigen zu behandeln, schien ihr kalt und abweisend. Als ihre Empfehlungen der Mutter unbequem erschienen, sagte diese plötzlich, sie würde jetzt doch lieber zu einem richtigen Arzt gehen.

Der narzisstisch Traumatisierte versucht, sein Selbstgefühl zu retten, indem er sich weigert, seine Störung ernst zu nehmen. Sobald er professionelle Hilfe sucht, ist er »wirklich« krank, wenn er aber mit seinen Depressionen, beruflichen Krisen, Selbstmordgedanken und Verfolgungsfantasien nur seine Verwandten und Freunde belastet, tut er nur das, was alle tun – wozu hat man denn Freunde?

Solange die Störung von Personen aufgefangen wird, die diese Abwehr nicht antasten, bleiben die Chancen einer Veränderung gering. Daher ist das Ziel jeder Beratung überlasteter Angehöriger, Ehepartner oder Freunde ein Stück weit die Einsicht, dass die seelische Störung ernst zu nehmen ist und ihre Therapie eine mühevolle, zeitaufwändige Veranstaltung sein wird, die sich nicht schnell, bequem und vor allem nicht nebenbei erledigen lässt.

Wenn der narzisstisch Belastete sich durchgerungen hat, in eine reguläre Behandlung zu kommen und dem Profi gegenüber sitzt, wird er noch an seiner Distanz festhalten. Er versucht, eine Szene herzustellen, in der sein Größenselbst von der Niederlage einer Therapiebedürftigkeit möglichst wenig angetastet wird.

Man hat mich geschickt …

Er kommt nicht aus eigenem Entschluss, sondern bewegt von der Schwäche eines oder einer Dritten, die gedacht haben, er solle es einmal mit einer Therapie probieren. So tut er diesem den Gefallen, er ist ein toleranter Mensch und offen für die bizarrsten Empfehlungen. Oder aber: Der Arzt hat nicht weiter gewusst. Er war mit seinem Latein am Ende. Er hat das nicht zugeben können, sondern von psychosomatisch gesprochen und eine Therapie empfohlen.

Hier tut der Helfer gut daran, den Kranken dafür anzuerkennen, dass

er durch sein Kommen seine Bereitschaft zur Zusammenarbeit ausgedrückt hat. Er wird wohl nicht sagen, er sei dankbar dafür, dass auch die ironisierende Abwehr bereits auf dem Tisch liegt und so einer Bearbeitung zugänglich ist, aber er sollte dieses Element der Situation wahrnehmen.
Je weniger sicher der Helfer in seiner Rolle ist, desto eher wird er dazu neigen, solche »extern motivierten«, »behandlungsunwilligen« oder »unergiebigen« Klienten abzulehnen. Damit trägt er zu ihrem Problem bei. Sie können ihre Störung selbst nicht ernst nehmen und fühlen sich in dieser Abwehr von einem Therapeuten bestätigt, der das auch nicht tut.

Meine Frau ist in Therapie ...

Eine verwandte Form der indirekten Motivation ist der Behandlungswunsch, um einen Partner zu halten. Meist sind es Männer, deren Frauen nach einigen Monaten oder auch Jahren einer eigenen Behandlung ihre Unzufriedenheit offener äußeren. Ein Selbstobjekt droht verloren zu gehen. Der Partner wird mit seinen Defiziten konfrontiert. Ihm wird abverlangt, er müsse sich jetzt selbst in einer Psychotherapie verändern, müsse beginnen, »an sich zu arbeiten«, sonst habe die Beziehung keine Chance.
Die Hintergründe dieser Therapiemotivation sind oft recht spannend und selten so einfach, wie die ersten Begründungen von »nachholen«, »gleichziehen«, »sich entwickeln« nahe legen. Oft empfindet der Partner sich in der Position des Einzelspielers, der plötzlich neben der vertrauten Gegnerin-Partnerin noch einen zweiten Gegner im gegenüberliegenden Feld sieht und seinerseits die Überzeugung gewinnt, auch er brauche eine solche Verstärkung. Oder aber die Primärklientin ist in einen inneren Widerspruch zwischen ihren Veränderungswünschen und ihrer symbiotischen Bindung an einen selbstobjekthaft erlebten Ehemann geraten. Sie findet es ängstigend, sich weiterzuentwickeln, wenn sich nicht auch der Ehemann verändert.

Ich war in einer Supervisionsgruppe einmal Zeuge, wie sich solche Situationen verwickeln können. Hier hatte eine Therapeutin angesichts der stockenden Fortschritte ihrer Klientin, die an Panikattacken litt und heftig über ihren Ehemann klagte, dieser vorgeschlagen, zusammen mit ihrem Partner eine Therapie bei einem Kollegen aus dieser Gruppe zu machen. Bald kam es zu heftigen Auseinandersetzungen der beiden Therapeuten, in denen sich die Paarkonflikte spiegelten. Der Paartherapeut sah seinen Klienten als das Opfer einer narzisstisch gestörten Frau, die sich ihm sexuell verweigerte und dabei von ihrer Therapeutin auch noch ermutigt wurde. Die Therapeutin war empört, dass der Kollege nicht ihre Klientin in ihren Wünschen unterstützte, von ihrem Ehemann mehr Hilfe im Haushalt zu erhalten und diesen in seiner Sexsucht auch noch bestärkte. Die Gruppe musste zusehen, wie die beiden sonst so herzlichen und nachdenklichen Kollegen sich ineinander verbissen und kaum dazu zu bewegen waren, von ihren Überzeugungen zu lassen.
Jeder von außen motivierte Klient, der dem Therapeuten gegenübersitzt und ihm diesen Teil seiner Geschichte erzählt, verdient Anerkennung dafür, dass er so offen mit diesem Problem umgeht. Es wird sich so viel leichter klären lassen als bei Klienten, die solche Gedanken verschweigen. Der durch die Therapie seiner Frau verunsicherte Mann wird zunächst viele Zugeständnisse an den Therapeuten machen, um sein Ziel zu erreichen, mit seiner Frau wieder zurechtzukommen, vergleichbar dem Geheimdienst eines Staates, der sich Zugang zu den Plänen der neu entwickelten Waffentechnik eines Nachbarlandes verschaffen will.
Wer mit solchen Paaren zu tun hat, sollte sich – gleichgültig ob in einer Einzel- oder Paarbehandlung – immer für beide Partner engagieren und versuchen, die Spaltung in einen »guten« und »bösen« Teil zu bekämpfen. Es genügt nicht, eine Schiedsrichter-Position einzunehmen. Solche Paare spielen nicht. Sie können sich auf keine Regeln einigen. Daher muss der Therapeut einige Autorität entfalten, um destruktive Aktionen zu benennen und einzuschränken. Er kann sich nicht heraushalten, er muss sich einmischen. Zwanghafte

Neutralität reicht nicht aus. Wer Angst hat, für parteiisch gehalten zu werden, blockiert sich selbst. Unerlässlich ist die Bereitschaft, vermeintliche Parteinahmen zu diskutieren und sie mit dem Interesse für das Wohlergehen des Klienten zu begründen, welches in einer Liebesbeziehung dem Wohlergehen des Partners nicht feindlich sein sollte.

In vielen Fällen erlischt das Interesse des Klienten an der Behandlung, sobald er den Eindruck gewinnt, dass die Beziehung wieder ein ruhigeres Fahrwasser erreicht und die Partnerin sich nicht trennen wird. Wenn das Paar wieder zueinander gefunden hat, steht es keinem Therapeuten an, ihre Beziehung als »unreif« zu kritisieren und einen Klienten, der die Motivation zur Behandlung verloren hat, mit dem Bannfluch zu verfolgen, er kehre in eine neurotische Beziehung zurück.

2. Die Falle der Grandiosität

Dem primitiven Selbstgefühl des Therapeuten dient es am besten, wenn er alle positiven Veränderungen seiner Arbeit, alle negativen den ungünstigen Umständen zuschreibt. Demgegenüber haben wirkliche Heiler schon immer das unwägbare Element in ihrer Arbeit betont. Der große französische Wundarzt Ambroise Paré hat gesagt: »Ich schneide, Gott heilt.« Freud zitiert das Sprichwort der Antike: »Der Arzt kuriert, die Natur heilt!« Der Allmachtsanspruch des Helfers lautet jedoch: »Ich heile; leider hindert mich der Teufel (die Natur) manchmal daran, meine Ziele zu erreichen.«

Enttäuschte Erlösungshoffnungen

Ein Tier flieht, frisst, paart sich. Es macht sich niemals Gedanken darüber, ob es sich nicht besser anders entschieden und so einen

Schmerz vermieden hätte, der jetzt unausweichlich scheint. Ein Mensch hingegen muss sich die Fähigkeit, im Augenblick zu leben, oft mühsam gegen ungreifbare Panik oder nagende Schuldgefühle erringen. Sie wurzeln in der Neigung, sich unbarmherzig für jene tatsächlichen oder vermeintlichen Fehler zu bestrafen, die seine Affektlogik mit dem Versagen verbindet, sein Selbstgefühl zu sichern. Diese Affektlogik reagiert auf Signale und deutet sie als Welt: Wenn dieser Mann mich ablehnt, bin ich unattraktiv, wenn diese Prüfung misslingt, bin ich unfähig.

Die »stützende« Therapie kann hier gegensteuern. Manchmal gelingt es, den Bann der Affektlogik und des magischen Denkens zu brechen, welche manische oder depressive Weltsichten bedingen. Aber die Vorstellung eines endgültigen Sieges, einer reifen Persönlichkeit, die ohne Stützen von außen ihr Gleichgewicht dauerhaft hält, ist eher ein Symptom der narzisstischen Störung als ein Weg aus ihr heraus. Ein Beispiel:

> *Ein Therapeut ist von den raschen Fortschritten und tiefen Einsichten einer beruflich erfolgreichen Managerin mit heftigen Beziehungsproblemen so begeistert, dass er sich auf ihren Wunsch einlässt, nach der Behandlung nicht nur eine private Beziehung zu beginnen, sondern mit ihr ein Institut für Coaching aufzubauen. Er versucht gewissenhaft vorzugehen und spricht mit KollegInnen, die angesichts seiner Begeisterung für die angeblich reife und brillante Ex-Patientin »tolerant« sind und keine Einwände machen.*
>
> *Wenige Monate nach den ersten intimen Kontakten scheitert die Liebesbeziehung. Beide Partner sind voneinander enttäuscht. Sie können weder damit umgehen, dass ihr Alltag nicht so sprühend und anregend ist, wie es die Therapiestunden waren, noch verkraften, dass es so wenige Anmeldungen für den ersten von ihnen angebotenen Kurs gibt, in dem sie Coachs ausbilden wollen.*
>
> *Der Therapeut ist nach der Trennung depressiv und beschließt, noch einmal selbst Analyse zu machen. Er fällt aus*

allen Wolken, als er aus dem Brief einer Anwältin erfährt, dass seine enttäuschte Liebhaberin ihn verklagt hat. Er habe sie sexuell missbraucht und seine Stellung als Therapeut ausgenutzt, um sie zu verführen. Sie will Schmerzensgeld und Schadensersatz. Kopien der Klageschrift gehen an Fachgesellschaften und Institute.

In diesem Fall wurde eine prekäre gegenseitige Idealisierung durch sexuelles Agieren abgewehrt. Die Konstruktion einer gemeinsamen, manischen Abwehr überzeugte sogar Kollegen, die es besser wissen müssten und sich in ihrem Rat über die Empfehlungen der Fachverbände hinwegsetzten. In der Trennung zerfiel die gemeinsame Abwehr; der Therapeut reagierte depressiv, die frühere Patientin aggressiv.

Größenfantasie und Gottähnlichkeit

Fast noch gefährlicher als das Ungeschick eines Therapeuten scheint mir seine nicht durchdachte und professionell geordnete Geschicklichkeit. Wer Menschen erreichen und verändern will, muss ihnen etwas bieten, das sie als hilfreich, tröstlich, möglicherweise auch faszinierend und überraschend erleben. Wer wenig zu bieten hat, kann auch wenig schaden. Wer viel zu bieten hat, kann viel schaden, aber nur so viel nützen, wie es die Zusammenarbeit mit dem Kranken erlaubt. Wunder wirken wird niemand, aber Wunder wünschen wir uns ständig, ganz gleich, ob wir Therapeuten sind oder Kranke. Angesichts der Einschränkungen und Zwänge des organischen Lebens tun das die Menschen, seit sie denken und träumen können.

Der Chirurg, der einen Bruch kunstgerecht schient, muss mich als Mensch nicht überzeugen; keine seiner menschlichen Qualitäten wiegt schwerer als der fachkundige Umgang mit dem körperlichen Trauma. Umgekehrt wird auch der Chirurg immer durch den Verlauf der Heilung über die Grenzen seiner Kunst belehrt. Wer seelische

Verletzungen vor sich hat, handelt im Reich des Glaubens und der Fantasie. Ein professioneller Therapeut wird danach trachten, sich in diesem Reich so zu bewegen, dass er möglichst wenig Schaden stiftet. Dazu braucht er den kritischen Abstand von platten und sublimen, von naiven und elaborierter Versionen jenes narzisstischen Urtraums der Menschheit: ein Prophet zu sein oder ein Gott.

Freud hat versucht, eine tief greifende Veränderung von Menschen als professionelles, wissenschaftlich fundiertes Ideal zu begründen. Er schuf den Analytiker und sprach von »weltlicher Seelsorge«. Die »alten« ärztlichen Tugenden – eben das *»primum nil nocere«* setzte er aber als selbstverständlich voraus.

Als deutlich wurde, wie groß die Verführung der neuen Lehre für unseriöse Praktiker war (es gab in den USA Fernkurse für »Psychoanalytiker«, die nach dem Kauf einer Reihe von Lehrbriefen eine eigene Praxis aufmachten), wurde der Zugang zur analytischen Ausbildung begrenzt und die Praxis kontrolliert. Aber heute noch werben Heilpraktikerschulen mit einem Freud-Foto und bieten Schnellkurse für Psychotherapeuten an (geschützt sind nur die Titel des psychologischen oder ärztlichen Psychotherapeuten, die von Psychotherapeuten- und Ärztekammern überwacht werden). Damit hat die Psychotherapie die Gefahr ihrer eigenen Entwertung durch Gurus und Scharlatane geboren, mit der sie seither zu kämpfen hat. Wo die professionelle Basis einer Schaden vermeidenden Haltung verloren geht, drohen auch Entwicklungen wie die oben skizzierte, die den Ruf der Therapeuten schädigen und ihre Klienten belasten.

Die professionelle Basis der Therapie enthält neben technischen Kenntnissen vor allem das Wissen um eigene Größenfantasien und Grenzen. Erfolge durch Suggestion, durch Einsicht, durch die Auseinandersetzung mit verdrängten Fantasien sind immer möglich. Aber sie lassen sich nicht erzwingen. Wenn sie in grandioser Selbstüberschätzung zugesichert werden, schwindet der Schutz vor einer Entgleisung in die Entwertung des »bösen« Kranken oder des »schlechten« Therapeuten.

Manchmal fragen sich Historiker der Psychotherapie, woher es kommt, dass die Therapeuten zu Freud ein so ganz anderes Verhältnis haben als etwa die Physiker zu Newton oder die Naturphilosophen zu Rousseau. Freud wird immer noch öfter zitiert als neuere Autoren in diesem Gebiet. Seine Lebensgeschichte ist bis in jede Urlaubspostkarte, jeden Brief hinein erforscht, dokumentiert, umstritten. Durch den Schöpfungsakt, in dem die Psychoanalyse entstand, hat Freud etwas Gottähnliches gewonnen. Viele (Lehr-)Analytiker gefallen sich seither in der Prophetenrolle. Aber beide Rollen sind mit therapeutischer Arbeit nicht vereinbar. Sie sind nur geeignet, Idealisierungen aufzubauen, durch die eine geistige oder emotionale Abhängigkeit vom Therapeuten entsteht. Es ist gefährlich, Opfer einer Sucht von dieser befreien zu wollen, indem man ihnen eine stärkere Droge gibt.

In solchen Behandlungen ergibt sich eine gefährliche Krise, wenn die Idealisierung brüchig wird, ohne dass der Therapeut sich selbst und seinen Klienten darauf vorbereitet hat, dass er kein Prophet und Erlöser, sondern ein gewöhnlicher Mensch ist, der gelernt hat, anderen Menschen zu einem besseren Selbstverständnis und damit auch Kontaktverhalten zu verhelfen. Dann bricht die idealisierende Abwehr zusammen. Dieser Zusammenbruch weckt heftige Ängste vor dem drohenden Verlust des Selbstgefühls und oft panische oder destruktive Anstrengungen, es aufrechtzuerhalten. Ich wiederhole einige der typischen Szenarien:

1. Wachsende Abhängigkeit, Kontrollwünsche und Ansprüche an den Therapeuten. Anrufe zu jeder Tages- und Nachtzeit, besondere Termine, Überziehen der Sitzungen, aufwändige Geschenke.
2. Völlige Entwertung des Therapeuten und Beginn einer »Therapeutenverfolgung«, etwa in dem Sinne, dass der gekränkte Klient die Methode, in die er einst so große Hoffnungen setzte, als Schwindel und Betrug denunziert, den Therapeuten anzeigt, Schadenersatz einklagt.
3. Ideologiebildung und Wendung der Wut gegen die Feinde der »gemeinsamen Sache«. In diesen Fällen wird der Kranke selbst Therapeut, missioniert in seinem Bekanntenkreis und entwertet Personen, die seine Sekte gering schätzen.

4. Körpersymptome, die einen Abbruch der psychotherapeutischen Behandlung rechtfertigen und das Selbst um die »neue« Krankheit herum organisieren.
5. Wahnbildungen, in denen der in der Realität von einer Entwertung bedrohte Therapeut durch einen Liebes- und Beziehungswahn weiterhin eine zentrale Rolle im Selbstgefühl spielt, während die Behandlung abgebrochen oder nur noch mechanisch fortgeführt wird, da der Therapeut diesen Wahn stützen und nicht stören soll.
6. Sexuelle Handlungen zwischen Therapeut und Klient, um einen drohenden Zusammenbruch der primitiven Idealisierung durch deren erotische Überhöhung und den realen Vollzug des Sexualakts aufzuhalten.

Die Analyse der Kränkbarkeit

Eine analytische Ausbildung kann, wenn sie das Größenselbst des Therapeuten in die Reflexion gebracht hat, ausgezeichnete Möglichkeiten einer bedarfsorientierten Therapie eröffnen. Denn angesichts der Arbeit mit menschlichen Kränkungen ist die forschende Haltung, die Freud neben der Bereitschaft zur heilenden Beziehung immer betont hat, ein unentbehrliches Mittel, um berufliche Kompetenz zu entwickeln.

An ein traditionelles Modell von erfolgreicher Therapie gebundene Therapeuten geraten angesichts narzisstischer Traumatisierungen oft in eine Krise, die sie selbst verursacht haben. Durch ihre offen oder verborgen vermittelte Überzeugung, sie könnten den Kranken heilen, wenn er sich an ihre Regeln halte, stimulieren sie Erwartungen. Wenn der Kranke dann bemerkt, dass er die angestrebte Normalität nicht erreichen kann, beginnt er, den Therapeuten zu entwerten. Die Behandlung bringe nichts, die Defizite seien schlimmer denn je.

Der Therapeut gerät in Versuchung, den Kranken zu belehren. Er habe nicht genügend mitgearbeitet. Er sei einer Auseinandersetzung mit seiner Geschichte, seinen Konflikten, seinen Gefühlen und Trie-

ben ausgewichen. Eine so traktierte Patientin berichtete, sie habe schließlich ihren Therapeuten angeschrien: Wenn sie jetzt aus diesem offenen Fenster des Behandlungsraums springe, werde er dann wenigstens zu ihrer Beerdigung kommen?
Wenn Entwertung als Ausdruck eines seelischen Problems erforscht werden kann, ergibt sich auch in den scheinbar »aussichtslosen« Fällen eine neue Perspektive. Im obigen Fall zeigt die Kranke überdeutlich, dass sie sich ähnlich fühlt wie ein Kind, das sich mit der Fantasie von Eltern tröstet, die an seinem Grabe weinen. Ein anderes Beispiel:

> *Ein Arzt beklagt sich heftig über seine ältere Schwester, die ihn, der viel Arbeit und noch andere Verpflichtungen am Hals hat, mit der Pflege der kranken Mutter völlig allein lässt. Er versteht sie nicht. Sie hat den Kontakt zu ihm abgebrochen. Ohne Grund, aus banalem Anlass. Welchem Anlass? Eigentlich keinem, es sei damals nur sein Sohn aus zweiter Ehe geboren worden.*
> *Wenn das Verhältnis früher schlecht gewesen wäre, würde er diesen eiskalten Rückzug verstehen. Aber die Schwester sei eine liebe, aufmerksame, hilfsbereite Person gewesen, seit er sich – acht Jahre nach ihr geboren – erinnern könne. Jetzt scheine es ihr nichts auszumachen, wenn die Mutter tagelang allein in der Wohnung liege. Er müsse seine knappe Freizeit opfern.*

Hier war die Geburt des Sohnes aus der zweiten Ehe sozusagen der Strohhalm, der den Rücken des Lasttiers bricht. Die ältere Schwester hatte sich schon immer latent benachteiligt gefühlt. Sie konnte aber ihre Kränkung, von dem kleinen Bruder entthront worden zu sein, durch die liebevolle Fürsorge für ihn ausgleichen und diese Rolle über viele Jahre durchhalten. Erst als die zweite Frau ein Kind gebar, brach diese kompensatorische Struktur zusammen. Die Schwester war selbst kinderlos, sie hatte nichts, der Bruder alles. So zog sie sich vollständig vom Bruder und dessen neuer Familie zu-

rück, war nicht bereit, über diesen Rückzug zu sprechen und schloss sich eng an die erste Frau und deren Kinder an, die ähnlich verraten worden waren wie sie selbst.
»Ich vermute, dass hinter dieser abweisenden, verweigernden Seite Ihrer Schwester noch eine andere ist«, sagte ich zu dem Klienten. »Die liebevolle, fürsorgliche große Schwester muss doch auch noch da sein. Aber ich kann mir vorstellen, dass sie es nicht erträgt, zu der kranken Mutter zu gehen und von ihr gefragt zu werden, weshalb heute sie kommt und nicht der Bruder.«
»Das ist wahr,« sagte er nachdenklich. »Meine Mutter hat mich vorgezogen. Aber sie müsste doch zufrieden sein! Sie war doch acht Jahre lang die Einzige, der absolute Liebling!« »Je höher der Thron, desto schmerzhafter der Sturz«, sagte ich. »Sie könnten Sie gewiss dazu bringen, wieder zur Mutter zu gehen und Sie zu entlasten. Sie müssten sie nur bitten und ihr sagen, dass Sie überlastet sind und ohne ihre Hilfe nicht klarkommen!«
»Das kann ich nicht«, sagte er nachdrücklich. »Ich werde da nicht betteln. Ich will ihr nicht dankbar sein. Lieber zahle ich alles, was das kostet.«

Ist Therapie machbar?

Je mehr sich die Psychotherapie von der Vorstellung befreit, in einer aktiven Intervention einen Menschen zu heilen, desto weiter entfernt sie sich von der Technik und nähert sich der Philosophie. Das scheint mir weder gut noch schlecht, sondern unausweichlich.
Der Gedanke, einen traumatisierten Menschen in der Verarbeitung seines Lebens zu unterstützen, ist älter als die Geschichte. Das Leben ist für den Menschen oft (zu) schwer. Die ältesten Hilfsmittel, seelische Traumen zu heilen und das Selbstgefühl zu stabilisieren, nannten spätere Forscher »Zauberei«, »Magie« oder »Aberglauben«. Wenn die psychotherapeutische Funktion der Magie den meisten Betrachtern bisher entgangen ist, wenn es nicht gelingen wollte, sie evolutionstheoretisch einzuordnen, dann hat das viele

Gründe. Die lange Zeit herrschende Geringschätzung des geistigen Lebens der so genannten Primitiven mag dazu beigetragen haben. Dann schwang in der wissenschaftlichen Betrachtung der Magie noch bis in die jüngste Zeit ein Zorn der Aufklärung gegen den Aberglauben, gegen alles Unvernünftige, Unbegründbare mit. Wenn man sie erklären musste, tat man es negativ: als falsche Anwendung der Assoziationsgesetze, als primitive Vorstufe der Wissenschaft, als rohes, kümmerliches Sichabzappeln des menschlichen Geistes vor Problemen, die erst ein fortgeschrittenes Zeitalter in den Griff bekommen habe.

Jeder biologische Fortschritt birgt ein Risiko. Der Mensch hat seine ihm eigentümliche Fortbewegungsart, die ihm die Werkzeug schaffenden Hände frei machte und seinen Kopf hoch über die Gräser der Savanne erhob, durch eine erhöhte Anfälligkeit für eine ganze Reihe von Krankheiten erkauft: Krampfadern der Beine, da das Blut größere Höhenunterschiede überwinden muss als beim Vierfüßler, endlose Rückenprobleme durch die gesteigerte Belastung der Bandscheiben in der Wirbelsäule oder die Verwundbarkeit der weiblichen Geschlechtsorgane durch Dehnungen der Bänder, welche die Gebärmutter festhalten.

Mit den Vorzügen seiner hohen Intelligenz und der Fähigkeit, sich Vergangenheit und Zukunft zu vergegenwärtigen, löste sich der Mensch auch von der Ruhe und Sicherheit des Tieres, das keine Neurose kennt und keine Magie. Und wie die Klappen in seinen Venen dem Menschen dazu verhelfen, dass sich trotz des aufrechten Ganges das Blut nicht in den unteren Gliedmaßen staut, so war es die Magie, welche den vom aufflackernden Licht des Bewusstseins geworfenen Schatten durchdrang und ordnete. Sie trug auf diese Weise, unabhängig von ihrem Missbrauch in der übel wollenden Zauberkunst, viel zu jener geistigen Unabhängigkeit bei, auf die wir heute so stolz sind.

Vielleicht wären die ersten Menschen, die ein reflektierendes Bewusstsein kennen lernten, von den Schattenseiten dieser revolutionären Mutation gelähmt worden, hätten sie nicht die Magie entdeckt. Ihr danken wir es, dass unser Bewusstsein, kaum geboren, nicht wieder erlosch, weil es ein zu kühner Entwurf der Baumeister des Lebens war. Zaubersprüche sind keine Abrakadabras, die verwegene Forscher auf einem altägyptischen Papyros lesen. Zaubersprüche sind Dichtungen, die uns fesseln, sind die Argumente eines Werbetexters, die uns anregen – behexen? – überflüssige Dinge zu kaufen, sind die Reden von Politikern, die Deutungen von Psychotherapeuten.

Die Naturwissenschaften haben das Gebiet der Schamanen erobert und besetzt. Vom magischen Standpunkt aus könnte man sagen: ihre Magie ist die stärkere. Wer Explosivwaffen und Antibiotika erfindet, gewinnt soviel Macht, dass er alles, was sich seinem Anspruch nicht unterordnet, mit einem Bann belegen kann: unwissenschaftlich, unbewiesen, Einbildung, Placebo-Effekt. Dieses Regiment ist kaum toleranter als die theologische Herrschaft, der es nachfolgte und die es ergänzt. In dieser war die Magie des Teufels und der Mensch sollte sich Gott – das heißt: den Priestern – unterwerfen und sich nicht anmaßen, mit Zaubersprüchen, Kräutersalben oder Heilsteinen dem Teufel zu dienen.

Aber ihre gewaltige und gewalttätige Überlegenheit hat die neuen wissenschaftlichen Herrscher auch leichtsinnig gemacht. Sie beherrschen das offene Gelände und den Tag. Ihre Machtzentren sind gut bewacht. Aber das autoritäre Vorgehen der Wissenschaftspolizei und ihre Bereitschaft, auf Verdacht hin zu verhaften und abzuschieben, haben ihr auch Feinde gemacht und dazu geführt, dass in der Dunkelheit und in verborgenen Winkeln weit mehr Aberglaube und magisches Denken gedeihen, als es die Hierarchen der Wissenschaft vermuten.

Ein Pharmakologe, der die Wirksamkeit eines neuen Mittel beweisen will, erwirbt sich wissenschaftliche Glaubwürdigkeit dadurch, dass er den Placebo-Effekt durch den doppelten Blindversuch ausschließt. Weder Arzt noch Klient wissen, ob sie eine wirksame Substanz oder einen nach pharmakologischem Wissen unwirksamen Stoff, beispielsweise Milchzucker, erhalten. Wer auf diese Weise den Placebo-Effekt zu eliminieren glaubt, erwirbt sich Verdienst, Anerkennung und Karriere.

Auf der anderen Seite wird in einem solchen System völlig übersehen, dass es Arzt wie Klienten zwingt, wesentliche Einbußen an menschlichen Qualitäten hinzunehmen. Denn der Arzt, der von einem Mittel, das er dem Leidenden gibt, überzeugt ist, gibt diesem viel mehr als einen chemischen Stoff. Indem die Versuchsanordnung den Arzt und, (wenn dieser ethisch korrekt vorgeht) auch den Klienten systematisch der Unsicherheit des Experiments ausliefert, produziert sie eine ungünstige seelische Situation. Ärzte, die solche Versuchsanordnungen entwerfen und – da gedankenlos – in ihnen auch gut funktionieren, wollen von wesentlichen Qualitäten ihres Handelns buchstäblich nichts wissen. In den Augen der naturwissenschaftlichen Medizin ist der Placebo-Effekt billig zu haben und im Handwerkskasten der Stümper zu finden.

Bei Kopfschmerzen helfen nach Untersuchungen von Arthur Jores in 60 Prozent der Fälle Placebos. Schlaflosigkeit lässt sich nach einem Versuch von Günter Clauser in 49 Prozent durch farblose Tabletten, in 69 Prozent durch einen bitteren, roten Trunk und in 81 Prozent durch farbenprächtige Gelatinekapseln beheben. Wenn schon derart einfache Reize so viel Macht entfalten, können wir uns vorstellen, wie unterschiedlich so eindrucksvolle und tief gehende Merkmale wie die Personen der Heiler wirken. Und an dieser Stelle lässt sich auch das zentrale Dilemma der Forschung verdeutlichen: Der Arzt, der mit *absichtlichen Suggestionen* arbeitet, entspricht der farblosen Tablette.

Wer an seine Sache glaubt, überzeugt, weil er sie leidenschaftlich vertritt. Je klüger er ist und je energischer er glaubt, desto mehr. »Ich habe das Symptom verstanden und frage mich, welcher Weg dazu führt, es zu überwinden!« ist eine gänzlich andere suggestive Position als »schon wieder eine Hysterika, ich werde sie hypnotisieren und ihr Gegensuggestionen geben!« Homöopathen wollen ganz entschieden nichts von einer suggestiven Seite ihrer Arbeit wissen. Es geht um das korrekte Simile, die genaue Anamnese, die Wirkung der Hochpotenz. Und vielleicht ist gerade diese energische Absage an alle Suggestion so überzeugend.

Wenig erforscht ist der negative Placebo-Effekt. Wenn Menschen bewusst oder unbewusst fürchten, dass ihnen ein Eingriff oder ein Mittel schaden könnte, dann kann dieses im Bereich der Placebo-Wirkungen – also jener magischen Breite zwischen fünfzig und achtzig Prozent – tatsächlich schaden. Die Päpste der Allopathie denken dann schon einmal eher daran, ein leukämiekrankes Kind mit der Polizei zur Chemotherapie zu schaffen, als der eigenen Mitverantwortung nachzugehen, warum ihre Medikamente einen derart schlechten Ruf haben. Gute Mittel mit schlechtem Ruf mag es in der Veterinärmedizin geben; in der Humanmedizin gibt es sie nicht.

Ferenczi und Elisabeth Severn[10]

Es gibt in der Geschichte der Psychoanalyse einige Beispiele, wie Behandlungen an narzisstischen Verstrickungen scheitern können. Der lehrreichste dieser Berichte handelt von Elisabeth Severn, einer sehr intelligenten, aber auch sehr kranken Heilerin, die einen nicht minder hoch begabten, aber auch sehr ehrgeizigen Schüler Freuds in ein grandioses Unternehmen verstrickte, dessen Scheitern vielleicht für Ferenczis frühen Tod mitverantwortlich ist.

Das Bild dieser Frau schwankt in der Psychoanalysegeschichte. Sie wird von manchen an die Seite der »großen Patientinnen« gestellt wird, die – wie »Anna O.« oder »Dora« – mit wichtigen theoretischen Neuerungen verknüpft sind, von anderen als pathologische Lügnerin und Ferenczis böser Geist hingestellt. Elisabeth Severn würde heute sicher als schwere narzisstische Störung (»Borderline-Persönlichkeit«) charakterisiert: zu krank, um ohne ständige Symptome, dramatische Zusammenbrüche und Klinikaufenthalte zu leben, anderseits zu gesund, um die Krankenrolle zu akzeptieren. Solche Menschen suchen Hilfe und misstrauen dem Helfer, weil sie sofort anfangen, ihm seine vermeintliche narzisstische Übermacht zu neiden.

Elisabeth Severn hieß ursprünglich Leonta Brown. Unter diesem Namen wurde sie 1879 in einer Kleinstadt im Mittleren Westen der

USA geboren und streng religiös erzogen. Sie litt an Essstörungen und »Nervenzusammenbrüchen«, die durch Sanatoriumsaufenthalte behandelt wurden, wobei die Besserung immer nur kurze Zeit anhielt. 1901, im Alter von 22 Jahren, bekam sie ihr einziges Kind, eine Tochter mit Namen Margaret, die später Tänzerin wurde und deren Auskünfte die wichtigste Quelle über Leonta Brown sind. Wie bei schweren Persönlichkeitsstörungen von Frauen nicht selten, war die Beziehung zu dieser Tochter die Konstante in Leonta Browns Leben; ihre Ehe ging bald in die Brüche.[11]

Nach einer Behandlung bei einem theosophischen Arzt, der die »hysterische« Qualität ihrer körperlichen Beschwerden erkannte und versuchte, sie in der Kraft des »positiven Denkens« zu unterrichten, schrieb Leonta Brown an ihre Mutter: »Ich werde jetzt daran arbeiten, selbst Heilerin zu werden. Es ist keine Frage, dass ich dazu die Kraft habe. Es wäre die Erfüllung meines Lebens, in dieser Weise anderen Menschen zu helfen.«[12]

Da selbst ernannte Prophetinnen in ihren Vaterstädten nichts gelten, reiste die frisch gebackene Heilerin nach Texas und ließ sich Visitenkarten mit dem Aufdruck »Elisabeth Severn, Metaphysikerin« machen. 1912 ging sie nach England. Mit jeder Ortsveränderung wuchsen ihre Qualifikationen. Seit sie 1913 ein Buch *Psychotherapie – Lehre und Praxis* publiziert hatte, nannte sie sich »Elisabeth Severn, Ph. D.«. 1914 ging sie nach New York. Sie mietete sich in einer Hotel-Suite ein und eröffnete eine psychotherapeutische Praxis.

Nach außen eine eindrucksvolle und erfolgreiche Frau, litt sie sehr unter ihrer Isolation (»Sie hatte keine Freunde oder Kollegen, nur Klienten«, erzählte ihre Tochter später) und konsultierte die verschiedensten Ärzte, darunter auch den Psychoanalytiker Otto Rank. Vielleicht hat ihr dieser Sándor Ferenczi empfohlen; er wusste von dessen Faible für Frauen mit »übernatürlichen« Fähigkeiten.

Elisabeth Severn ging 1924 nach Budapest und begann eine Behandlung bei Ferenczi. Sie quartierte sich in einem vornehmen Hotel ein und brachte einige gut situierte Klienten aus Amerika mit, die ihre Behandlung bei ihr fortsetzten.

Die Analyse dauerte zunächst immer nur einige Monate und wurde dann durch die Rückkehr von Frau Severn nach New York unterbrochen. Am 7. Juli 1925 hatte Ferenzci Geburtstag (er wurde 52 Jahre alt); dazu schenkte ihm Elisabeth Severn ihr zweites Buch mit der Widmung: »Mit Anerkennung für den, der im Stande ist, immer noch den Duft der Kränze vergangener Jahre wahrzunehmen, Sándor Ferenczi, von seiner dankbaren Schülerin, Elisabeth Severn.«

Ferenczi stellte in einem Empfehlungsbrief für Freud im selben Jahr Dr. Severn als Amerikanerin und »fleißige Psychologin« vor, die bei ihm in Analyse sei. 1926 kam Ferenczi nach New York und hielt Vorlesungen für Sozialarbeiter; dort nahm Severn an einer Gruppe von Laienanalytikern teil, die Ferenczi – auch aus Ärger über die Einschränkungen der Laienanalyse durch das New Yorker Psychoanalytische Institut – gründete. Privatleben und Arbeit vermischten sich; Severn reiste mit Ferenczi und dessen Frau Gizella zurück; sie besuchten Groddeck in Baden-Baden und kamen dann nach Budapest.

Alle Wünsche erfüllen ...

Die immer noch »Analyse« genannte Beziehung entwickelte sich 1928 zu einer dramatischen Verstrickung. Statt besser ging es Severn immer schlechter; statt weniger brauchte sie mehr Behandlungszeit. Es ist geradezu unglaublich, welche Überzeugungskraft eine Frau entfalten konnte, die einerseits so gesund war, dass sie die mühevolle Reise von New York nach Budapest problemlos bewältigte, andererseits aber so krank, dass sie – in der ungarischen Hauptstadt angekommen – den Weg aus dem Hotel zu Ferenczis Praxis »nicht bewältigen konnte«, so dass dieser sie in ihren Räumen aufsuchen musste.

Ferenczi traf sie monatelang zu jeder Tages- und Nachtzeit, sie begleitete ihn in den Urlaub. Als sich ihr Zustand im Juni 1930 verschlechterte, telegrafierte er an ihre Tochter und bot an, auf sein

Honorar zu verzichten, wenn sie dafür in Budapest bliebe und für ihre Mutter sorgte. Schließlich forderte Severn Ferenczi auf, sich von ihr analysieren zu lassen. Er gestand es ihr zu; später rationalisierte er seine Nachgiebigkeit als technischen Kunstgriff (»mutuelle Analyse«) und geriet in einen tragischen Widerspruch zu seinem eigenen Wahrhaftigkeitsdogma, indem er Severn bat, die Tatsache geheim zu halten, dass er sich auch von ihr habe analysieren lassen.

Ferenczis letzte Nachgiebigkeit führte dazu, dass Severn ihm im März 1932 vorwarf, er lasse sich nicht wirklich auf die Analyse durch sie ein. Ferenczi versuchte vergeblich, die Rolle des Analytikers zurückzugewinnen; am 2. Oktober 1932, kurz vor dem Manifestwerden seiner Blutkrankheit, schrieb er in sein therapeutisches Tagebuch: »Versuch, einseitig fort zu analysieren. Emotionalität verschwand; Analyse insipid, Relationship – distant. Ist irgendwann einmal Mutualität versucht worden, dann ist die Einseitigkeit nicht mehr möglich ...«[13]

Der Schluss ist sehr traurig: Ferenczi war todkrank; Severn sah nur ihre eigene Kränkung über den Rückzug des Menschen, den sie schon längst nicht mehr als Therapeuten achtete, sondern als »vollkommenen Liebhaber« (miss)brauchte. Während Severn sich wünschte, auch öffentlich als Therapeutin ihres Lehrers Ferenczi aufzutreten, bestand Ferenczi nach Severns Mitteilungen darauf, dass sie seine Analyse durch die eigene Analysandin geheim halte. Sie solle erklären, sie sei von ihm geheilt.

Das war sie jedoch so wenig, dass ihre Tochter Margaret Ferenczi einer erbitterten Brief schrieb, als Elisabeth Severn in desolatem Zustand nach der Beendigung ihrer neunjährigen Therapie in Paris ankam. Ferenczi hat nicht mehr geantwortet; er ist im Mai 1933 gestorben. Severn hingegen erholte sich rasch. Mitte Juni fuhr sie bereits nach London, wo sie ihre eigene Praxis wieder aufnahm. Sie starb im Februar 1959, 79 Jahre alt, in New York an Leukämie.

Erich Fromm sagte, dass Ferenczi zwischen Freud und Groddeck stand, sich keinem von beiden wirklich zuneigen konnte und daher scheitern musste. Freud steht für die wissenschaftliche Disziplin, Groddeck für die künstlerische Hingabe an die anarchische, spielerische Realität des Es. Herbert Will hat versucht, die Situation genauer zu klären: Hier der verwurzelte, letztlich nur sein Eigenes erkennende Groddeck, dort der geniale Forscher Freud, dem es vor allem um sein wissenschaftliches Ansehen und die Durchsetzung seiner Theorien ging; in der Mitte Ferenczi, der sich verausgabt, um Freud zu beweisen, dass er zwar in der Theorie sein Schüler, in der Praxis aber der größere Heiler ist.[14] Sein Ziel war es, an und mit Elisabeth Severn die erste wirklich vollständige und gültige Analyse in der Geschichte dieser Wissenschaft vorzulegen.

Sicherlich ist Ferenczis Verhalten darin begründet, dass er sich von seiner Abhängigkeit befreien und gleichzeitig doch noch Freuds Anerkennung gewinnen wollte. Insofern entspricht die Beziehung bis zu ihrem tragischen Ende dem Muster, dessen Ambivalenz sich bereits 1910 im Briefwechsel zwischen Ferenczi und Freud zeigte.

Gizella Ferenczi erwähnt eine Äußerung von Lou Andreas-Salomé, die gefragt habe, ob Groddeck, Ferenczis Arzt, der ihn öfter in seinem Sanatorium in Baden-Baden behandelte, nichts habe tun können. Groddeck hat darauf geantwortet: »Ich habe hier und da versucht, ihn auf die Gefahr seines Weges aufmerksam zu machen; aber ebenso wenig, wie man einen reißenden Strom mit der hohlen Hand aufhalten kann, ebenso wenig konnte man Sándor helfen. Wenn man sagt, dass ich das vielleicht gekonnt hätte, so ist das ein Irrtum. Er war, so nahe wir uns standen und so sehr wir befreundet waren, schon weit weg von mir in einem Sternenflug, dem ich mich nicht anschließen konnte und wollte.« (19. Februar 1934)

Freud und Ferenczi

Der »Sternenflug« des Helfers ist seine Fantasie, durch grenzenlosen eigenen Einsatz und Raubbau an seinen Kräften könne er Wunder wirken. Was tatsächlich geschieht, ist ein Unrecht nicht nur an seiner Gesundheit und seiner Familie, sondern auch an den Klienten – sowohl an denen, die durch den Verschleiß der eigenen Kräfte nicht mehr angemessen versorgt werden können, wie auch an der

Person, der soviel geopfert wird und die daher in unrealistischen Erwartungen bestärkt und mit Schuldgefühlen belastet wird.
Freud hat sich gegenüber Ferenczis narzisstischer Bedürftigkeit abgrenzen und ihm lange Zeit Halt geben können. Severn hingegen nahm alles und mehr als das, was Ferenczi eigentlich Freud hatte geben wollen. Sie war so bedürftig, dass Ferenczi seine eigene Bedürftigkeit in sie projizieren und sich dann bis zur völligen Erschöpfung verausgaben konnte, um indirekt auch seine eigenen Größenfantasien und Symbiosewünsche zu erfüllen.
Mir scheint Groddecks Metapher vom »Sternenflug« passender für diese tragische Situation als die Kommentare späterer Analytiker, welche Freud vorwerfen, er hätte Ferenczis präödipale Übertragung auf ihn für eine ödipale gehalten. Das klingt so, als sei eine erkannte Übertragung auch schon eine aufgelöste, und diese Vorstellung ist ihrerseits eine Größenfantasie.
Freuds eigene Reaktion auf Ferenczis tödliche Krise als Analytiker und Therapeut zeigt, dass er eine wesentliche Seite des Helfer-Syndroms bei Ferenczi erkannt hatte, freilich auch, dass er sich offenbar nicht in der Lage sah, etwas dagegen zu unternehmen. In einem Brief an Jones eine Woche nach Ferenczis Tod beschreibt er dessen übermächtigen, unbewussten Wunsch, eine bessere Mutter zu sein als die eigene Mutter:

> »Im Mittelpunkt stand die Überzeugung, dass ich ihn nicht genug liebte, seine Arbeiten nicht anerkennen wollte, auch dass ich seine Analyse schlecht gemacht hatte. Damit standen seine technischen Neuerungen in Zusammenhang, er wollte mir zeigen, wie liebevoll man seine Klienten behandeln müsse, um ihnen zu helfen. Es waren in der Tat Regressionen zu den Komplexen seiner Kindheit. … So wurde er selbst eine bessere Mutter, fand auch die Kinder, die er brauchte, darunter eine suspekte Amerikanerin, der er oft 4–5 Stunden am Tag widmete (Mrs. Severn?). Als sie abgereist war glaubte er, dass sie ihn durch Schwingungen über den Ozean beeinflusse, erzählte, dass sie ihn analysiert und dadurch gerettet habe.

> (Er spielte also beide Rollen, die Mutter und das Kind).
> Sie scheint eine Pseudologia phantastica produziert zu haben, er glaubte ihr die merkwürdigsten Kindheitstraumen, die er dann gegen uns vertrat. In diesen Wirren verlosch seine einst so glänzende Intelligenz. Aber wir wollen seinen traurigen Ausgang als Geheimnis unter uns bewahren.«[15]

Freud nannte Elisabeth Severn Ferenczis »bösen Geist«;[16] in seinem Ansinnen, die Ereignisse geheim zu halten, zeigt sich wieder die Polarisierung zwischen Ferenczis Ideal der grenzenlosen Offenheit und politischem Pragmatismus. Man kann tadeln, dass beide Männer ihren bereits auf der gemeinsamen Sizilienreise manifesten Konflikt nicht lösen konnten; man kann aber auch anerkennen, dass sie trotz ihrer Dissonanzen so lange und derart intensiv zusammenarbeiteten, bis Ferenczi in den Strudel einer Regression geriet, die nicht nur Elisabeth Severn, sondern auch ihn selbst erfasste.
Seit den siebziger Jahren erlebte Ferenczi eine Renaissance; selbst sein aberwitziges Unternehmen mit Elisabeth Severn wurde mit einem Glanz des Wagemuts umgeben. Im Zusammenhang mit Missbrauch wird Ferenczi sowohl als Täter wie auch als Opfer und schließlich als mutiger Pionier im Kampf gegen Freuds angebliche Unterdrückung der Bedeutung von Realtraumata erwähnt.[17] Michael Balint, Ferenczis bekanntester Schüler, hat in seinem Kommentar nur bedauert, dass Ferenczi die Behandlung von Elisabeth Severn nicht abschließen konnte, nicht aber erwähnt, dass ihn die Anstrengung vielleicht das Leben kostete.

3. Unerschrockene Einfühlung

Wo wir uns nahe fühlen und uns Sympathie entgegenkommt, ist es einfach, Einfühlung zu entwickeln. Aber den narzisstisch Gestörten fällt Einfühlung schwer. Sie können sich kaum in andere hineinver-

setzen. Ihnen fehlen der notwendige Abstand und die sichere Grenze zu anderen Personen. Ihr Bedürfnis, Bestätigung zu bekommen, Recht zu behalten, drohende Kränkungen abzuwehren, ist derart übermächtig, dass sie einem Gegenüber keine Luft lassen.
Bei einer seelisch normalen Person genügt sozusagen eine Schönwettereinfühlung, um den Kontakt angemessen zu gestalten. Wir können ihre Oberfläche annehmen und unser Verständnis allmählich vertiefen. Diese Einfühlungsfähigkeiten reichen bei narzisstischen Störungen nicht aus. Wer ihnen helfen will, braucht mehr. Er benötigt innere Ressourcen, feste Haltungen, vertiefte Selbsterfahrung, begleitende Reflexionsmöglichkeit (daher die Forderung nach der Lehranalyse für Psychotherapeuten, und der Supervision während der Ausübung eines helfenden Berufs). Wer sich in solche Störungen einfühlen soll, muss diese Fähigkeit professionell festigen.

Das »Ja, aber«

Dem seelisch Belasteten nicht zu schaden ist dann besonders schwierig, wenn dieser kein Gefühl dafür hat, ob er seinerseits die Personen beschädigt, von denen er sich Respekt, ja Liebe wünscht. Wer sich angegriffen und verletzt fühlt, neigt instinktiv dazu zurückzuschlagen. Sehr oft können Therapeuten die Ambivalenz nicht ertragen, mit der eine narzisstisch gestörte Persönlichkeit in einem Satz Hilfe beansprucht und gleichzeitig ihre geistige oder moralische Überlegenheit über den Helfer zu beweisen sucht.
Viele dieser Menschen kränkt die Tatsache, dass sie Hilfe brauchen. Wenn diese Hilfe nicht schnell und angenehm ist, sondern langsam und mit Forderungen nach einem eigenen Beitrag verknüpft, reagieren sie mit offener oder (häufiger, da sie ja den Helfer brauchen) verdeckter Wut. Die Folge ist das von Eric Berne[18] etwas abschätzig als »Spiel« beschriebene »ja, aber«. Andere Autoren reden von einem »Hilfe ablehnenden Jammerer« oder »Therapeutenkiller«. Solche Beschreibungen verraten mehr über die Aggressionen der Helfer als über die der Klienten.

Beim »Ja, aber« geht es darum, dass einerseits Hilfeleistungen, Ratschläge, Lösungsmöglichkeiten begehrt werden. Wenn diese dann kommen, stoßen sie jedoch auf ein Aber, das den Helfer frustriert oder entwertet. Ihm wird nachgewiesen, dass er den Hilfesuchenden nicht verstanden hat und ihm Konsequenzen zumutet, die dieser nicht ertragen kann.
Für Berne liegt der verborgene Sinn dieser Transaktion darin, dem Pfarrer, Therapeuten, Sozialarbeiter oder Arzt zu zeigen, dass er unfähig ist. Er ist besser versorgt, aber dümmer als der Leidende in seinem Mangelzustand. So wird ein Stück gerechter Ausgleich hergestellt, weil der Leidende klüger ist als der naive Helfer. Wenn Berne davon ausgeht, das Motto von »ja, aber« heiße: »Reg dich nicht auf, das Eltern-Ich verliert immer«, dann versucht er freilich auch, die Ambivalenz der Sehnsucht eines narzisstisch gestörten Menschen auf eine zynische Formel zu bringen.
Wer mit narzisstisch Gestörten arbeitet, wird im Lauf seines professionellen Lebens immer wieder der »ja, aber«-Situation begegnen. Ich habe in *Hilflose Helfer* versucht, eine erste Geschichte dazu zu erfinden, einen kleinen Dialog:

»›Ich habe Hunger, schrecklichen Hunger. Bitte, gib mir etwas, ich kann mir selbst nichts verschaffen!‹
›Hier hast du Brot.‹
›Ja, aber ich will kein Brot. Davon bekomme ich Verstopfung.‹
›Du kannst auch Käse und Wein haben!‹
›Ja, aber den Wein vertrage ich nicht, willst du mich betrunken machen. Und Käse, Käse macht mir Sodbrennen.‹
›Dann koche ich dir einen Haferbrei, das ist gut für einen empfindlichen Magen.‹
›Ja, aber ich bin doch kein Baby – das denkst du also von mir! Ich wusste ja gleich, dass du mir in Wirklichkeit gar nicht helfen kannst.‹«[19]

Der hilflose Klempner

Heute erzähle ich manchmal noch eine andere Geschichte, wenn in Supervisionen von chaotischen Sitzungen mit immer neuen Problemen des Hilfesuchenden und wachsenden Inkompetenzgefühlen beim Helfer die Rede ist. Es ist die Geschichte vom Klempner:

> *Ein Klempner wird in eine Wohnung gerufen, wo die Hausfrau klagt, dass ein Wasserhahn tropft. Er will gerade das passende Werkzeug suchen, da zupft sie ihn am Ärmel und bittet ihn, sich einer Klospülung anzunehmen. So geht es weiter; immer drängt sich die Forderung nach einer neuen Reparatur zwischen die Schilderung der vorausgehenden und den Versuch, Abhilfe zu schaffen.*
>
> *Nach einer Stunde ist der Handwerker verwirrt, weil seine Dienste in dieser Wohnung an so vielen unterschiedlichen Ecken und Enden gefordert werden, ihm aber die Möglichkeit verweigert wird, an einem dieser Orte mit seiner Arbeit zu beginnen. Da trifft ihn der Vorwurf: »Jetzt sind Sie schon eine ganze Stunde da und haben noch überhaupt nichts gemacht! Sind Sie überhaupt ein Klempner? Verstehen sie Ihr Handwerk?«*

Das Verhalten des Hilfesuchenden, der die konkrete und daher auch notwendig begrenzte Hilfe ablehnt, wird aus der Dynamik der narzisstischen Störung verständlich. Wer dadurch verletzt wurde, dass sein Reizschutz traumatischen Ereignissen nicht standhalten konnte, sehnt sich viel intensiver als nicht-traumatisierte Personen nach einem Selbstobjekt, d.h. einem Idealbild, das ihn vollkommen erfüllt und alle kränkenden Unsicherheiten beseitigt.

Indem nun der Helfer sich einem Mangelzustand detailliert zuwenden möchte, wird dem Leidenden deutlich, wie begrenzt die Möglichkeiten des Helfers sind; das erscheint umso unerträglicher, je größer seine Sehnsucht nach umfassender Aufwertung und Bestätigung ist. Er fühlt sich wie ein Verschmachtender, dem ein Fingerhut voll Wasser angeboten wird, mit dem er dann die nächsten trockenen Tage überstehen soll.

Der Betrachter gewinnt nicht selten den Eindruck, dass es für solche Menschen möglich sein müsste, die Zeit rückgängig zu machen, um ihnen – wieder zu Kindern geworden – endlich das zu geben, was sie in der Gegenwart, in der komplexen, zersplitterten Welt des berufstätigen Erwachsenen, durch den hektischen Wechsel von Verliebtheit und Entwertung so vergeblich suchen.

Die zentrale Qualität des erfahrenen Therapeuten, die stabile, sorgende Haltung, das Containment im Sinne von Melanie Klein, *wirkt* angesichts solcher Not nicht nur unbefriedigend und schwächlich. Sie *ist* es. Was wir oft von unseren Hilfsmitteln gestehen müssen, gilt auch für sie. Sie ist nicht gut genug und doch das Beste, was wir haben.

Es mutet an wie ein technischer Kniff, wenn wir uns bei dem Menschen, der von unserer Hilfe enttäuscht ist, mit dem Hinweis bedanken, dass er uns jetzt wenigstens sagt, was er nicht brauchen kann und was er sich wünscht. Aber in Wahrheit ist das offene »Ja, aber« ebenso wie der Vorwurf, dass unsere Einfühlung Mängel hat, unser Trost billig ist, unsere Deutungen unvollständig sind, eine Gabe, deren Wert zu schätzen weiß, wer mit den noch drängenderen und hoffnungsloseren Nöten jener Menschen vertraut ist, die nicht einmal die Kraft haben, sich zu wehren.

Ein schreiendes und strampelndes Baby mag auf die Umgebung bedrohlicher wirken und die Mutter mehr alarmieren als eines, das völlig versteinert. Aber auch hier signalisiert der lautstarke Protest eine längst nicht so schwer wiegende Störung wie der stille Rückzug. Narzisstisch belastete Menschen, die zu schwach sind, sich zu wehren, verlieren die Fähigkeit, über sich zu sprechen. Dann wächst in dem unerfahrenen Therapeuten die Enttäuschung über einen unergiebigen, desinteressierten Klienten. Wenn die Kranken wehrhaft sind, werden sie den Helfer beleidigen.

Obwohl solche Klienten durch die Methode der klassischen Analyse – freie Einfälle auf der Couch – in vielen Fällen überfordert sind, ist die analytische Haltung hilfreich für beide Beteiligte. Sie lehrt, die Aussagen eines Klienten erst einmal im Kontext von Widerstand und Übertragung zu verstehen. Wir müssen sie nicht persönlich nehmen, sondern als Ausdruck einer Gegenwart werdenden Geschichte des Leidenden erkennen.

Eine hilfreiche Metapher ist hier die von der Fassade und dem Kind. Wer entschlossen und geduldig nach dem Kind hinter dem oft tyrannischen, harschen, entwertenden oder aber zurückgezogenen und selbstzerstörerischen Äußeren sucht, wird dem Kranken mit sehr viel mehr Verständnis und Toleranz begegnen können. Eitle Helfer, die auf Anerkennung angewiesen und zur Selbstironie unfähig sind, können nicht zu diesem Hintergrund vordringen.

Zu große Nähe

Die 52-jährige Therapeutin einer 29-Jährigen ist verunsichert, weil nach anfänglichen Erfolgen die Behandlung stagniert. Die Klientin kam, weil sie sich extrem von ihrem Vater abhängig fühlte, den sie zugleich hasste und liebte. Sie fürchtete sich vor ihrem Examen und fühlte sich, von der Therapeutin als »schön wie die junge Liz Taylor« beschrieben, abstoßend hässlich.

Die Therapeutin hat in ihrer eigenen Analyse ihre Näheangst vor Männern bearbeitet und viele Einsichten gewonnen – unter anderem in eine frühe Missbrauchserfahrung. Sie lebt als Single und findet es zwar nicht gut, aber für sie angemessen, dass sie alle sexuellen Kontakte entweder von Anfang an vermeidet oder nach kurzer Zeit abbricht.

Die Klientin hat einige Schritte unternommen, von ihrem Vater unabhängiger zu werden. Nach dem Abschluss ihres Studiums gewinnt sie deutlich an Selbstvertrauen. Jetzt scheint die Behandlung endlich in einer Phase, um die narzisstische Problematik anzugehen und die bisher sehr unbefriedigende Gestaltung der sexuellen Beziehungen zu unter-

suchen. In dieser Situation wirkt die Klientin schlecht motiviert. Sie scheint erleichtert, wenn es Gründe gibt, eine Sitzung ausfallen zu lassen. Sie gesteht, dass sie an der Analyse nur festhält, weil sie fürchte, es könne ihr wieder schlechter gehen. Die Analysestunde sei ein zusätzlicher, belastender Termin.

Als Beginn dieser Widerstandsphase in der Behandlung rekonstruiert die Therapeutin eine neue Bekanntschaft der Klientin. Diese tat sich nach ihrem Universitätsexamen mit einer zehn Jahre Jüngeren zusammen, die eben das Abitur abgeschlossen hat und sich jetzt ein Jahr lang vom Schulstress erholt, indem sie jede zweite Nacht durch Discos und Kneipen zieht.

Die beiden Frauen verstehen sich prächtig auf diesen Discozügen, sie erobern Männer und lassen sie fallen, wobei die Therapeutin in der Fähigkeit der Klientin, Männer blitzschnell zu entwerten, eigene Züge wieder findet. In der Therapie ist die Klientin zunehmend unlustig, sie findet die Streifzüge und die Gespräche mit ihrer Freundin aufregender und befriedigender.

»Ich mache mir Sorgen, ob sie weiterkommt«, sagt die Therapeutin. »Sie ist doch in einer ganz anderen Lebensphase als diese 19-Jährige, für sie geht es darum, sich mit ihrer Bindungsunfähigkeit auseinander zu setzen; aber was macht sie? Sie lässt sich darin bestätigen! Unsere Arbeit stagniert, manchmal denke ich, sie will abbrechen, dann wieder denke ich, ich gebe auf, soll sie doch tanzen, bis ihr der Kopf dröhnt. Vielleicht braucht sie das. Sie hat mit 19 nichts von dem tun dürfen, was sie jetzt tut, es ist, als ob die Freundin ihre verkorkste Jugend heilen hilft. Aber ist das nicht realitätsfern? Bin ich nicht ihre Komplizin, wenn ich das zulasse, müsste ich sie nicht konfrontieren und dazu bringen, dass sie wieder an ihren wirklichen Problemen, an den Problemen einer 29-Jährigen arbeitet?«

Eigene Selbstgefühlsprobleme

Die Spiegelung ihrer eigenen Beziehungsprobleme in der Entwertungsstrategie der Klientin hindert die Therapeutin daran, einen Dialog über ihre Sorgen um den Fortgang der Behandlung zu eröffnen. Sie rivalisiert mit der jugendlichen Freundin der Klientin und kann nicht die Frage untersuchen, inwieweit diese als Neben-Therapeutin gewählt wurde und festgehalten wird. Die Therapeutin erlebt ihre eigene Einsamkeit als Makel. Daher versucht sie, *allein* eine Lösung zu finden, die nur *gemeinsam* von ihr und der Klientin bewältigt werden kann.

Die Therapeutin möchte von sich selbst und – da sie scheitert – von dem idealisierten Supervisor wissen, ob es »richtig« ist, die Klientin »zu lassen«, d.h. sie in ihrem Verhalten zu stützen und zu begleiten, oder ob sie »etwas dagegen unternehmen« soll: konfrontieren, deuten, Widerstände angehen, mit Abbruch der Behandlung drohen, wenn die Klientin nicht »besser mitarbeitet!« Der Supervisor ist sich ziemlich sicher, dass seine Kollegin keine dieser (pseudo)entwicklungsfördernden Interventionen einsetzen würde. Sie passen nicht zu ihr; das, was sie tut, aber für möglicherweise ganz falsch hält, ist viel stimmiger: Sie wartet ab, äußert Verständnis, fragt nach den Gründen für die Entwertung der Männer, untersucht die Selbstgefühlsprobleme, wenn die Klientin äußert, sie würde nie und nimmer einen der kleingewachsenen Männer nehmen, die immer so begeistert von ihr seien, weil sie sich neben ihrer zierlichen Figur »normal« vorkämen.

Er vermutet, dass die Unlust der Klientin mit der Anspannung ihrer Therapeutin zusammenhängt. Er versucht also, den Humor der Therapeutin zu wecken, tröstet sie, dass eigene Männerlosigkeit doch keineswegs besagt, dass sie die Beziehungsprobleme ihrer Analysandinnen nicht bearbeiten könne – worauf ihr prompt einfällt, dass in den letzten Jahren viele ihrer Klientinnen geheiratet haben und immer wieder eine schwanger wird.

Das Ergebnis der Supervision ist nicht, das bisherige Vorgehen der Therapeutin in Frage zu stellen und eine neue Strategie zu entwickeln. Sie wird vielmehr in ihrer Haltung und ihrem Vorgehen bestätigt, so dass sie den latenten Druck auf die Klientin aufgeben kann, die trotzig reagiert, weil ihre Therapeutin nicht mit ihr einverstanden ist. Es stellt sich heraus, dass nicht die Kritik am Entwicklungstempo dieses beschleunigt, sondern dass das Akzeptieren der Mühe einer Entwicklung diese ermöglicht. Das gilt für den Umgang zwischen Supervisor und Supervisandin ebenso wie für den Umgang zwischen Therapeutin und Klientin.

»Das ist ja uferlos ...«

Ein zweites Beispiel ist eine Situation aus einer Balintgruppe für Supervisoren, die gemeinsam ihre Konflikte mit Institutionen reflektieren:

> *Das berichtende Mitglied hat eine hohe Feldkompetenz als Pädagoge in der Sozialtherapie und arbeitet neben seiner freiberuflichen Tätigkeit halbtags in einer Einrichtung in diesem Feld als fest angestellter Supervisor. Die Supervision anfragende Institution ist eine kleine Schwester dieser Einrichtung: Sie ist längst nicht so bekannt, nicht so groß, nicht mit so vielen Fachdiensten ausgerüstet. Bis vor kurzer Zeit war sie in kirchlicher Trägerschaft, ist noch nach einer heiligen Büßerin und Mildtäterin benannt, manche Gruppen werden noch von Schwestern geleitet, in anderen arbeiten weltliche Teams. Ihr neuer Leiter verwickelt den Supervisor bereits in der ersten telefonischen Anfrage in ein langes Gespräch. Er wirkt umständlich und weckt beim Supervisor Zweifel an seiner Kompetenz als Leiter, weil er sich über seine Mitarbeiter beklagt, und zwar über beide Gruppen. Die Ordensschwestern seien nicht pädagogisch geschult und würden sich nicht fortbilden, die weltlichen Erzieher ließen sich am Ende auch noch für den Kirchgang bezahlen.*

Zwei Teams wünschen sich Vorgespräche für eine Teamsupervision. Der Supervisor wird vom Leiter am Bahnhof abgeholt und auf der Fahrt mit weiteren Klagen und Informationen überschwemmt. Im ersten Team berichten die vier Mitglieder – zwei Erzieherinnen und zwei Sozialpädagogen, von denen einer Gruppenleiter ist – zunächst in sehr allgemeiner Form von Wünschen nach Fallarbeit. Im Team selbst verstünden sich alle gut, es sei aber zu wenig Kontinuität vorhanden. Nacheinander berichten nun alle Teammitglieder, dass sie im nächsten Jahr entweder ausscheiden oder ihre Tätigkeit auf halbtags reduzieren wollen.

In dem zweiten Team, das um Supervision nachgesucht hat, ist die Situation nicht ermutigender: Von den vier Mitarbeiterinnen fehlt eine, weil sie ihre kranke Mutter pflegen muss, eine andere ist erkrankt, anwesend sind die Praktikantin und eine Erzieherin, die vor kurzer Zeit begonnen hat, hier zu arbeiten.

Die Anfrage des Supervisors an die Balintgruppe: Kann man, soll ich, unter diesen Umständen überhaupt eine Supervision anfangen? Wie soll ein supervisorischer Prozess zustandekommen, wenn die Mitarbeiter ausgebrannt, entmutigt, auf dem Weg zum Ausstieg und undiszipliniert sind?

Die Gruppe stellt einige Fragen: Bräuchte nicht dieser Leiter Beratung? Er hat sie bereits, und zwar vom früheren, inzwischen pensionierten Leiter der Einrichtung, aus der auch der Supervisor kommt. Hat die Institution Probleme damit, die vorhandenen Kapazitäten zu nutzen? Noch fänden sich ausreichend Kinder und Jugendliche, um die Plätze in Heim und Tagesstätte zu besetzen. So viel habe der Leiter gesagt, aber hinzugefügt, solche Probleme könnten in Zukunft durchaus entstehen.

In der Assoziationsphase spielt die Gruppe mit verschiedenen Themen:

1. *Das Heim möchte den Supervisor aussaugen, es strebt eine Transfusion an: Die Einrichtung, aus der er kommt,*

soll möglichst viel Hilfe bringen, ohne dass an einer eigenen Entwicklung gearbeitet werden muss. »Es sind Bluttransfusionen, nicht solche nach einer Operation oder einem Unfall, sondern eher Transfusionen, mit denen ein Schwerkranker, der keine Nahrung mehr aufnehmen kann, am Leben erhalten wird.«

2. *Die Einrichtung leidet noch unter dem Verlust der idealisierten, heiligen Büßerin und Wohltäterin, die mit weltlichen Mitteln nicht ersetzt werden kann. Die Burnouterscheinungen unter den Mitarbeitern hängen damit zusammen, dass jeder überfordert ist, der an dem Ideal einer sich aufopfernden, stets präsenten und selbst bedürfnislosen Ordensfrau gemessen wird. Der Leiter, der weltliche Tendenzen seiner Angestellten entwertet, drückt aus, dass er mit der Trauerarbeit über diesen Verlust an idealisierter Kompetenz überfordert ist. Der Supervisor spürt diesen Druck, die idealisierte Kompetenz wieder herbeizuschaffen, und zögert, sich ihm zu stellen.*
3. *In Einrichtungen mit solchen Traditionen sind direkte Auseinandersetzungen und Aggressionen Tabu. Möglich ist nur, sich über die mangelnde Pflichterfüllung und Opferbereitschaft anderer zu beklagen, und zwar so lange diese nicht anwesend sind und nicht gekränkt reagieren. Daher fehlen in Auseinandersetzungen immer wieder Partner. Arbeitsverweigerung unter dem Deckmantel einer caritativen Aktion (»Ich muss doch meine Mutter pflegen!«) wird respektiert.*
4. *Das Zögern des Supervisors und seine Fantasie, sich angesichts dieser Schwierigkeiten zurückzuziehen, sind ein Spiegelphänomen. »Soll ich der einzige sein, der in einem Jahr hier noch arbeitet und für Kontinuität sorgt?« hatte er in der ersten Gruppe gefragt.*

Wo Rückzug zum destruktiven Modell von Konfliktlösungen geworden ist, sollte sich der Supervisor nicht anstecken lassen. Seine Aufgabe ist es, mit den Anwesenden zu überlegen, was gerade geschieht und welche Ressourcen vorhanden sind, um die Professionalität aller Beteiligten zu entwickeln. In dieser Rolle kann er von hohem Wert sein, gerade weil er von außen kommt, weil er sich von dem Ideal der wohltätigen Büßerin ebenso weit entfernt halten kann wie vom gekränkten Rückzug, der angetreten wird, wenn eigene Omnipotenzwünsche unerfüllt bleiben.

Die Rückzugsfantasie spiegelt die Dynamik der Institution; die Frage »Kann unter diesen Umständen ein Prozess entstehen?« leugnet die Tatsache, dass dieser Prozess bereits abläuft, allerdings in einer destruktiven Form.

Der einzige Mensch

Eine zu Recht gefürchtete Situation in der Behandlung narzisstischer Störungen ist die extreme Abhängigkeit vom Therapeuten. Sie sieht so aus, dass der Helfer zum einzigen Menschen geworden ist, von dem sich der Kranke noch »verstanden« fühlt. »Sie sind der einzige, auf den er noch hört, der noch mit ihm reden kann. Von allen anderen fühlt er sich enttäuscht, verraten. Seine Eltern, seine Geschwister, seine Kinder sind ihm unerträglich geworden; auf Sie aber setzt er alle Hoffnungen.« So rufen wohlmeinende Menschen an; sie denken, dem Therapeuten ein Kompliment zu machen, wie unverwechselbar und unaustauschbar er geworden ist. Dieser aber stöhnt nicht selten unter dieser Last. Wie kann er in der einen einzigen Stunde pro Woche, auf die er sich mit dem Klienten geeinigt hat, um die Kassenleistung möglichst zu strecken, diesem die Fülle an sozialen Kontakten ersetzen, deren Verlust doch in den Klagen des Kranken über all die Verräter, Hohlköpfe, Langweiler und Blutsauger aufscheint, mit denen er außerhalb der Therapie zu tun hat?

Wenn es so weit gekommen ist, können wir sicher sein, dass der

Klient auf gefährliche Weise in das narzisstische System des Helfers eingedrungen ist. Dieser hat versäumt, die Idealisierung zu prüfen, er hat sie sich gefallen lassen, sie anfangs vielleicht sogar gefördert und wird sich daran nur ungern oder gar nicht erinnern wollen. Ist es nicht der Sinn therapeutischer Arbeit, Menschen zu verstehen? Ist es denn nicht gut, der erste Mensch zu sein, der eine so komplizierte und schwer wiegende Persönlichkeitsstörung versteht? Mehr hat er doch gar nicht getan. Er hat dem Kranken vermittelt, dass er ihn versteht, dass er auf seiner Seite ist, dass er ihm bedingungslos zuhört und vertraut. Und das soll nicht gut sein?

Es wäre gut, wenn es denn so wäre. Aber in diesem Bild sind Lücken. Warum hatte der Klient so oft die Illusion, verstanden zu werden, endlich den Seelenzwilling gefunden zu haben, und wurde letztlich doch enttäuscht? Liegt es immer an den anderen?

Der einzige Mensch, der mich versteht, der mich vor dem Selbstmord rettet, dem Abgrund bewahrt, ist kein realer Mensch. Er wird aus Idealisierungen geformt wie der Golem der jüdischen Fabel aus Lehm. Ihm wird alle Stärke zugeschrieben, die der Kranke sich wünscht. Notwendig ist es dann nur, den Schatz zu heben, das Ritual zu enträtseln. Es muss einen geheimen – warum nicht erotischen? – Weg geben, mit dem Götzen-Therapeuten zu verschmelzen und alles zu gewinnen, was ihm erst idealisierend zugeschrieben wurde. Ehe diese Metamorphose stattfinden kann und der Therapeut bereit ist, das ihm Zugeschriebene zu spenden, ist es notwendig, auszuharren und es sich so schlecht gehen zu lassen, dass auch der strengste Gott erweicht wird. Es gilt, lange genug anbetend zu flehen, bis endlich die grandiose Einheit entsteht und für alle Leiden, alle Verluste und Einschränkungen der Vergangenheit Entschädigung winkt.

Maligne Regression

Eine junge Gestalttherapeutin in einer Gemeinschaftspraxis bemüht sich um eine Frau, die trotz einer belasteten Vorge-

schichte mit verschiedenen Suchtformen in einem mittleren Unternehmen Abteilungsleiterin geworden ist. Die Kranke klagt über einen völligen Mangel an privaten Beziehungen und Sexualleben; sie ist mit über dreißig Jahren noch Jungfrau.

Bald verliert die in der therapeutischen Arbeit hochmotivierte und nach jeder Stunde von ihren Einsichten entzückte Klientin das Interesse an ihrem Beruf. Sie fehlt in der Firma häufig mit den verschiedensten Krankheiten oder Schmerzzuständen. Die Therapeutin hält die dramatischen Verschlechterungen für eine Folge ihrer Einsichten in ein schweres Schicksal und freut sich über die ebenso dramatischen Besserungen.

Die Patientin will den Beruf wechseln, will ihre ganze Kindheit aufarbeiten, vermutet abwechselnd einen Vater- und einen Bruder-Inzest. Sie bucht im Urlaub Selbsterfahrungsgruppen und liest, was an Literatur über weibliche Identität, humanistische Psychologie und Esoterik auf dem Markt ist.

Nach fünf Jahren Behandlung hat sich ihre soziale Situation erheblich verschlechtert. Sie ist berentet. Ihren neuen Lebensentwurf, selbst Therapeutin zu werden, konnte sie nicht verwirklichen, weil sie die Ausbildungsvoraussetzungen nicht erfüllt und zu einem Studium nicht die Kraft hat. Berufsarbeit erscheint ihr unerträglich. Sie klagt nach wie vor über ihre Kinderlosigkeit und ihr Gefühl, nichts aus ihren Fähigkeiten machen zu können.

Die Therapeutin legt seit Jahren die Stunden mit ihr, die sie belastender findet als die ganze restliche Arbeitswoche, vor ihre Mittagspause. Sie begründet das damit, dass die Klientin die wesentlichen Probleme und die echten Gefühle häufig erst dann bringe, wenn die vereinbarte Zeit vorbei sei. So opfert die Therapeutin an zwei Tagen in der Woche die Hälfte ihrer Mittagspause und muss den Ärger ihrer Kollegen ertragen, die sie gerne beim gemeinsamen Essen dabei hätten.

Mobbing und andere Entwertungsmuster

»Wenn du nehmen willst, so gib!« sagte Goethe. Das ist eine Maxime der Genitalität: Wenn ich Anerkennung möchte, gebe ich sie denen, von denen ich sie mir wünsche. Wenn ich aber über dem allgemeinmenschlichen Bedürfnis nach Anerkennung stehen möchte, dann lasse ich mich nicht dazu herab, andere anzuerkennen. Ich kritisiere stets ihr Versagen vor meinem Ideal und leide darunter, dass ich selbst so wenig Anerkennung erhalte.

In der Arbeitswelt werden solche Entwertungsmuster heute unter dem Begriff des »Mobbing« diskutiert. Mitarbeiter geraten unter Druck und können Abhängigkeiten nicht mehr anders verarbeiten als durch Entwertung eines Feindes. Es gibt Berufsgruppen (Kleriker und Laien, Ärzte und Krankenschwestern, Soldaten und Zivilisten), die in einer latenten Entwertungsbeziehung zueinander stehen.

Durch Takt, Vernunft und Führungskompetenz kann diese Gefahr ausgeglichen werden. Wer auf sie hinweist, macht sich oft nicht beliebt und muss mit Gegendarstellungen rechnen (»An unserem Krankenhaus gibt es solche Konflikte nie, wir arbeiten immer harmonisch zusammen!«).

In der narzisstischen Störung wird nicht selten der Durchschnitt, die Normalität, der Alltag zum entwerteten Feind. »Wenn ich diese Leute auf der Straße sehe, dann kotzen sie mich an, denen reicht doch das Fressen und das Ficken zum Leben!«, so ein 50-Jähriger, der drei akademische Abschlüsse hat, in einer politischen Partei erfolgreich mitarbeitet und nach der Trennung von seiner Ehefrau mit Selbstmordgedanken in Behandlung kam.

Da in der Konsumgesellschaft Genussfähigkeit ein prestigeträchtiger Wert ist, maskieren solche Menschen ihre Lustfeindlichkeit. Als ich den oben zitierten Mann mit seiner Entwertung der Sexualität konfrontierte, erntete ich sogleich einen Monolog, in dem er mir seine erotischen Eroberungen schilderte und beschrieb, wie zufrieden seine Geliebten mit seiner Potenz gewesen seien. Ein depressiver Anwalt faxte mir einmal sogar eine Aufstellung, wie oft er die 23 Frauen seines Lebens zum Orgasmus gebracht habe.

Narzisstisch gestörte Klienten entdecken wie ein geübter Kletterer als den kleinsten Halt sämtliche Ansprüche des Therapeuten, selbst überdurchschnittlich zu sein und in jeder Situation zu beweisen, dass er etwas ganz Besonderes ist. Oft versuchen Helfer, durch extremes »Entgegenkommen« – Überziehen der Stunden, Vereinbarung von Terminen in der eigenen Freizeit, lange Telefonate als Kriseninterventionen ohne Absprache über Termin und Bezahlung – die gefürchtete Entwertung zu vermeiden. Sie lassen sich auf das Ansinnen ein, der Einzige zu sein, der das Opfer so vieler Enttäuschungen schützen kann. Sie verwechseln Idealisierung mit Beziehung und können sich nicht vom Modell des Kranken abgrenzen, der die Realität des zwischenmenschlichen Austauschs nicht wahrnehmen kann, sondern nur Idealisierung und Entwertung sieht. So fühlt sich der Therapeut nur wahrgenommen, wenn er idealisiert wird. Er kämpft gegen Entwertungsversuche, statt sie aufzudecken.

Eine Metapher, um den schwierigen Weg in der Therapie narzisstischer Störungen zu erleichtern, lehnt sich an den Frosch der Fabel an, der in den Milchtopf fällt, kein Entkommen sieht und dennoch so ausdauernd schwimmt und strampelt, bis sich eine Butterkugel geformt hat, von der er dann abspringen kann. Jede Intervention gleicht dem Steinwurf in einen Sumpf. Der Stein verschwindet und der Sumpf bleibt unergründlich. Erst nach vielen Steinen können wir herausfinden, ob wir ein Fundament geschaffen haben oder unsere Mittel dazu nicht ausreichen.

Wer Steine in einen Sumpf wirft, kann mit dem Sumpf nicht sprechen und ihn fragen, ob er das Unternehmen für sinnvoll hält. Wer mit psychisch Kranken arbeitet, kann das tun. Aber die Antwort enthält nie die ganze Wahrheit. Es gibt Fälle, in denen es sehr hilfreich ist, an einer Therapie festzuhalten, die von den Kranken entwertet wird. Und es gibt Fälle, in denen es eine immense Verschwendung von Energie ist, einen Kranken weiterzubehandeln, der das dringend wünscht, weil er und sein Therapeut schon derart viel Mühe aufgewendet haben, ohne dass die erhoffte Veränderung eingetreten ist.

Die »Anfangsverschlechterung«

Wer die Bedeutung der stützenden Komponente einer Behandlung kennt und akzeptiert, wird sorgfältig darauf achten, dass ein Kranker nicht an Halt verliert. Sehr gefährlich sind hier alle therapeutischen Konzepte, die von einer Anfangsverschlechterung ausgehen. Wer diese erwartet und sozusagen als Sprungbrett für eine dramatische Verbesserung deutet, wird nicht so sorgfältig auf Zeichen einer Rückentwicklung der Realitätsbewältigung achten, wie es notwendig wäre.

Psychochirurgie

Psychochirurgie wurde in der Zeit vor der Entwicklung wirksamer Psychopharmaka entwickelt, um Geisteskranke durch einen Eingriff ruhig zu stellen, in dem große Teile des Gehirns lahmgelegt wurden. Sie gilt heute weitgehend als veraltet; man hat die Problematik von Eingriffen erkannt, die nicht mehr rückgängig gemacht werden können. Aber gerade bei narzisstischen Störungen sind Fantasien weit verbreitet, durch Operationen das Selbstgefühl zu verändern.

Unlösbare Probleme entstehen, wenn ein Therapeut Selbstverstümmelungen mitträgt, weil er sich nicht gegen die Illusion eines narzisstisch gestörten Kranken abgrenzen kann. Dieser erwartet z.B., dass sich nach einer Schönheitsoperation oder einer Geschlechtsumwandlung sein Befinden dramatisch bessern wird und er bisher unerreichbare Ziele erreichen kann.

Transsexualität ist eine Störung des Selbsterlebens. Es handelt sich um das Empfinden, im »falschen Körper« zu leben. In gutartigen Fällen wird die Rolle des anderen Geschlechts spielerisch gesucht – Männer tragen Frauenkleider, Frauen kostümieren sich als Männer. Die menschliche Erotik ist vieldimensional; bereits die Rede von der »Bisexualität« engt sie ein. Aber in der von technischem Machbarkeitswahn bestimmten Moderne kommt einer

drängenden Sehnsucht, das Geschlecht zu wechseln, weil alles Alte schlecht und alles Neue gut wäre, die chirurgische Effektivität entgegen, mit oft grausamen Folgen für die Betroffenen. Denn Überzeugungen können sich wieder verändern, auch die, in einem umoperierten Körper glücklicher zu sein. Die Folgen von chirurgischen Eingriffen lassen sich jedoch nicht mehr rückgängig machen.
Wie schwierig es ist, wenn eine Psychotherapie einen Prozess der Selbstverstümmelung stützt, zeigt folgende Fallgeschichte:

Ein Psychologe soll einen Fall aus dem Freundeskreis annehmen. Es ist der Sohn einer Kollegin, ein hochbegabter junger Mann, den der Wunsch umtreibt, seinen gehassten männlichen Körper loszuwerden und eine Frau zu sein.
Dem Psychotherapeuten ist nicht wohl bei der Sache, aber ein nervenärztlicher Kollege hat den Fall begutachtet und als eine jener Formen von Transsexualität eingeschätzt, in denen die Geschlechtsumwandlung eine sinnvolle Behandlungsmaßnahme sei. So wird der Klient zuerst durch eine Hormonbehandlung feminisiert. Er behauptet, dass ihm die Entwicklung von Brüsten und die Annahme einer weiblichen Identität nicht genügen, die Psychotherapie helfe ihm gerade genug, um seine Isolation zu ertragen, er sei ja immer noch keine richtige Frau, er müsse, um wirklich glücklich zu sein, den verhassten Penis loshaben, der ihn immer an seine frühere Existenz erinnere, und eine Vagina erhalten, um endlich wirklich als Frau leben zu können.
Aber auch diese Operation führt nicht dazu, dass sich die jetzt als Frau mit einem weiblich operierten Körper lebende Kranke von ihrer Elternabhängigkeit lösen, eigene Freunde finden und eigenes Geld verdienen kann. Als »er« achtzehn Jahre alt war, hat die Behandlung begonnen; jetzt ist »sie« über dreißig, lebt immer noch zu Hause, ist immer noch in Therapie.

Solche Behandlungen zermürben das Selbstgefühl des Therapeuten. Wenn sie niemals begonnen würden, könnte es für alle Beteiligten leichter sein. Aber genau hier liegt das Problem.
Zu Beginn ist selten klar, wie ausgeprägt die selbstzerstörerischen Neigungen sind und ob es nicht doch gelingt, Gegenkräfte zu mobilisieren. Später scheint angesichts eines extrem leidenden, sein Leid selbst inszenierenden und des Therapeuten seiner Aussage nach höchst bedürftigen Menschen der Abbruch einer Behandlung kaum möglich.
Sorge für andere, Mitgefühl, Rücksicht, »Herz« sind zentrale Qualitäten professioneller Psychotherapie; ihre Bedeutung ist in vielen empirischen Studien dokumentiert. In diese Gemengelage hinein ein energisches Nein zu fordern, führt meist nicht zu einer Lösung, sondern dazu, dass sich der geplagte Helfer von seinen Supervisionsmöglichkeiten abkoppelt, weil sie ihn mehr belasten als befreien.

Zur seelischen Hygiene der Helfer

Wer fürsorglich und herzlich mit narzisstisch schwer belasteten Personen arbeiten soll, muss auf sich selbst achten und in der therapeutischen Situation immer wieder seine Sorge zum Thema machen, dass durch übermäßige Belastung etwas in ihm zerbricht, dem Kranken aber mit einem kaputten Therapeuten nicht gedient ist. Je liebevoller ein Therapeut die eigenen Grenzen verdeutlichen kann, desto besser sind auch seine Chancen, dass sich die realistische Basis der Behandlung festigt.
Wenn ein narzisstisch gestörter Mensch bemerkt, dass er respektiert wird, auch wenn es ihm nicht immer gelingt, respektvoll mit dem Therapeuten umzugehen, wird sich fast immer seine Bereitschaft festigen, dessen Arbeit zu achten und seine aggressive Entwertung der Therapie in eine ruhigere Diskussion darüber umzuformen, ob ihm und womit ihm geholfen werden kann. Um so zu arbeiten, muss der Therapeut seine eigenen, oft in der therapeutischen Theorie und

Methode verschlüsselten Größenvorstellungen erkennen und Abstand zu ihnen halten.
Professionelle Arbeit ist dem Realitätsprinzip unterworfen. Unser Umgang mit der Realität kann lustvoll sein oder uns Schmerzen bereiten, er kann unsere Gesundheit erhalten oder uns krank machen. Beides hängt nicht immer zusammen: Lust kann ungesunde Folgen haben, Schmerz der Gesundheit dienen. Professionelle Arbeit kann lustvoll sein oder auch schmerzliche Anteile haben, aber es ist keinesfalls professionell, ohne Not seine Gesundheit zu riskieren. Das gilt selbst dort, wo Verletzungen zu erwarten sind, wie beim Militär: Auch dort ist es ein Zeichen des professionellen Soldaten, Risiken möglichst zu vermeiden, Verluste möglichst klein zu halten.
Solche allgemeinen Erörterungen sind hilfreich, um sich klar zu machen, dass die Arbeit mit narzisstisch gestörten Menschen Arbeit ist, d.h. nicht immer Lust bereitet. Ihre professionelle Seite besteht darin, sich vor Unlust, Schmerz und vor allem Gesundheitsschäden so weit zu schützen, dass die Motivation zu dieser Arbeit stabil bleibt.
Viele Psychotherapeuten gestehen, dass sie mit bestimmten Störungsbildern, die oft in den Bereich der Selbstgefühlsprobleme fallen, nach einer oder mehreren unangenehmen Erfahrungen nicht mehr arbeiten. »Ich nehme keine Alkoholiker, keine Essstörungen, keine Borderline-Klienten, keine Psychosen mehr!« Die Untersuchung der Vorgeschichte zeigt dann nicht selten Ängste vor Gesundheitsschäden, die mit einer mangelnden Aufmerksamkeit für die Regeneration und Stabilität des Therapeuten zusammenhängen.
Es gilt hier wie in vielen Bereichen der Entwicklung und Übung menschlicher Fähigkeiten das physiologische Grundgesetz: Kleine Reize fördern die Lebenstätigkeit, große stören, größte vernichten sie. Anders gesagt: Was nicht trainiert wird, verkümmert. Was überlastet wird, bricht. Was zu stark belastet wird, schmerzt und verliert allmählich an Kraft und Beweglichkeit.
Wer seine Professionalität erhalten will, muss sich neuen Aufgaben stellen. Diese müssen von ihm gerade so viel mehr verlangen, dass er gefordert ist, aber nicht soviel, dass seine Regenerationsmöglich-

keiten beschädigt werden oder er gar zusammenbricht. In den Beziehungsberufen, zu denen als Prototyp der »neuen Helfer«[20] auch der Psychotherapeut gehört, lässt sich diese spezielle Belastung nicht durch Diagnosen oder technische Beschreibungen herausfinden. Sie zeigt sich dort, wo auch die Arbeit stattfindet: im Kontakt, in der Beziehung zu den Klientinnen und Klienten.

Beharren auf der einseitigen Kontrolle und Deutungsmacht des Therapeuten schützt diesen weniger als die Bereitschaft, alle Belastungen gemeinsam mit dem Partner in dem gemeinsamen Unternehmen zu diskutieren und – so weit es geht – auch zu klären. Diese Diskussion stellt die Professionalität des Therapeuten nicht in Frage, sondern macht ihren Kern aus. Wenn er überhaupt professionell arbeiten kann, geht das nur so und nicht anders. Wer diese Haltung einnehmen kann, wird in der Regel entspannt und kontinuierlich mit allen narzisstisch gestörten Kranken arbeiten können, die zu dem notwendigen Minimum an Entgegenkommen und Kooperation bereit sind. Mit den anderen gibt es keine erbitterten Diskussionen. Die Therapie wird nicht fortgeführt. Es gibt keine Schuldzuweisung; es herrscht, wie im modernen Familienrecht, das Prinzip der Zerrüttung.

Wenn ein Therapeut dem Ansinnen widersteht, Größenvorstellungen aufzubauen, die ihn erst zum viel versprechenden Hoffnungsträger, später aber zum kläglichen Versager machen, entzieht er sich auch Missbrauchsversuchen. Er bietet keinen Aufhänger für den kannibalischen Narzissmus, der den gekränkten Klienten dazu führt, sich in der kränkenden Entwertung seines Therapeuten selbst aufzuwerten. Solche Klienten sagen etwa: »Ich bin zwar ein Versager, aber längst kein so übler wie diese Helfer, Heiler, Ärzte und Amtsträger, die sich einbilden, was Besonderes zu sein. Seht doch, wie viel Mühe sie sich gaben, und wie kläglich sie an mir gescheitert sind, wie sie gelogen und betrogen haben, um sich an mir schadlos zu halten und mir die Schuld für ihre Blamage in die Schuhe zu schieben. Dabei hatten sie die besten Voraussetzungen, haben reiche Eltern und konnten sich die besten Schulen leisten, ich aber bin arm und von allen verlassen!«

Die Störung in der Suche nach dem Selbstobjekt

Die meisten von uns verwenden die Kräfte des Eros, um ihr Selbstgefühl zu festigen. Sie versuchen in ihren Liebesbeziehungen, den Partner zu formen, ihn durch eigene Anpassung zu binden, sich durch imaginäre Liebschaften mit idealen Partnern aufzuwerten. Zur Störung wird diese Strategie, den eigenen Narzissmus zu festigen, erst in den Fällen, in denen uns aus der Enttäuschung durch ein Selbstobjekt nicht kreative Lösungen, Trauer oder Humor zuwachsen, sondern wir destruktiv werden, Rache nehmen, uns selbst oder das Objekt schädigen. Die professionelle Haltung im Umgang mit der narzisstischen Störung lässt sich als Bereitschaft ansehen, auf diese Kränkungs-Destruktivität des Kranken *nicht* mit eigenen, destruktiven Verhaltensweisen zu reagieren.

Wie sieht es aus, wenn wir das tun? Wir werden unsere Methode idealisieren und verteidigen, wenn der Kranke uns sagt, wie sehr er unter ihr leidet. Wir werden seine Terminabsagen mit eigenen Absagen, seine Vorwürfe mit Gegenvorwürfen beantworten. Er arbeitet nicht richtig mit, er redet nicht über seine wichtigen Gefühle, er kommt nicht regelmäßig und pünktlich, kein Wunder, dass es mit ihm abwärts geht, es ist nicht die Schuld des Therapeuten, es ist die Schuld seiner Bequemlichkeit, seiner Destruktivität.

Ich erinnere mich beschämt daran, wie ich in meinen ersten Jahren als Analytiker eine narzisstisch schwer beeinträchtigte Frau, der es nach einem Therapieabbruch schlechter ging, in der Bearbeitung dieser Verschlechterung mit dem Vergleich traktierte, es bekomme dem Klienten eines Chirurgen doch auch nicht, wenn er vom Operationstisch aufspringe und mit offener Bauchwunde davonlaufe.

Solche Vergleiche signalisieren den Versuch, durch Schuldzuweisung die narzisstische Abwehr des Therapeuten zu festigen. Das Scheitern der Zusammenarbeit wird nicht aufgeklärt. In der Folge wird die Kranke destabilisiert. Es gelingt nicht, den Abbruch zu verstehen, er wird sich wiederholen.

Verwöhnung und Trauma

Jetzt, höre ich sagen, verstehe ich gar nichts mehr! Hat nicht der Autor in seinen Geschichten über scheiternde Behandlungen narzisstischer Störungen durch berühmte Vorbilder beschrieben, was geschieht, wenn der Therapeut so gewährend und entgegenkommend ist, wie Ferenczi bei Elisabeth Severn?

Ich habe diese Geschichten erzählt, um die Gefahr zu illustrieren, wenn der Helfer dem Kranken die Verantwortung für die Zusammenarbeit abnimmt. Die Not des Leidenden und der eigene gute Wille können dann zu etwas ganz Verkehrtem führen. Nach der Behandlung geht es dem Kranken nicht besser und dem Therapeuten deutlich schlechter. Der Therapeut hat nicht für sich sorgen können, indem er auch für den Kranken sorgte. Freud hat sich hier besser geschützt als Ferenczi; er hat sich freilich auch nie für einen großen Heiler gehalten, er wollte immer Forscher und Entdecker sein und nahm die Heilung seiner Analysanden als erfreuliche Zugabe.

Dieser Faktor scheint mir wichtiger als die in idealisierenden Freud-Biografien unterstrichene Genialität, die ihn siegen ließ, wo andere scheiterten. Freuds Haltung, primär zu erkennen, warum die Kranken so waren, wie sie waren, hat ihn davor bewahrt, alles auf die Therapiekarte zu setzen. Es ging in dieser gemeinsamen Forschungsarbeit stets auch um Kooperation, nicht darum, dem Kranken Verantwortung abzunehmen und ihn zu versorgen.

Das zentrale Thema im Umgang mit dem Selbstobjekt ist der Verlust, die Trennung. Ein Selbstobjekt muss immer mit sich selbst identisch und anwesend sein; es darf sich weder in seiner Struktur ändern, noch gegen die Wünsche des Partners über die Regelung von Distanz und Nähe verstoßen. Es hat keine eigenen Absichten, Termine, Ferienpläne – daher die tägliche, mehrstündige Anwesenheit, die Ferenczi abverlangt wurde.

Solche Verlängerungen über eine vereinbarte Zeitstruktur hinaus kennt jede Mutter, die ihr Kind zu Bett bringt. Immer gibt es eine letzte Geschichte, Zärtlichkeit, Dienstleistung, die dann doch nicht die letzte ist. Die Mutter gerät an einen Wendepunkt: Besteht sie auf ihrer Zeitstruktur und riskiert, dass die ganze schöne Liebesharmonie, die bisher den Abschied vom Tag durchtönt hat, beim Teufel ist? Oder gibt sie ihre Struktur auf? Dann muss sie sich vielleicht daran gewöhnen, dass sie keinen Feierabend mehr hat. Sie muss zusammen mit ihrem Kind einschlafen, weil sie sonst einen Wutausbruch des verwöhnten Kindes riskiert, in dem sie plötzlich nicht mehr die gute Mutter ist, sondern ein Stück Dreck, das sich noch nie eine Minute um ein armes Kind gekümmert hat.

Jede solche Verwöhnung führt irgendwann zum Trauma. Sie bereitet das Kind nicht auf die Realität vor, in der Austausch das menschliche Zusammenleben regelt. Das in seiner Grandiosität kritiklos bestätigte Kind kann gar nichts anderes mehr, als das Selbstobjekt beherrschen zu wollen und es für alle seine Leiden verantwortlich zu machen. Es braucht dieses Selbstobjekt als Sündenbock, sobald klar ist, dass es nicht möglich ist, auf die eigene Person als erwachsene Frau oder als erwachsener Mann angemessen stolz zu sein. Indem Ferenczi mit allen Kräften suchte, solche Wünsche zu befriedigen, schwächte er ihr Selbstgefühl so, dass sie immer stärker an den verwöhnenden Therapeuten gebunden war. Elisabeth Severn reiste mit Schiff und Bahn von New York nach Budapest und wurde dort zu krank, um aus dem Hotel zur Praxis von Sándor Ferenczi zu kommen, wo sie eine Patientin gewesen wäre wie andere auch und nicht die mächtige Heilerin/ärmste Kranke, welche in ihrer Praxis/auf dem Krankenbett besucht wird.

Selbstobjekt zu sein, ist berauschend schön, wenn die Beziehung harmoniert – so wichtig, so über alle Maßen schön und gut ist man noch nie gewesen. Aber nicht mehr Selbstobjekt zu sein, ist vernichtend; es ist nichts Gutes mehr erhalten.

Freud hat einmal beklagt, dass die psychoanalytischen Begriffe nicht lange halten; es ist notwendig, immer wieder neue zu (er)finden, um zu sagen, was gesagt werden muss. Treffender hätte er die Zwischenstellung der neuen Lehre kaum beschreiben können: Sie ist nicht ganz Wissenschaft und nicht ganz Kunst, sondern etwas zwischen beiden. Sie ist die Wissenschaft von der Metapher und die Kunst der metaphorischen Biologie.

Im Zusammenhang mit dem Selbstobjekt heißt das, dass sich die Therapeuten vor langweiligen Beschreibungen nicht weniger in Acht nehmen müssen als vor falschen. Wenn ein narzisstisch belasteter Klient den Eindruck hat, sein Fall werde nicht als einzigartig anerkannt und mit einer originellen Deutung versehen, wird er sich gegen den Therapeuten wehren und sich ihm verschließen. Der Prozess, in dem die narzisstische Störung durch Einsicht in ihre Dynamik gemildert werden kann, findet nicht mehr statt. Gleichzeitig ist aber diese Originalität genau das, was Ferenczi scheitern ließ. Es gab keine wissenschaftliche Disziplin, keine mäßigende Kollegialität in seinem Vorgehen. Er wollte die Heilkunst neu erfinden und verstrickte sich mit dieser Größenfantasie in die Größenfantasie seiner Klientin, man könne alles haben, Liebe, Leidenschaft und totalen Schutz, wie ihn der Arzt verspricht, der stets kommt, wenn man ihn ruft.

Solchen Geschichten wird man kaum gerecht, wenn man sie als wissenschaftlich nicht überprüfte und daher zum Scheitern verurteilte Psychotherapie erzählt; es ist dann unbegreiflich, weshalb sonst kritische und diszipliniert arbeitende Ärzte in eine solche Situation gerieten. Andererseits lassen sie sich auch nicht allein als Roman erzählen. In diesem Fall gerät außer Sicht, dass die Welt der modernden Heilkunde sich nicht künstlerischen Prinzipien unterwirft, sondern wissenschaftlichen.

In der Wissenschaft geht es darum, Erfahrungen zu ordnen und Anfängern eine Basis zu geben, auf der sie weiterarbeiten können. Die Kunst hingegen erfindet sich immer wieder neu. Die wesentliche Qualität der Psychotherapie liegt *zwischen* Kunst und Wissenschaft, zwischen einem subjektiven und einem objektivierenden Wahrheitsbegriff. In der Psychotherapie ist die Wahrheit intersubjektiv, nicht objektiv, d.h. sie wird dadurch gewonnen, dass sich Menschen einigen: So ist es gewesen, das hat es bedeutet, so können wir zusammen weitergehen und uns entwickeln.

Das Scheitern von Ferenczi hängt damit zusammen, dass Ferenczi und Severn diese intersubjektive Wahrheit verloren. Sie suchten nicht *miteinander* nach einer Lösung, sondern *füreinander*. Ferenczi hoffte, tiefer einzudringen und die Analyse weiter zu tragen; dadurch geriet er sich selbst aber in einer Weise aus dem Blickfeld, dass der Gedanke einer mutuellen Analyse wie ein verspäteter und darum auch extremer Versuch wirkt, diese Entwicklung rückgängig zu machen. Severn hingegen wollte – um im Märchen zu sprechen – nicht Papst sein, sondern Gott. Es gelang nicht mehr, gemeinsam das Scheitern einer Größenfantasie zu verarbeiten, die Ferenczi den Triumph über Freud und Elisabeth Severn den Triumph über Ferenczi versprochen hatte.

Die Gefahr der kannibalischen Entwicklung schlummert in jeder Therapie einer narzisstischen Störung. Im Versuch der Aufwertung des Selbst durch Abwertung eines enttäuschenden Selbstobjekts gefährdet das Selbst seine Grandiosität, um seine Grandiosität zu retten.[21] Es ist wie in dem schönen Satz aus *Der Leopard:* Man muss alles ändern, damit alles bleibt, wie es ist.[22]

Wenn Ferenczi für Severn der vollkommene Heiler zu sein verspricht, dann ist der Gedanke, ihn wie einen Kranken zu analysieren, verzweifelter Rettungsversuch und endgültige Zerstörung in einem. Einerseits ist klar, dass er nicht der ist, der zu sein er vorgegeben hat. Andererseits traut sich die Kranke in ihrem eigenen heilerischen Größenwahn zu, ihn in das Selbstobjekt zu verwandeln, das sie braucht. Er muss sich jetzt ihrer Kur unterziehen, nachdem die seine an ihr an eben ihrer unbewussten Grandiosität gescheitert ist. Dazu aber müsste Ferenczi sich selbst aufgeben.

Das Scheitern der Größenfantasie gemeinsam verarbeiten

Therapeuten sind sich im Interesse ihrer eigenen seelischen Ökonomie selten der Tatsache bewusst, in wie gefährlichen Terrains sie arbeiten und wie anmaßend der Gedanke ist, narzisstische Störungen »heilen« zu können. Je mehr sie versprechen, desto weniger können sie halten und desto leichter fallen sie einem defensiven Prozess zum Opfer, in dem sie wachsende Zweifel an ihrer Kompetenz durch immer größere Versprechungen bekämpfen. Sie wirken dann wie Fliegenfänger auf Personen, die nach Mitteln suchen, ihre innere Unsicherheit zu überwinden und sich mit dem Schein der Stärke zu identifizieren. Je nach ihrem sozialen Erfolg nennen wir die Menschen, die Opfer und Täter im Feld der Sehnsucht nach dem Selbstobjekt sind, Schamanen, Heiler, Propheten oder Söhne Gottes. Was ist, um Brechts Wort vom Banküberfall zu variieren, die Gründung einer therapeutischen Illusion im Behandlungszimmer, verglichen mit der Stiftung einer Sekte?

Das Konzept der wissenschaftlich fundierten, ihr Vorgehen reflektierenden Psychotherapie verträgt sich mit der narzisstischen Störung wie Feuer mit Wasser. Wer in seinem Selbstgefühl geschwächt ist, kompensiert diese Schwäche: Er darf auf gar keinen Fall schwach sein, niemand darf ihm auch nur das geringste Problem anmerken, er hat den schärfsten Blick für die Probleme der Menschen um ihn und versäumt selten, sie auf diese hinzuweisen. Dadurch beweist er seine Überlegenheit, schärft seine eigene Wachsamkeit – und steigert seinen narzisstischen Mangel, denn mit solcher Neigung zur giftigen Bemerkung und gnadenlosen Kritik wird man in einer Welt nicht beliebter, in der die meisten Menschen das Gefühl haben, sie könnten durchaus mehr Lob und Anerkennung gebrauchen.

Oscar Wilde, der sich mit solchen Problemen auskannte, aber auch über die klassischen Gegenmittel in reichem Maß verfügte – über Intelligenz, Humor und Kreativität –, sprach von Menschen, die anderen auf die Zehen treten, weil ihnen ihre Hühneraugen schmerzen. Viele Therapeuten verlieren die Lust, mit einem Menschen zu arbeiten, der sie herablassend in ihrer eigenen Praxis empfängt und mit allen Mitteln versucht, ihnen das Gefühl zu vermitteln, sie seien als seine Lakaien gerade noch tragbar. Dabei ist hier die Problematik insofern einfach, weil sie offen zutage liegt und eine Diskussion rasch möglich wird, wenn es gelingt, das Kränkungssspiel deutend umzugestalten und nicht wertend einzusteigen.

Viel schwieriger ist die Situation, wenn die narzisstischen Bedürfnisse verschleiert auftreten. Der Helfer wird nicht als jemand aufgesucht, dem die eigene Schwäche gestanden werden darf, sondern beispielsweise als Lehranalytiker, Coach oder Supervisor, der den Wert des Klienten steigern, seine Grandiosität perfektionieren, seine öffentliche Geltung steigern soll. Wenn der Therapeut auch als Autor bekannt ist, soll er nicht über die Probleme des Ratsuchenden sprechen, sondern diesem verraten, wie er endlich selbst eines seiner Buchprojekte realisieren kann. Ein Beispiel aus der Supervision:

> *Ein Pastor hat erhebliche Schwierigkeiten in seiner Gemeinde. Von Seiten der vorgesetzten Behörde wird ihm empfohlen, Beratung zu suchen. Der Supervisor findet einen extrem einsamen und kontaktgestörten Menschen, der sich von seinen Gemeindemitgliedern gemobbt und zur Aufnahme einer sexuellen Beziehung genötigt fühlt, weil der Nachbarpastor eine richtige Familie mit Pfarrfrau und Kindern hat. Gleichzeitig fühlt sich der promovierte Theologe, der an einer berühmten Universität studiert hat, seinen Kollegen und den Laien des Kirchenvorstands weit überlegen und verachtet sie für ihre Wald- und Wiesenpredigten und ihre Unkenntnis der modernen Forschung.*
>
> *Die einzigen Personen, denen sich der Pastor zugehörig fühlt, sind seine Eltern. Sein Vater hat ihn schon sehr früh durch Nachhilfestunden gefördert, seine Mutter lässt sich immer noch die Hemden schicken, die sie für ihn wäscht und bügelt. Über seine Probleme kann er mit den Eltern nicht reden, er darf sie nicht enttäuschen. Eine sexuelle Beziehung hat er noch nie gehabt – aus Angst, denkt der Supervisor. Der Pastor sagt, es sei schier unmöglich, die Richtige zu finden – entweder seien Frauen dumme Weibchen oder unattraktive Blaustrümpfe; mit denen einen könne man nicht reden, mit den anderen keine erotische Beziehung haben. Wenn er schon in der Universitätsstadt keine gefunden habe, wie viel weniger hier auf dem Dorf, wo die Unbildung regiere!*
>
> *Der Supervisor hat viel Lebens- und Menschenerfahrung, er*

lässt sich von der intellektuellen Aufblähung des Pastors nicht anfechten, der ihm vermitteln möchte, dass er eigentlich keinen Sozialpädagogen mit Zusatzqualifikation, sondern mindestens einen Bischof oder Theologieprofessor bräuchte, um etwas lernen zu können. Er versucht, die verworrenen, von Kränkung, Rückzug und erneuter Kränkung bestimmten Beziehungen des Pastors zum Kirchenvorstand und zum Dekan zu klären. Er spürt, dass Grundlegenderes gefragt wäre, dass hier jemand in seiner seelischen Entwicklung stehen geblieben ist. Der Würdeanspruch eines 40-jährigen Mannes passt nicht zu Verhaltensweisen wie: »Früher bin ich noch manchmal in die Wirtschaft am Marktplatz gegangen, aber da sitzen immer Mitglieder vom Kirchenvorstand drinnen!« »Früher hat es mir Spaß gemacht, auf der Orgel zu spielen. Aber diese Putzfrau! Sie hat gesagt, sie schaltet den Staubsauger nicht aus, sie muss rechtzeitig fertig sein. Seither spiele ich nicht mehr, sie könnte ja wieder da sein.«

Der Supervisor gerät in ein Dilemma. Wie soll er erreichen, dass der Pastor den Anforderungen seines Amtes irgendwann gerecht werden soll? Viele der vorgebrachten sozialen Probleme, noch mehr die erahnten Unsicherheiten der sexuellen Orientierung, erfordern doch eine Therapie! Diese lehnt sein Schützling energisch ab. Er lasse sich doch nicht gehirnwaschen und entwürdigen.

Falsche Grenzziehung

Wer seinen narzisstisch gestörten Klienten nicht schaden will, wird sich in solchen Situationen vor einem pseudoprofessionellen Modell der strikten Abgrenzung von Supervision und Therapie in Acht nehmen müssen. Jede vorschnelle Wertung, er gehöre mit seinen Anliegen zu einem Therapeuten und nicht zu einem Supervisor, wird der Klient als Kränkung erleben. Da soll er also, ehe er Hilfe findet, jene

Entwertung einstecken, die ihm unerträglich ist! Denkt der Supervisor, er wüsste nicht, dass es die Möglichkeiten der Therapie gibt? Denkt er, er hätte nicht schon zahlreiche Bücher darüber gelesen? Versteht er seine Ängste so gar nicht, von dem erhabenen Platz herabzusteigen, auf den ihn eigene und von den Eltern vermittelte Größenwünsche gehoben haben? Wer pseudoprofessionell arbeitet, orientiert sich an dem Motto »Operation gelungen, Klient tot!«. In der »weichen« Beziehungsarbeit heißt das: Ich bin methodisch korrekt vorgegangen, aber der Klient hat die Zusammenarbeit gekränkt abgebrochen.

Der Helfer kann in solchen Situationen am besten arbeiten, wenn er jederzeit ohne eigene Not sowohl über ein Ende der Intervention wie über eine Veränderung des bisherigen Vorgehens zu *sprechen* bereit ist, während er andererseits in seinem Vorgehen selbst beharrlich versucht, in den Strukturen zu *handeln*, auf die er sich mit seinem Klienten geeinigt hat. Damit wird ein Freiraum geschaffen, in dem die Ängste vor einem Sprechen über kränkende Themen gemildert werden können. Der Supervisor des Pastors konnte sich in seiner Intervisionsgruppe die Ruhe erarbeiten, die von seinem Supervisanden vorgebrachten Probleme zu klären, ohne ihm den Vorschlag zu machen, statt der Supervision eine Therapie zu machen oder die Stelle zu wechseln. Er entschloss sich aber, sich mit dem Supervisanden in der Auswertung der Supervision darüber auszutauschen, ob dieser schon einmal an eine Therapie gedacht habe, ob er eine weitere Supervision wünsche, ob ihm mit einem aktiveren Vorgehen des Supervisors – beispielsweise einem gemeinsamen Gang in das gemiedene Wirtshaus, einem gemeinsam geführten Gespräch mit der »bösen« Putzfrau – geholfen sei.

Auf diese Weise hat die Supervision ein Stück gewonnen und die Möglichkeit einer Therapie nichts verloren.

Auch ich will Helfer werden ...

Manchmal wird ein Kranker während der Therapie immer unzufriedener mit dem Beruf, den er gerade ausübt. Schließlich gesteht er wie befreit dem Therapeuten, er habe die Lösung für dieses Missbehagen gefunden. Er werde selbst Therapeut und wünsche sich Unterstützung. Wie habe denn der Therapeut seine Ausbildung angepackt?
In diesen Fällen genügt es nicht, Einfälle zu sammeln und Gefühle zu spiegeln, in der Hoffnung, dass der Klient verstehen möge, welche Abwehrfunktion seine Fantasie hat. Dann würde die Einflussmöglichkeit der Argumente und der verbalen Arbeit überschätzt, die Macht der existenziellen Identifizierung und des leibhaftigen Eindrucks unterschätzt. Wenn der Therapeut anerkennend über die Fantasie des Berufswechsels spricht, kann er auf einer unbewussten Ebene soviel Bejahendes transportieren, dass sich der Klient bestätigt sieht und immer unkritischere Erwartungen an seine neue Berufung richtet.
In den Anfangszeiten der Psychotherapie war der Beruf des Arztes nicht so prestigeträchtig wie heute. Im Großbürgertum, der damals tonangebenden Schicht, war der Arzt ein Handwerker, den man bei Not ins Haus bestellte. Dieses geringere Prestige schützte den Psychoanalytiker damals weitgehend davor, dass sein Beruf während einer Behandlung ernsthaft begehrt wurde. Heute genießt der Arzt das höchste Sozialprestige, der Psychotherapeut partizipiert daran. Der Neid auf den interessanten und vielseitigen Beruf des Therapeuten gehört zu den Phänomenen, die während einer Behandlung zu erwarten sind.
Wohl auch aus diesem Grund fällt es vielen Helfern schwer, sich klar gegen eine Abwehr abzugrenzen, die sich um die Absicht organisiert, Therapeut zu werden. Sie fürchten, den Eindruck zu erwecken, ihre Privilegien nicht großzügig teilen, sondern eifersüchtig hüten zu wollen. Vielleicht schmeichelt ihnen das Interesse an ihrer Person, sie genießen es, Vorbild zu sein, lebensprägender Führer eines bisher orientierungslosen Menschen.
Im Berufswunsch des Klienten wird der Therapeut seiner eigenen

Berufsmotivation begegnen. Je weniger er selbst sich in die Betrachtung dessen vertieft hat, was er mit dieser Wahl abwehrte, desto weniger wird er willens sein, sich mit dieser Aufgabe angesichts der Wahl seines Klienten zu beschäftigen. Kurzum, es gibt mächtige Motive, die Identifizierung mit dem Therapeuten eher als Therapieziel denn als Widerstand gegen die Identitätsfindung des Analysanden anzusehen. Ein wegen seines laxen Umgangs mit der Abstinenz umstrittener Kollege hat mir einmal stolz berichtet, noch jeder Arzt, der bei ihm in Behandlung gewesen sei, habe sich schließlich dazu entschieden, selbst Therapeut zu werden.
Eine Fallgeschichte soll die Risiken dieser Situation verdeutlichen:

> *Eine 40-jährige Lehrerin, die bisher in wechselnden Anstellungen gearbeitet hat, sucht wegen einer Beziehungskrise therapeutische Hilfe. Ein Freund – erheblich jünger als sie – hat sie verlassen, kurz nachdem sie sich seinetwegen von ihrem gleichaltrigen Ehepartner getrennt hatte.*
> *Während der therapeutischen Arbeit entschließt sich die Lehrerin, die Schule zu verlassen und Kinderanalytikerin zu werden. Es gelingt ihr noch während der Therapie, an dem örtlichen Institut für Kinder- und Jugendlichentherapie einen Ausbildungsplatz zu bekommen. Sie schließt die Lehranalyse unmittelbar an die Heilanalyse an, durch die ihr Berufswunsch entstanden ist.*
> *Es zeigt sich, dass nach wie vor suizidale Krisen drohen. Nach einer erneuten Trennung von einem erheblich jüngeren Partner begeht die angehende Kinderanalytikerin an einem Wochenende einen ernsthaften Selbstmordversuch; sie wird durch das entschlossene Eingreifen ihres Lehranalytikers gerettet, der nach der versäumten Montagstunde bei ihr anruft und – da sie nicht antwortet – die Tür aufbrechen lässt.*

Wer selbst Therapeut wird, braucht keine gewöhnliche Therapie mehr. In der narzisstischen Fantasie gewinnt die Lehranalyse meist die Gestalt einer überlegenen, tief gehenden Arbeit bei einem besonders qualifizierten Therapeuten. Jeder mit solchen Behandlungen Beschäftigte weiß, was die Theorie erwarten lässt: dass sich die Lehranalyse im günstigen Fall analog einer Heilanalyse entwickelt, im ungünstigen aber durch schwer auflösbare Widerstände belastet ist. Einer dieser Widerstände betrifft die Angst des Analysanden vor der Kränkung, in seiner beruflichen Eignung in Frage gestellt zu werden.

Die Perspektive, später werde die begonnene Arbeit in einer »wirklichen« Therapie vollendet, ist eine bei Mehrfachnutzern von Therapien häufige Abwehrform. Sie führt dazu, dass sehnsuchtsvolle Entschädigungshoffnungen an einen idealisierten Menschen nicht erkannt, sondern agiert werden. Der Wunsch, selbst Therapeut zu werden, verkörpert eine subtilere Form dieses Agierens. Er ist in günstigen Fällen analysierbar; dann lässt sich ein Punkt im Ich des Klienten finden, von dem aus die Abwehrqualität dieses Berufswunsches aufgehellt werden kann. In ungünstigen Fällen ist er so ichsynton, dass der Therapeut ihn nicht von einer »normalen« beruflichen Motivation unterscheiden kann, zumal diese Aufklärungsarbeit auch durch die oben erwähnten Gegenübertragungsgründe behindert wird.

Die berufliche Identifizierung des Klienten mit dem Therapeuten bedeutet möglicherweise, dass ein Teil der gegenseitigen narzisstischen Bestätigung nicht in die gemeinsame Reflexion geführt werden darf, sondern unbewusst, auf der Ebene der Verschmelzung, agiert wird. Das kann daran liegen, dass der Klient insgeheim am Therapeuten zweifelt, dass ihm dessen Persönlichkeit gar nicht so großartig erscheint, wie er sie in seiner idealisierenden Übertragung haben möchte. Dieser Zweifel verschwindet dann in der Idealisierung und Identifizierung mit dem Beruf; es geht nicht mehr um die therapeutische Situation und die Beziehung zwischen den an ihr beteiligten Partnern, sondern um die Durchsetzung des Berufswunsches gegen die äußere Realität.

Der Therapeut wird für diesen regressiven Pakt umso eher verführbar sein, je weniger er im Grunde seinen und den Kräften des Klienten vertraut, Konflikte in der gemeinsamen Arbeit zu bewältigen. Das führt zu der wahrhaft verfahrenen Situation, dass der Berufswunsch vom Klienten geäußert wird, weil er an der narzisstischen Bestätigung durch den Therapeuten zweifelt und sich derer vergewissern will, während dieser, über die eigene Akzeptanz der Charakterstruktur des Klienten bereits unsicher, nun zögern muss, die von ihm vermuteten Eignungsmängel offen auszusprechen.

4. Narzisstische Störung und »stützende« Therapie

Psychoanalyse und »stützende« Therapie

Es mag daran liegen, dass der Psychoanalyse die narzisstische Problematik der Helfer-Rolle erst spät und zögernd zum Thema wurde, wenn sich so lange ein so naives Konzept halten konnte wie die Einteilung der Menschen in solche, die »analysefähig« sind, in andere, die dazu nicht fähig sind, und schließlich in eine dritte Gruppe, die durch eine »stützende« Therapie analysefähig gemacht werden können. Freud hat in seinem Bedürfnis, sich von der Hypnose abzugrenzen, die Analyse idealisiert und ihre Mischungen mit stützenden Interventionen wenig untersucht. Das hat dazu geführt, dass die an sich so umfassende, zur Kultur, Gesellschaft und Geschichte hin offene Vorgehensweise der Psychoanalyse selten etwas leistet, was sie an sich könnte: ein Gesamtkonzept über die in der Lebensgeschichte eines Menschen sinnvollen psychotherapeutischen Maßnahmen zu entwerfen.

Die heutige Psychotherapie-Politik läuft darauf hinaus, dass die spezifischen Qualitäten der Psychoanalyse tatsächlich zu dem geworden sind, was Freud so gerne vermieden hätte: zu einer Methode mehr im Handbuch der psychotherapeutischen Medizin und nicht einmal mehr eine Methode im Handbuch der kognitiven Verhaltenstherapie, die – ähnlich einer Spinne – die psychoanalytischen Schmetterlinge in ihrem Netz gefangen und ausgesaugt hat.

Vielleicht hilft uns ein fremder beruflicher Narzissmus im Verständnis der eigenen Probleme. Eine begeisterte Architektin hat mir einmal den Gegensatz zwischen dem Architekten und dem Bauingenieur so erklärt: Der Bauingenieur überlegt sich nur, wie er das Gebäude, das zu errichten er beauftragt ist, nach den Regeln der Bautechnik perfekt machen kann. Er plant nur dieses Gebäude. Der Architekt hingegen sucht nach einem Gesamtkonzept. Er fragt beim Bauherrn nach, wie seine Zukunftspläne aussehen, diskutiert Fragen, wie in der gegenwärtigen Planung Nutzungsänderungen berücksichtigt werden können, die vielleicht erst in zehn oder dreißig Jahren anfallen, wenn die Kinder ausziehen oder der Bauherr pflegebedürftig wird. Er forscht nach, was an diesem Ort früher gebaut wurde, wie sich den Landschaft um den Bau herum entwickeln wird, welchen Bezug sein Gebäude zu vergangenen und künftigen haben könnte.

Der Gegensatz von Psychotherapie durch analytisches »Wegnehmen« und suggestives »Zudecken«, den Freud begründet und bei dessen Begründung er sich in viele Widersprüche verstrickt hat, ist nicht mehr aus der Welt zu schaffen. Dabei hat bereits Freud gegen die Aufdeckungswut von Psychoanalytikern gekämpft, die ihr Handwerk nicht verstehen und deren selbstgefällige Absicht, durch ihren Tiefblick zu verblüffen, seelisch belasteten Personen schadet.

Freud hat die entsprechende Fehlanwendung »wilde Analyse« genannt und sie in einem Aufsatz mit diesem Titel 1910 angegriffen. Er beschreibt, wie eine vornehme Witwe mit ihrer Freundin zu ihm kommt und sich über einen jungen Arzt beklagt, der – angeblich im Namen Freuds – ihr auf den Kopf zugesagt habe, ihre Angstzustände nach dem Ableben ihres Gatten seien durch ihre sexuelle Abstinenz ausgelöst, sie solle sich entweder einen Liebhaber nehmen oder sich selbst befriedigen.

Die Angst der Kranken, führt Freud aus, ist nicht durch Unwissenheit über sexuelle Befriedigungsmöglichkeiten entstanden, sondern durch einen Konflikt zwischen sexuellen Wünschen und gegen sie aktivierten Scham- und Schuldgefühlen. Der junge Arzt wendet hier nicht die Methode der Psychoanalyse an, sondern sucht die Kranke durch eine autoritär vorgebrachte Meinung zu beeindrucken, indem er Freud zitiert. Ein so vermitteltes Wissen wird ohnmächtig bleiben, solange keine Bindung an den Arzt entstanden ist. Erst mit ihrer Hilfe kann sich die Kranke dem Konflikt stellen; ohne sie haben Ratschläge »ebenso viel Einfluss auf die nervösen Leidenssymptome wie die Verteilung von Menükarten zur Zeit einer Hungersnot auf den Hunger«[23].

Freud sagt hier und an vielen anderen Stellen sehr deutlich, dass es im Behandlungszimmer den Gegensatz zwischen Aufdecken und Zudecken nicht gibt. Immer wird der Therapeut zunächst einmal das Selbstgefühl des Klienten stützen, ihn taktvoll und vorurteilsfrei empfangen, sich für ihn interessieren, ihm zuhören und wichtig nehmen, was er sagt. Alle diese Haltungen gehen der Übertragung voraus und machen sie oft erst möglich.

Häufig interessiert sich der Kranke anfänglich weder für die eigene Geschichte noch für den Therapeuten, der auf eine Übertragung wartet. Er will schnell bestimmte Dinge erreichen. Jeder professionelle Therapeut wird das nicht nur verstehen, sondern auch akzeptieren und versuchen, zusammen mit dem Klienten herauszufinden, ob es möglich ist, die anstehende Krise zu bewältigen, *ohne* sich auf das Abenteuer einer langjährigen therapeutischen Beziehung einzulassen. Wer behauptet, dass alle Menschen eine Analyse brauchen und nur Psychotherapierte gute Beziehungen führen können, ist so klug wie ein Stadtkind, das überzeugt ist, Milch würde in der Molkerei fabriziert.

So ist die »stützende« Therapie nie der Gegensatz zu einer aufdeckenden Behandlung, sondern immer ihre Voraussetzung. Um sich auf das Abenteuer der Aufdeckung einzulassen, braucht jeder Mensch Schutz. Erst wenn eine stützende Beziehung etabliert ist, können Klient und Analytiker entscheiden, wie viel Aufdeckung, wie viel Arbeit an der Übertragung dem Klienten zugemutet werden kann. Wer relativ stabil ist, wird die Reise ins eigene Unbewusste spannend genug finden und einen übereifrig stützenden Therapeuten in seine Schranken weisen, der ihn in seinen Einfällen stört. Auf Grund des Tadels einer seiner Klientinnen, dass er sie zu oft im Strom ihrer Gedanken unterbreche, hat Freud die »freien Einfälle« entdeckt. Wer nicht so stabil ist, braucht den Therapeuten mehr. Hier bleibt der Therapeut im Hintergrund und versucht, die Dynamik von sozialer Umwelt, Regression, Ich, Es und Überich einzuschätzen, immer im Licht der beiden zentralen Fragen jedes professionellen Helfers: Wo werde ich gebraucht? Wann bin ich entbehrlich?

Analytiker und Therapeut

In denjenigen Teilen der Psychotherapieszene, die von Freuds Gedanken geprägt wurden, hat die Unterscheidung von Psychoanalyse und Psychotherapie problematische Folgen. Andererseits erlaubt sie es auch, die Diskussion über ein Grundproblem zuzuspitzen und es dadurch einer Klärung näher zu bringen. Die problematische Folge liegt darin, dass die Psychoanalyse als Therapie sich selbst mit Qualitäten wie »Tiefe« und »Strenge« ausrüstet, dass sie »gründlich« vorgenommen und »abgeschlossen« werden kann. Ein vernünftiger Analysand und ein selbstkritischer Analytiker werden das stets als Zielvorgabe sehen, die in der Art ethischer Ideale ihre Bedeutung gerade daraus bezieht, dass sie unerreichbar bleibt.
Das zynische Bonmot, dass der Neurotiker die Analyse aufsucht, um seine Neurose zu perfektionieren, trifft für die narzisstischen Störungen durchaus zu. Wer darunter leidet, dass die Realität seine Größenfantasien nicht erfüllt, wird diesen manischen Anspruch an jede Methode herantragen, die seine Depression zu lindern verspricht. In Vorstellungen, durch eine Ergründung unbewusster Fantasien konflikthafte Einschränkungen des Erlebens aufzuheben, wird die Hoffnung projiziert, dann endlich alle ehrgeizigen Ziele zu erreichen.
An solchen Hoffnungen partizipieren Analytiker wie Analysanden. Wenn sich herausstellt, dass die eigene Entwicklung weit hinter den

Ansprüchen zurückbleibt, die eigenen Erfolge als Helfer und Heiler geringer sind als erträumt, dann stellt sich die vertraute Alternative zwischen manischer Abwehr und Depression erneut. Wenn die Einsicht unerträglich ist, dass die Analyse der Größenfantasie etwas ganz anderes ist als ihre Erfüllung, steht als Ausweg offen, dass eben nicht die richtige, die gültige, die wahrhaft tiefe Analyse vollzogen wurde.

Wer sich mit kulturellen Entwicklungen beschäftigt, muss sich mit der traurigen Wahrheit auseinander setzen, dass Menschen realistische Möglichkeiten gegen ein Ideal tauschen, dessen Übel sie oft nicht anders bekämpfen können als durch ein noch höheres Ideal. Als einer der berühmtesten Klienten Freuds, der »Wolfsmann«, von einer Reporterin über seine Erfahrungen mit der langen und gründlichen Analyse durch Freud befragt wurde, erinnerte er sich wenig an die analytische Arbeit im engeren Sinn. Die Traumdeutungen, eingeschlossen jene des »Wolfstraums«, hatten ihn nicht überzeugt. Er war durch die Analyse auch keineswegs geheilt.

Was ihn tief beeindruckt und ihm ein Stück weitergeholfen hatte, war Freuds Persönlichkeit. Freud war für ihn ein Selbstobjekt geworden. Trotz vieler Einsichten wollte der Wolfsmann seine Analyse nicht beenden und hielt an seinen Symptomen fest, bis Freud ihm einen Termin setzte und mit aller ihm verfügbaren Autorität ankündigte, er werde zu diesem Zeitpunkt die Analyse beenden, gleichgültig, wie es um das Wohlergehen des Kranken bestellt sei.

Unter dem Druck dieser Drohung heiratete der Wolfsmann, hielt aber auch die Bindung an seinen Therapeuten fest. Nach dem erzwungenen Ende der Kur war er zurück in seine russische Heimat gereist, wo sein Vater – ein reicher Grundbesitzer und Rechtsanwalt – lebte. In der kommunistischen Revolution verlor er sein Vermögen und seine Eltern. Mittellos kehrte er nach Wien zurück und suchte wieder Schutz und Hilfe bei Freud, der sich seiner annahm, ihn finanziell unterstützte und Geld für ihn sammelte.[24] In der analytischen Geschichtsschreibung wird die Heilung des vor der Analyse zu einer selbstständigen Existenz unfähigen Kranken betont.

Die Tatsache, dass der Wolfsmann nach der ersten Analyse bei Freud noch weitere Behandlungen bei Freud selbst und bei zwei seiner Schülerinnen[25] absolvierte, wird mit noch nicht bearbeiteten Übertragungsresten erklärt.

Als eine intelligente und respektlose Journalistin ihn im hohen Alter in Wien ausfindig machte und 1974 lange Gespräche mit ihm aufzeichnete,[26] kam es zu einem für die psychoanalytische Orthodoxie blamablen und sinnlosen Streit. Eine der späteren Behandlerinnen, Muriel Gardiner, wies den »Wolfsmann« an, alle Pressekontakte abzubrechen. Der einstige Klient Freuds war zu diesem Zeitpunkt 86 Jahre alt, aber geistig noch rege und zwischen seiner Loyalität zu den Erben Freuds und seiner Sympathie für die Reporterin hin- und hergerissen. Eine Reihe der Beschwerden, unter denen der Wolfsmann gelitten hatte, waren auch im hohen Alter noch weiter vorhanden.

Diese Geschichte wird manchmal als »Beweis« gegen die Psychoanalyse, nicht als Einwand gegen ihre Ideologisierung zitiert. In der verhaltenstherapeutischen Propaganda, etwa in *Das Angstbuch* (Reinbek 2004) von Borwin Bandelow, wird diese von Selbstüberschätzung und Eitelkeit geprägte Tiefenpsychologe, welche den Kranken in seinen Größenfantasien stimuliert und dann im Stich lässt, zum Feindbild, vor dem die eigene Wissenschaft in hellem Glanze erstrahlt.

Es ist schwer, angesichts der von einem Autor wie Bandelow gegen die psychoanalytische Therapie aufgebotenen Unterstellungen eine ernsthafte Auseinandersetzung zu führen. Man muss sich auch fragen: Wenn sie schon so unwissenschaftlich und veraltet ist – wozu der Aufwand, die Psychoanalyse erst völlig verfälscht zu zitieren und dann mühelos zu entkräften, »auf Gottes weiter Erde« nur die Verhaltenstherapie zu kennen – und daher auch keine anderen wissenschaftlichen Studien zu finden als die eigenen?

Es liegt nahe, solche Pseudowissenschaft zu ignorieren und zu hoffen, dass die Öffentlichkeit schon dahinter kommen wird, wie wenig schmackhaft die angebotene Patentmedizin aus Verhaltenstraining und Psychopharmaka ist. Aber die Kenner der Psychoanalyse sollten sich nicht zurückziehen. Auf einen kulturellen Konsens, der die ana-

lytischen Einsichten bewahrt und an ihrer Weiterentwicklung interessiert ist, dürfen sie sich nicht blind verlassen. Wenn sie niemals von den Patienten sprechen, die nach jahrelanger Enttäuschung durch Verhaltenstherapie zu ihnen kommen, dann überlassen sie dem dürftigen Argument der Gegenseite das Feld.
Natürlich wäre es besser, wenn sich Psychoanalytiker und Verhaltenstherapeuten bemühen würden, zusammenzuarbeiten und nicht mehr eine gelungene Verhaltenstherapie gegen eine gescheiterte Psychoanalyse zu rechnen – oder umgekehrt. Hier scheint immer noch oder immer wieder der billige Gewinn, klüger zu sein als das dumme Feindbild, attraktiver zu sein als ernsthafte Forschung über das komplexe Feld der menschlichen Emotionen und Beziehungen.

Die Ethik der »stützenden« Therapie

Verglichen mit den Möglichkeiten, die Gesundheit eines Menschen durch Medikamente oder chirurgische Eingriffe zu schädigen, scheint Psychotherapie dem Gebot näher zu kommen, einem Kranken nicht zu schaden. Sie greift nicht in einen passiven Organismus ein, sondern braucht – um zu wirken – die Mitarbeit des Kranken. Verweigert dieser die Mitarbeit, weil er nicht überzeugt ist, dann nützt der Therapeut nicht, aber er schadet auch nicht.
So einfach ist das jedoch nicht. Psychotherapie kann Menschen durchaus dazu bringen, sich zu ihrem Nachteil zu verändern. Sie kann das Selbstvertrauen einer Person wecken und stärken, aber sie kann auch durch Entwertungen masochistische Neigungen reizen und Menschen dazu bringen, sich selbst zu schaden, etwa indem sie sich auf destruktive Weise aus einer langjährigen, ambivalent gelebten Beziehung trennen.
Gemessen an dem Anspruch, von einem Therapeuten wie von einer idealen Mutter versorgt zu werden, ist professionelle Hilfe karg. Aber gerade diese Einschränkung schützt sie auch davor, bösartige Regressionen einzuleiten. Als professionelle Dienstleistung ist es

die Aufgabe der Psychotherapie, mit möglichst geringem Aufwand möglichst viel für den Klienten zu erreichen. Angesichts knapper Ressourcen schadet jede Hilfe, welche das Verhältnis von Aufwand und Ertrag missachtet. Wir beobachten manchmal hochfrequente Behandlungen, die viele Jahre dauern, viel Zeit und Geld verschlingen. Der angestrebte »Durchbruch«, die »große Wende« wirkt auf den Beobachter wie die Karotte, die vom Reiter an einer Stange dem Gaul vors Maul gehalten wird. Er rennt und rennt, aber der Abstand zum Leckerbissen wird nicht geringer.

Wer die Therapieszene durchwandert, begegnet Dauer- und Mehrfachnutzern von Psychotherapie. Viele von ihnen sind stille, nachdenkliche Menschen, die nur dann von ihren Erfahrungen sprechen, wenn es einen Anlass gibt, und eher leise in das Unverständnis hinein, warum sie immer noch zu diesem oder jenem Therapeuten gehen, einen Satz sagen wie: »Es tut mir einfach gut, und warum soll ich es mir nicht leisten?«

Aber es gibt auch Therapiemissionare, die ungefragt jeden von der Oberflächlichkeit seiner Erfahrung und von der Tiefe und Vielfalt der ihrigen in Kenntnis setzen. Es sind Analytiker darunter, die am liebsten jeden als Ketzer verbrennen würden, der behauptet, Menschen könnten bei Verhaltenstherapeuten oder in einer Gruppentherapie ebenso viel profitieren wie auf der Couch. Für sie ist die Analyse das Evangelium. Wer sich zu ihr bekennt und sie nicht ebenso idealisiert wie sie, der hat eben selbst keine genügend lange, tiefe und vom »richtigen« Lehranalytiker durchgeführte Eigenanalyse gemacht.

Da schwingt der Narzissmus der kleinen Unterschiede mit, den Freud beschrieben hat und der sich so eindrucksvoll in den Tribalismen (Stammeskulturmerkmalen) der Jugendszene beobachten lässt. Als meine damals 14-jährige Älteste zu Beginn der achtziger Jahre von Punkrock beeindruckt war, konnte sie leidenschaftlich für ihre Überzeugung kämpfen, dass die einzigen echten Punks von ganz Bayern in Milbertshofen zu finden seien, einem Münchner Stadtteil nördlich von Schwabing. Alle anderen Punks täten so, als seien sie auch Punks, trügen Sicherheitsnadeln im Ohr und Bonbonfarben in den Haaren. Aber die seien alle falsch, Imitate, das Original sei eben nur – siehe oben.

An diese Szene muss ich denken, wenn ich höre, dass an einem analytischen Institut bereits ausgebildete Kollegen zu anderen Instituten gehen, am besten nach Paris oder London, um dort die ultimative Lehranalyse zu machen. Ich kann mich dann des Gedankens nicht erwehren, dass das eine den Narzissmus stützende Therapie ist, die sich nicht am Gesichtspunkt der Ökonomie orientiert. Es macht mich skeptisch, wenn diese höchstqualifizierten Kollegen anrufen und fragen, ob ich nicht Klienten hätte, die ihren Ansprüchen genügen: Sie sollen jung sein, intelligent, sprachgewandt und bereit, viermal pro Woche in ihre Praxis zu gehen. Ich bin dann versucht, nach dem jüdischen Witz[27] zu sagen: Daraus mach ich drei Therapien!

Mit jungen Menschen, die noch viel vor sich haben und bereit sind, ihre Entwicklung anzupacken, lässt sich leicht arbeiten. Aber in die Geheimnisse der menschlichen Entwicklung wird ein Therapeut nur eindringen, wenn er sich auch mit jenen beschäftigt, die nicht mehr jung sind und sich noch älter fühlen, als es der Kalender sagt, die sich keine Chance nehmen können und nach traumatischen Erfahrungen von Resignation und Rückzug beherrscht werden.

In den fortgeschrittenen Gesellschaften mit ihren zahllosen Angeboten, Karriere zu machen und an prestigeträchtigem Konsum zu partizipieren, steigt auch die Zahl der Dropouts, der Verweigerer, der Parasiten und der Menschen, die seelisch überfordert sind. »Stützende« Therapie ist unspektakulär. Ihren Segen bemerken wir erst, wenn sie nicht mehr stattfindet, wenn Menschen, die bisher gearbeitet haben, Sozialhilfe beantragen, wenn Rentner, die bisher selbstständig leben konnten, wegen ihrer chronischen Depressionen in stationäre Behandlung kommen. Der Mensch kann sich, solange er körperlich gesund ist, immer entscheiden, wie er sein Leben angeht. Jede Therapie braucht einen scharfen Blick für progressive und für regressive Entwicklungen.

Wenn nach vielen Jahren der depressive Kranke, der sich so sehr den Lebenspartner und Seelenzwilling gewünscht hat, immer noch allein und manchmal unglücklich ist, aber auch immer noch arbeitsfähig, dann wird der Kranke vielleicht wissen, was er an seiner Therapie hat. Psychotherapiekritiker hingegen werden behaupten, das sei doch wieder ein Beweis dafür, dass es sich hier um Schwindel handle. Forscher werden etwas subtiler untersuchen, was sich in der Lebensqualität verändert hat, und herausfinden, dass beispielsweise der Psychotherapieklient viel weniger Arztbesuche und Krankenhaustage aufweist als ein vergleichbarer Kranker, der nicht behandelt wurde.

Das naive Menschenbild des *homo consumens* besagt, dass es im Leben immer aufwärts geht, dass es expandiert, die Computer schneller und die Autos stärker werden. Entsprechend verzerrt schwankt das Bild der Therapie und der Therapeuten in den Medien zwischen Idealisierung und Entwertung, sind sie Erlöser oder Scharlatane. Beide Bilder erschweren die professionelle Arbeit und mindern die Chancen in ihrem Selbstgefühl geschwächter Menschen, wirkungsvolle Hilfe zu finden.

Von der »stützenden« Therapie wird manchmal verächtlich mit der Metapher einer »Krücke« gesprochen. Doch wer als Therapeut arbeiten, aber nicht Krücke sein will, hat den Beruf verfehlt. Die Krücke ist ein Behelf, der ein Glied entlastet, das nicht voll leistungsfähig ist. Eine gute, kunstgerecht eingesetzte und sinnvoll verwendete Krücke entlastet das beschädigte Organsystem. Dieses kann sich erholen – dann wird die Krücke irgendwann überflüssig. Oder aber die Krücke bleibt notwendig, um zu verhindern, dass die beschädigte Funktion ganz zusammenbricht.

Solange die Krücke also als Krücke gesehen und angesprochen wird, nicht als Zauberstab und Sesam öffne dich, ist sie das Hilfsmittel einer soliden professionellen Dienstleistung, die von Sozialpädagogen, Krankenschwestern, Altenpflegerinnen und Pädagogen ebenso geleistet werden sollte wie von Psychotherapeuten. Um den sinnvollen Einsatz dieser Hilfe zum aufrechten Gang besser zu verstehen, müssen wir uns mit der andauernden Neigung des Menschen beschäftigen, sich von diesem aufrechten Gang zu dispensieren: mit der Regression.

Zur Dynamik der Regression

Die reifen Möglichkeiten, Konflikte zwischen äußeren Forderungen und inneren Wünschen zu verarbeiten, können derart strapaziert werden, dass ein Mensch regrediert. Er setzt kindliche Lösungsmuster ein, weil er den Konflikt zwischen Wunsch und Wirklichkeit mit seinen erwachsenen Mitteln nicht mehr zu bewältigen vermag.

In seiner Novelle »Der kleine Herr Friedemann« beschreibt Thomas Mann, wie ein mühsam erreichtes Niveau an Sublimierungen bei einem Körperbehinderten in dem Augenblick zusammenbricht, in dem sich dieser in die grausam-schöne Frau von Rinnlingen verliebt. »Tod in Venedig« ist eine nicht weniger eindrucksvolle Darstellung, wie sich die hochgespannt-brüchige Disziplin des Schriftstellers Achenbach unter dem Triebdruck einer homoerotischen Schwärmerei auflöst. Auch körperliche Krankheit beschreibt Mann als Zeichen einer regressiven Krise (Hanno Buddenbrooks Typhuserkrankung; die tumorbedingten, als Zeichen wiedererwachter Jugend missdeuteten Blutungen der »Betrogenen«).

Freud hat die Entwicklungsstadien der Libido mit der Wanderung eines Volkes verglichen, das an geeigneten Punkten, die es während seines Zuges erreicht, Siedlungen zurücklässt. Falls es im weiteren Fortschreiten Schwierigkeiten oder Niederlagen gibt, werden diese früheren Ansiedlungen (»Fixierungen«) in einem Rückzug (Regression) wieder besetzt. Sagt der gekränkte Ehepartner: »Ich gehe zurück zu meiner Mutter«, so regrediert er zu den damals gewonnenen Möglichkeiten, sich zufrieden und geborgen zu fühlen. Er gibt das riskante Unternehmen der Partnerschaft auf und besetzt die frühen Selbstobjekte erneut.

Diese Regression ist weniger primitiv als die Regression des Gewalttätigen. Wer die enttäuschende Person verlassen und eine befriedigendere aufsuchen kann, der hat sich über die primitivste Form der Selbstobjektbeziehung hinausentwickelt. Für den schwer narzisstisch Gestörten gibt es diese Alternative nicht. Er kann sich angesichts des Verlustes keine andere und schon gar keine befriedigendere Beziehung vorstellen, er kann nur versuchen, den Verlust ungeschehen zu machen, indem er die Person vernichtet, die ihn verraten hat, oder sich selbst. In diesem Fall wird der gekränkte Ehemann nicht sagen: »Dann gehe ich wieder zu meiner Mutter«. Er wird gewalttätig oder suizidal.

Die Regression kann starke Ängste auslösen, die zu Gegenreaktionen führen. Wenn ein 15-jähriges Mädchen wegen einer brüchigen Identifizierung mit der Mutter die Entwicklungsanforderungen ihres reifenden Körpers nicht bewältigen kann, fällt dem Beobachter nicht die orale Regression auf, sondern deren entschiedene Abwehr. Die Heranwachsende beginnt mit einer radikalen Abmagerungskur, die ihre Gesundheit gefährdet (Anorexia nervosa), oder sie macht ihren Eltern Kummer, weil sie an den Mahlzeiten nicht mehr teilnimmt, aber nachts den Kühlschrank leert und sich anschließend erbricht (Bulimie).

Die regressiven Bedürfnisse der Anorektikerin, ihre Wünsche, gefüttert und versorgt zu werden, sind an die Eltern abgetreten, die der Tochter zureden müssen, endlich etwas zu essen. Die Kranke kann die eigene Regression in den zum Füttern entschlossenen Eltern entwerten und bekämpfen. Zugleich kann sie die Anforderungen der reifen Sexualität abwehren; sie ist zu schwach, zu sehr mit ihren Zwängen beschäftigt.

Die Anorexie ist eine typische Krankheit der reichen Gesellschaften. Die Betroffenen sind in ihrem Narzissmus zugleich verletzt und äußerst gereizt; so gehen sie dann auch mit anderen um. Sie wirken sehr ehrgeizig und rastlos; es gelingt ihnen nicht, Anspannung und Entspannung, progressive und regressive Erlebnisformen in ein Gleichgewicht zu bringen. Wenn wir Freuds Metapher von der Libidoentwicklung als der Wanderung eines Volkes auf sie anwenden, dann gleichen sie dem Eroberungsheer, das von einem rücksichtslosen Feldherrn so vorangepeitscht wird, dass der Kontakt zur Versorgung abreißt.

In anderen Fällen werden Regressionen dadurch kaschiert, dass kindliche Erwartungen an Eltern oder Partner in negativer Form erscheinen. Diese Personen werden nicht als Götter, sondern als Teufel auf einen Sockel gestellt, nicht als Geber bewundert, sondern als

Versager abgelehnt. Eine 40-jährige Diplom-Psychologin sagt empört, sie hätte noch nie ein geschmackvolles Kleidungsstück von ihrer Mutter (einer einstigen Hilfsarbeiterin) erhalten; diese einfühlungslose Person habe neulich tatsächlich wieder versucht, ihr einen Geldschein zuzustecken, was sie sich selbstverständlich verbeten habe, sie lasse sich ihre Tochterliebe nicht abkaufen.

Eine ähnliche Rolle kann der regredierte Partner übernehmen. Er macht dem progressiven Teil durch seine Regressionen scheinbar nur Sorgen und Kummer, steigert dahinter aber das Selbstgefühl (denn wer sonst hält es z.B. mit einem Alkoholiker aus!) und die Grandiosität der eigenen Kompetenz. In der Paarberatung lernen wir manchmal Ehemänner kennen, die von ihrer Berufsarbeit nach Hause kommen und nun auch noch putzen und kochen, weil eine regredierte Hausfrau den Tag auf dem Sofa verbracht hat.

Die Regression kränkt das Selbstgefühl; Kränkungen steigern die Regressionsneigung. Daher haben viele Rückzüge auch eine fatale Neigung zur Selbstverstärkung. Wer nach einer Liebesenttäuschung Entspannung sucht, indem er mit Chips und Bier jeden Abend vor dem Bildschirm verbringt, wird fett und träge. Er fühlt sich unattraktiv. Statt aktiver Lösungen (wie einem Tanzkurs) wählt er regressive, die ihn noch mehr schwächen (er dreht sich einen Joint).

Eine wesentliche Aufgabe jedes Therapeuten ist es, die Regression seiner Klienten zu steuern. Das gelingt nie perfekt, weil Abweichungen erst erkennbar sein müssen, ehe ich gegensteuern kann. In der Therapie von narzisstischen Störungen gilt mehr als in vielen anderen Bereichen das Sprichwort, dass irren menschlich, auf dem Irrtum zu beharren aber töricht ist. Wer hier von Anfang an bereit ist, seine Irrtümer nicht als Versagen, sondern als unerlässliche und notwendige Suchbewegung zu akzeptieren, wird es leichter haben, sie zu gestehen.

Es gehört zur narzisstischen Problematik, sich selbst so wenig einen Irrtum verzeihen zu können wie einem anderen. Der Therapeut darf also nicht darauf warten, dass sein Klient ihn darin unterstützt, einen Irrtum zu korrigieren. Für den narzisstisch Gestörten sind Irrtümer prinzipiell unverzeihlich. Ein idealisierter Therapeut darf nicht irren, sonst ist er wertlos. Dabei ist es sehr nützlich, sich daran zu erinnern, dass die narzisstische Wut eine semantische Seite hat. Sie soll den Therapeuten belehren, dass ein Selbstobjekt nicht irren, nicht versagen, nicht von der idealisierten Erwartung abweichen darf, ohne dass die Auswirkungen katastrophal sind. Narzisstisch gestörte Menschen können solche Kränkungen nicht verarbeiten, sondern nur überbrücken. Das Größenselbst ist zusammengebrochen und das Körperselbst trägt eine Person weiter, die sich nicht mehr wertvoll und lebendig fühlt. Irgendwann kann sich das Ich dann aus den Trümmern befreien und einen neuen Weg suchen.

Der bessere Helfer ist immer woanders

Sich mit anderen oder mit einer Norm zu vergleichen, gehört zu unserem Alltag – so sehr, dass wir uns selten klarmachen, wie gefährlich der Vergleich ist und wie sorgfältig wir mit ihm umgehen müssen, wenn wir seelische Verletzungen vermeiden wollen. Wer sein Kind tief beleidigen will, muss ihm nur sagen, dass Nachbars Mäxchen viel braver und fleißiger, viel schöner und stärker ist. »Jetzt wird sich unser Moritzchen endlich bemühen, es Nachbars Mäxchen gleichzutun«, denken womöglich die Eltern, subjektiv überzeugt, mit ihrer vergleichenden Erziehung das Beste für ihr Kind zu tun. Sie werden vermutlich eher ein trauriges oder trotziges Kind vor sich finden, das wenig von dem verwirklichen kann, was die Eltern erzwingen wollten. Hinter dieser Pädagogik stehen die typischen Abwehrmechanismen der narzisstischen Störung, primitive Idealisierung und Entwertung. Nachbars Mäxchen ist fehlerlos, da nicht genau bekannt; das eigene Kind ist fehlerhaft.

Die meisten Eltern werden in sich die Fantasie finden, dass ihre Kinder mindestens so »gut«, hoffentlich aber besser werden sollen als sie. Wo diese Verbesserung liegt, verrät viel über eigene narzisstische Bedürfnisse, aber auch Störungen. Umgekehrt möchten Kinder, sobald sie die ödipale Phase erreichen, in der sie – etwa ab dem dritten Lebensjahr – Rollen erfassen und Leistungen vergleichen können, sehr häufig auch bessere Eltern. Dem Kind würden wir es eher nachsehen, wenn es denkt, dass Nachbars Mäxchen die wirklich lieben Eltern hat, während es selbst ganz offensichtlich ein Findel- oder Waisenkind ist, vom Schicksal verdammt, bei grausamen Adoptiveltern heranzuwachsen. Aber es ist auch klar, dass solche Fantasien die Fähigkeiten hemmen, zu entwickeln, was vorhanden ist.

Da therapeutische Beziehungen kaum weniger vielschichtig sind als die zwischen Eltern und Kindern oder zwischen Freunden und Liebenden, spielt auch in ihnen der Vergleich diese potenziell destruktive Rolle. Der narzisstisch belastete Patient quält seine Therapeutin damit, dass er beispielsweise den Therapeuten seines Freundes viel besser findet – der gebe knallharte Deutungen, kein so verwaschenes Zeugs, der sage nie eine Stunde ab, der stelle sich nicht so an, wenn sein Freund einen Termin versäume.

Ein Analytiker, der jahrelang bestimmte Einsichten erarbeitet hat, ist nicht gerade erfreut, wenn genau das, was er vermittelt zu haben glaubt, nach einem Aufenthalt in einer Kurklinik nicht ihm, sondern dem Psychologen dort zugeschrieben wird. Diesen hat der Kranke nur kurz gesehen. Dennoch konnte er ihm die tiefen Erkenntnisse vermitteln, welche – was kann er dafür? – in den Therapiejahren vorher nie erblühten.

Als reales und enttäuschendes Objekt mit einem unerreichbaren, vollkommenen Wesen verglichen zu werden, sollte im Grunde eher unseren Humor wecken als uns kränken. Aber das ist leichter gesagt als getan; wenn wir auch noch so gut wissen, dass wir selbst keine Engel sind, mögen wir uns das doch nicht gerne von jemandem sagen lassen, der unserer Ansicht nach noch weniger Engel ist und jetzt behauptet, er habe doch tatsächlich einen Engel getroffen.

Ist es da nicht das gute Gegenrecht des Therapeuten, seinerseits zu sagen, dass andere Patienten dankbar seien, seine Deutungen anerkennen, die Arbeit mit ihm hochschätzen? Ganz und gar nicht. Der Therapeut *hat* hoffentlich auch Klienten, die seine Arbeit loben können, weil sie ihr Selbstgefühl nicht durch kannibalische Mechanismen schützen müssen wie der beschriebene Kranke. Wer therapeutisch arbeitet, hat auf Anerkennung keinen Anspruch. In eben der Unfähigkeit zum angenehmen Austausch von Wertschätzung wurzelt die Störung seines Klienten, ohne die nun wiederum der Therapeut keine Arbeit hätte. Solange der Klient mit der ebenso grundlegenden wie legitimen Wertschätzung kooperiert, die im ökonomischen Austausch liegt, trägt er sein Mögliches bei.

Wenig macht einen professionellen Helfer verwundbarer als die Neigung, die Ökonomie in seinem Austausch mit dem Klienten mit primitiven Idealisierungen zu vermischen, welche so gut eine Komponente des Helfer-Narzissmus sein könnte wie eine der narzisstischen Störung. Im Fall einer primitiven Idealisierung genügt ein winziger Mangel, um eine Person oder einen Gegenstand zu entwerten. Bezogen auf den ökonomischen Austausch kommt die primitive Idealisierung etwa in der Bemerkung einer Laienhelferin auf einer Tagung zum Ausdruck, professionelle Therapeuten nähmen Geld für Beziehung, das sei Prostitution.

Liebe und Prostitution

Ein Begriff wie »primitive« oder »naive Idealisierung« ist gefährlich. Er verführt zu einer nicht weniger primitiven oder naiven Distanz, etwa in dem Sinn, sich sofort klar darüber zu sein, dass die Laienhelferin Quatsch redet und besser den Mund halten sollte. In Wahrheit hat sie das Verdienst, ein Problem wenigstens zu benennen, das viele andere verleugnen. Dieses Problem ist nicht lösbar, aber es ist doch möglich, mit ihm gelassener und differenzierter umzugehen.

Eine solche Differenzierung betrifft das Klischee von der »Prostitution«. Das ist ein Totschlagbegriff, der in den 60-er Jahren sogar gegen die bürgerliche Ehe gerichtet wurde. Sie sei nichts anderes als legalisierte Prostitution. Das Konzept einer bezahlten Arbeit, die liebevoll verrichtet wird, eröffnet eine andere Denkmöglichkeit. Wir können uns jetzt unterschiedliche bezahlte Tätigkeiten vorstellen, die einmal mit Liebe und Aufmerksamkeit gemacht werden,

einmal lieblos und schludrig. Und plötzlich wird es sogar möglich, unter den verächtlich gemachten Prostituierten Pfuscherinnen zu finden und andere, die ihre Arbeit aufmerksam verrichten.
Aber das heißt nicht, dass sich der Unterschied zwischen einer rein gegenseitigen Beziehung – Freundschaft gegen Freundschaft – und einer teilweise asymmetrischen aufheben lässt. Der Klient mietet, unmittelbar oder mittelbar über die Krankenversicherung, einen Teil der Zeit und des Raums, in dem der Therapeut arbeitet. Vor ihm und nach ihm kommen andere Mieter; er hingegen hat in der Regel nur diesen einen Therapeuten. Daher hat der Klient unendlich viel mehr Grund und auch Recht, sich vor Vergleichen zu fürchten, sich mit ihnen zu beschäftigen und auch gegen sie zu kämpfen, indem er seine eigenen Vergleiche anstellt.

Stützen oder fordern?

Wenn ich nach einer Antwort auf die Frage suche, wo sich bei mir Einstellung, Haltung und Interventionsstrategie durch lange Jahre professioneller Tätigkeit am deutlichsten verändert haben, dann würde ich sie in einer Integration stützender und entwicklungsfördernder Interventionen sehen.
Als Anfänger ging es mir um Veränderung, um Dynamik, um wahrgenommenen, von meinen Klienten bestätigten Erfolg. Ich suchte nach Konflikten und wollte Lösungen erarbeiten, Fortschritte erzielen; wenn das nicht gelang, verlor ich die Geduld, zog mich zurück und zweifelte, um mich zu schützen, am Veränderungswillen der Klienten. Es kostete mich Mühe, Erfolglosigkeit mit Genauigkeit und Geduld zu untersuchen. Wenn ich von jahrelangen Behandlungen ohne größere Veränderung der Symptomatik hörte, empfand ich Mitleid, ja Verachtung für die Kollegen. Ich bildete mir ein, dass ich mehr erreichen würde als sie, aber auch in der Lage sei, eine offensichtlich erfolglose Arbeit schneller abzubrechen, eine neue Methode zu versuchen oder den Klienten zu einem anderen Therapeuten zu schicken.

Solche Fantasien vom Sieg in einer Helferrivalität beschäftigen mich heute kaum mehr. Das Alter hat neben seinen Nachteilen den Vorzug, einen zum ökonomischen Umgang mit den eigenen Kraftreserven anzuhalten. Rivalität ist dort eine große Verschwendung, wo jeder »Sieg« ebenso gut etwas Unbekanntem geschuldet sein kann wie der eigenen Kompetenz.

Soft Skills

Es gibt keine taugliche Übersetzung für *soft skills*, die »weichen Fähigkeiten«. Gemeint ist eine Kompetenz, dort etwas gut zu machen, wo das Ergebnis nicht augenfällig ist und doch wichtig – Beziehungen so zu gestalten, dass Menschen sich wohl fühlen, eine Kritik so vorzubringen, dass sie nicht verletzt, kurz etwas von dem zu leisten, das in der Psychotherapie unentbehrlich ist.

Soft Skills gehören zur Entwicklung der Zivilisation. Norbert Elias hat gezeigt, wie sich die ersten Sittenlehren und Benimmregeln am Hof der Feudalherrn entwickelten. In einer von Männern beherrschten Kultur ist die Frau eines hochdominanten Mannes eine Herrscherin. Die Männer sind ihr überlegen und unterworfen zugleich. Sie müssen mit ihr Fähigkeiten einüben, solche Widersprüche zu überwinden, sich zu verhalten, wie es am Hofe des Herrschers nötig ist, eben »höflich«.

Diese Entwicklung wurde von der bürgerlichen Schicht aufgegriffen und fortgeführt. Dieser Prozess, Macht und Gewalt durch Höflichkeit zu bändigen, taktvoll mit Schwächen umzugehen und einander angemessen anzuerkennen, ist bis heute nicht abgeschlossen. Immer noch gibt es Lehrer, die überzeugt scheinen, dass entwertete und verspottete Schüler besser lernen, Ehemänner, die Prügel für ein Mittel halten, der eigenen Position Nachdruck zu verschaffen, Manager, die es für ein wirksames und berechtigtes Führungsinstrument halten, Mitarbeiter zu kränken. Es ist kein Zufall, dass es wieder die Frauen sind, die auf höchster Management-Ebene *soft skills* vermitteln, wie die Soziologin Dorothee Echter, die ein brillantes

Buch über »Rituale im Management« (2003) auf Grund ihrer Erfahrungen als Coach geschrieben hat.
In jeder »stützenden« Therapie werden *soft skills* gepflegt – sowohl im Umgang mit den Klienten, wie auch in der Untersuchung ihres Verhaltens Dritten gegenüber. Je mehr gute Beziehungen ein Klient hat, desto besser ist es für den Verlauf einer Therapie. Umgekehrt erkennt man Therapeuten, die Schaden anrichten, oft zuerst daran, dass sie Beziehungen ihrer Klientinnen und Klienten zu Dritten entwerten, schädigen oder in besonders üblen Fällen ausdrücklich verbieten.
In einer bäuerlichen Tradition wird vielfach Kritik mit einer Härte vorgetragen wird, die der städtische Beobachter sadistisch findet. Faulheit und Ungeschick werden gnadenlos aufgegriffen und dem Nachbarn vorgehalten. Taktvolles Verschweigen, höfliche Umschreibung sind nicht gefragt. Im Dorf wird jeder Garten, jede Furche, jedes Pferd beurteilt, ob sie »sauber« sind oder nicht. Zur narzisstischen Störung gehört, dass sie solche einfachen Unterscheidungen in einer städtischen Welt sucht, die längst von *soft skills* geprägt ist. Wo es um Handwerk geht, ist leicht zu erkennen, ob eine Suppe versalzen oder schmackhaft ist, eine Ackerfurche gerade oder krumm. Aber in Verhandlungen, Dienstleistungen, Beratungen, im Verkauf und in der Menschenführung ist solches Schwarz-Weiß-Sehen nicht produktiv.
Das Wort von den »weichen« Fähigkeiten ist auch deshalb treffend, weil ein hartes Leben, Erfahrungen von Trauma und Gewalt einen Menschen schlecht darauf vorbereiten, sie auszuüben. Der typische Schläger ist nicht besonders bösartig, sondern unfähig, sich anders auszudrücken als mit der Faust. Er kann sich schlecht durchsetzen, geht oft leer aus, ist vom Leben enttäuscht und daher geneigt, jene zahlen zu lassen, die besser zurechtkommen als er.
So werden Teufelskreise eingeleitet: Wer zu primitiven Mitteln greift, um sich durchzusetzen, wird noch mehr isoliert und verachtet; daher steigen seine Wut; seine Fantasien, benachteiligt zu werden, gewinnen an Substanz. Um solche Entwicklungen aufzuhalten oder rückgängig zu machen, reichen *soft skills* nicht aus.

Der Therapeut braucht klare Grenzen und Schutz vor Gewalt, um stabil arbeiten zu können. Das widerspricht seiner Grandiosität und ärgert die Bedürftigen, die oft ihre eigene Brutalität nicht wahrhaben wollen.

Diagnosewut und Diagnoseverzicht

Eine Form des Vergleichs ist die Diagnose. Gerade bei den narzisstischen Störungen genügt ein Blick in das Register von grundlegenden Texten, um eine wahre Diagnosewut zu enthüllen. Die Helfer haben hier eine eigene Normenwelt mit vielen unterschiedlichen Schubladen geschaffen, in welche die Kranken gesteckt werden können. Es gibt Borderline-Strukturen, Borderline-Persönlichkeitsstörungen, pathologischen Narzissmus, infantile Persönlichkeiten – alle in vielfältigen Abstufungen je nach der Art ihres sozialen Funktionierens.

Auf der anderen Seite stehen Autoren wie Carl Rogers, die alle Diagnosen ablehnen und es für einen therapeutischen Kunstfehler halten, dem Klienten zu vermitteln, er sei in seinem Selbstgefühl gestört und anders als andere Menschen. Damit würden Selbstheilungskräfte blockiert, Entwicklungen entmutigt und sich selbst erfüllende Prophezeiungen geschaffen. Zudem sei die psychiatrische Diagnostik höchst subjektiv; es gebe schließlich als ihr Ausgangsmaterial meist nur Eindrücke und Bewertungen, keine Substrate und keine objektivierbaren Befunde.

Für die Praxis der Psychotherapie scheint mir ein Mittelweg sinnvoll. Auf der einen Seite tauchen die oben angesprochenen Kategorien in der Supervision meist gemeinsam mit Gegenübertragungsproblemen auf und verschwinden häufig auch wieder mit diesen. Angesichts eines durch einen unbemerkten therapeutischen Fehler wütend um sich schlagenden, den Therapeuten massiv entwertenden Klienten spürt dieser in sich den Gedanken, ob er etwa eine massive Borderline-Störung für eine »leichter« behandelbare narzisstische Störung gehalten habe. Wenn sich die Lage wieder beruhigt, der

Therapeut in seiner Supervision den Fehler gefunden und die Kränkung bearbeitet hat, wird auch nicht mehr von der schweren Borderline-Störung gesprochen, bis zur nächsten Krise.
Mir scheint die völlige Diagnose-Abstinenz mancher nichtdirektiven Therapeuten kein rechtes Gegenmittel gegen die Diagnosewut der psychoanalytischen Psychiater. Schließlich spielt die institutionelle Welt der Psychiatrie in unserem Leben immer eine wichtige Rolle, die wir nicht verleugnen sollten, auch wenn wir uns um kritischen Abstand bemühen. Ich finde es auch nicht ermutigend, durch Diagnoseverweigerung dem narzisstisch Belasteten indirekt aufzubürden, er könne im Prinzip so lieben und arbeiten wie andere Menschen auch. Im Gegenteil scheint mir oft eine große Erleichterung und Entspannung daraus zu wachsen, dass ein Kranker das nicht mehr tut. Manchmal sage ich in Supervisionen, dass in einer Therapie viel erreicht ist, wenn sie den Kranken dazu gebracht hat, seine Störung endlich ernst zu nehmen.
Eine Folge dieser kritischen Distanz nach beiden Seiten ist auch, dass ich mich normierenden Sprachregelungen verweigere. Ärzte sprechen von Patienten und Kranken, die Psychologen (nicht alle, aber auf jeden Fall die von Rogers beeinflussten) von Klienten oder Betroffenen. Die Personengruppe, mit der wir zu tun haben, ist eben auch dadurch gekennzeichnet, dass in beiden Formen von ihr gesprochen wird. Das ist übrigens auch eine Anspielung auf das, was »Borderline« genannt wird. »Borderline« heißt Grenzlinie, und Borderline-Kranke (bzw. Klienten) lassen sich am besten so beschreiben, dass sie zu gesund für die Psychiatrie sind und zu krank für das normale Arbeits- und Liebesleben. So stehen sie dazwischen. Sie machen sich und anderen im Alltag Probleme von einer Qualität, die den Ruf nach dem Nervenarzt laut werden lassen. Sie werden anderseits aber, sobald sie tatsächlich in psychiatrische Behandlung geraten, schlagartig wieder so »gesund«, dass sie beispielsweise in der psychiatrischen Klinik fehl am Platze wirken und Unerfahrene schnell überzeugen können, sie seien als Opfer finsterer Machenschaften für verrückt erklärt worden.
Vielen Einteilungen über den Schweregrad der narzisstischen Stö-

rungen liegt das Konzept der »Ichschwäche« zugrunde. In einer ausführlichen Untersuchung, wie sich die psychoanalytische Theorie angesichts der Ergebnisse der Evolutionsbiologie und Gruppenforschung verändern müsste, habe ich auch versucht, diese Ichschwäche als gesellschaftlich und kulturell bedingte Kategorie zu relativieren.[28] Ich kam damals zu dem Ergebnis, dass Stärke und Schwäche des Ichs (jener Instanz der Psyche, welche soziale Normen, verinnerlichte Objekte und Triebwünsche integrieren muss) keine individuellen Leistungen sind, sondern Funktionen einer Gruppe. Damit wird auch der Widerspruch zwischen der psychiatrischen Diagnosewut und der psychologischen Entwicklungseuphorie fassbar. Beide Umgangsformen mit den Störungen des Selbstgefühls wurzeln in sozialen Gruppen, die ihrerseits bestimmte berufliche Ideale (und daran geknüpfte wirtschaftliche Notwendigkeiten) verteidigen. Der Arzt braucht Kategorien, um die ganz unterschiedlichen Interventionsmöglichkeiten des Medizinsystems zu strukturieren: Klinikaufnahme (Wo? Wann? Wie lange? Geschlossene oder offene Abteilung?), Medikamente, Schocks und Operationen, aufdeckende oder »stützende Psychotherapie«.

Stützen und aufdecken

Der Psychologe, der als Basis seiner Arbeit häufig nur den Kontakt mit seinem Klienten hat und lange Zeit weitgehend aus den Systemen der institutionalisierten Psychiatrie ausgeschlossen war, braucht demgegenüber keine Diagnosen, sondern die Bereitschaft, diesen Kontakt aufzubauen, ihn lebendig zu halten und ihn so zu gestalten, dass der Kranke davon profitiert. Zyniker würden hinzufügen: Der Psychologe wird also auch eine wirkungslose, ja schädliche Psychotherapie fortführen, um den Klienten zu halten und so die eigene wirtschaftliche Basis zu sichern. Aber diese Gefahr ist auch aus ökonomischen Gründen gering. Ein erfolgreich behandelter Klient, der die Therapie abschließt, wirbt für eine ambulante Praxis und steigert ihren Erfolg weit mehr als ein trotz einer Verschlechterung seines

Befindens ausharrender Kranker. Wer diesen kennen lernt, wird kaum den Therapeuten empfehlen.

Das hier beschriebene Konzept, stützende und aufdeckende Therapie nicht als unterschiedliche Methoden anzusehen, sondern die aufdeckende Behandlung als stets latent im stützenden Vorgehen enthaltene, sozusagen schlummernde Möglichkeit wahrzunehmen, wurzelt in der Praxis eines selbstständig arbeitenden Therapeuten und Supervisors. Die darin realisierten Vorgehensweisen lassen sich natürlich ebenso gut in Institutionen anwenden. Aber in Institutionen ergeben sich darüber hinaus Möglichkeiten, die der Therapeut in der ambulanten Praxis nicht hat, ebenso Risiken, die er nicht eingeht.

Es gibt klinische Konzepte, in denen Analytiker mit stationär untergebrachten Kranken aufdeckend arbeiten, während parallel dazu die »stützende« Therapie dem Pflegepersonal oder den Vertretern von »ergänzenden« Heilverfahren (wie Körpertherapie, Bewegungstherapie, Arbeitstherapie, Kunst- und Musiktherapie) anvertraut wird. Mich hat dieses Konzept nie überzeugt. Jede wirkungsvolle aufdeckende Arbeit ist auch stützend. Umgekehrt stecken in Körper-, Bewegungs-, Kunst- und Musiktherapie aufdeckende Potenziale, die verloren gehen, wenn sie als stützende Verfahren unterschätzt werden.

Gestütztes Körperselbst

Der Organismus ist bereits für das kleine Kind nicht nur eine Quelle von Schmerz und Angst, sondern auch von Triumphgefühlen und Fantasien grandioser Macht. Das gesunde Kind liebt seinen Körper und möchte ihn vor Schaden schützen. Die Grundlage des gesunden Narzissmus ist das Körperselbst. Traumatische Situationen stören diesen Körperbezug. Mit einschneidenden Folgen für das Selbstgefühl wird die liebevolle Körperwahrnehmung des Kindes bekämpft, gestört, manchmal vernichtet.

Um ein stabiles Körperselbst aufzubauen, scheint bei vielen höheren Säugetieren die Verinnerlichung eines zugewandten, interessierten anderen Körpers notwendig. (Wie das Selbst das Bild ist, welches sich das Ich von dessen Träger macht, so ist das Körperselbst der wahrgenommene, erlebte, in seinen Tätigkeiten Halt gebende Körper). Versuche mit Rhesus-Affen haben gezeigt, dass diese keinen angemessenen Körperbezug entwickeln können, wenn sie isoliert aufgezogen werden. Sie neigen dazu, sich zu verletzen, wie auch deprivierte Kindern im Heim, die mit dem Kopf gegen das Bett schlagen. Herangewachsen, tragen derart geschädigte Tiere ihre Kinder zuerst wie ein Stück Holz, ohne die sonst typische »Affenliebe«. Geschwister, die sich eng zusammendrängen, vermögen bei den Rhesusaffen diese Deprivation zumindest teilweise zu mildern.

Die körperlichen Fähigkeiten, Beschädigungen zu reparieren, werden für das beobachtende Ich ein wesentlicher Bestandteil des Selbstgefühls. Sie sind eine archaische Quelle von Kompetenzüberzeugungen, weil sie Vorstellungen wecken, über Widrigkeiten zu triumphieren. Wenn sich Personen selbst verletzen, beispielsweise mit Rasierklingen schneiden, bis Blut fließt, Hautfetzen abreißen, Nägel kauen oder Haare ausreißen, dann aktivieren sie die primitiven narzisstischen Strukturen des Körperselbst, um Spannungen zu mildern. Der Körper wird zum Sündenbock und Prügelknaben für die subjektive Seite der Kränkung – der Kränkung über die eigene Verwundbarkeit. Selbstverletzungen sind sozusagen begrenzte und kontrollierte Suizide, die in der Beobachtung der Heilungsprozesse konkret etwas leisten, was der Selbstmord nur in der Fantasie leistet: die Wiederherstellung der Grandiosität, wenn z. B. die Selbstobjekte, die an dem Suizid »schuld« sind, beschämt ihre Fehler einsehen.

Umgekehrt ist es für die »stützende« Therapie von großem Wert, sich immer bewusst zu bleiben, wie viele unerschlossene, oft brachliegende Kraftquellen der menschliche Körper in sich birgt. In vielen Fällen ist die Erinnerung daran sehr hilfreich. Wenn eine Kranke völlig verzweifelt um Rat fragt, was sie denn in dieser Situation machen solle, kann es sein, dass sie sich an ihre eigenen Fähigkeiten nicht mehr erinnert. Sobald sie erkennt, dass sie – wie auch immer sie sich fühlt – über alle Ressourcen einer erwachsenen, klugen, in vielen Bereichen lebenstüchtigen Frau verfügt, ist ihr wirkungsvoller geholfen als durch einen an sie herangetragenen Lösungsvorschlag.

Das gilt vor allem für posttraumatische Stressreaktionen, in denen der Wiederaufbau eines positiven Körperbezugs und die Erinnerung an die dauernden Erneuerungsprozesse im Organismus gegen die Fantasie ins Feld geführt werden kann, nach Vergewaltigung oder Folter »für immer« beschämt und beschmutzt zu sein. Wer will, kann diesen schlichten Gedanken mit einigen der Lernforschung abgeschauten Übungen aufrüsten und das Ganze als die »ressourcenorientierte« Therapie der posttraumatischen Störung patentieren lassen.

In einem Roman hat die britische Autorin P.D. James beschrieben, wie ein Vater sechs Stunden nach der Nachricht vom gewaltsamen Tod seiner Tochter tief beschämt feststellt, dass er Tee und Toast genossen hat. Das Körperselbst ist nicht nur eine Quelle von, sondern auch ein Gegenmittel zu Größenfantasien. Es zeigt ihre Grenzen. Der Körper arbeitet zyklisch: Lust und Unlust, Wachen und Schlafen, Essen und Ausscheiden, Einatmen und Ausatmen folgen in ihrem eigenen Rhythmus. Die Größenfantasie arbeitet sozusagen digital, es gibt nur schwarz oder weiß, ja oder nein, gut oder böse, wichtig oder unwichtig.

Diese fanatische Haltung hängt mit der Angst zusammen, nicht wiederzufinden, was nicht festgehalten wird. Der beschämte Vater fühlt sich so, als hätte er das Andenken an seine Tochter verraten; der politische Fanatiker kann kein anderes Thema zulassen als das eigene. In ähnlicher Weise hält in der narzisstischen Krise der Betroffene seine Störung fest. Er darf an nichts anderes denken, er darf sich nicht ablenken lassen, das wäre Verrat an seinem Ideal. Was wichtig ist, darf nicht vorübergehend unwichtig werden, sonst ist seine Bedeutung für immer verloren.

Das Körperselbst steht dem Wunsch nach Beständigkeit des Selbstobjekts im Weg, weil sich die körperlichen Empfindungen dramatisch ändern können. Daher sind Versagen oder Minderung sexueller

Lust in engen, intensiven, von starken Abhängigkeiten geprägten Beziehungen ein Signal der narzisstischen Störung. Wer als Säugling nicht erlebt hat, dass er in homöostatischen Krisen (d.h. in Situationen wie Durst, Angst, Schmerz) verlässlich Kontakt zu einem einfühlenden Objekt gewinnt, dem bleiben tiefe Zweifel, ob jemand da ist, wenn man ihn braucht. Manchmal entwickelt sich eine umgekehrte Dynamik: Je mehr ich jemanden brauche, desto weniger wird er für mich da sein.

Wer sein Körperselbst angemessen mit Liebe »besetzen« kann, ist auch dann geborgen, wenn er allein ist. Wem das nicht gelingt, der gerät in Panik, wenn er die Kontrolle über ein Selbstobjekt verliert, weil er nicht sicher ist, dass dieses wieder für ihn da sein kann. Daher ist es für viele narzisstisch gestörte Kranke eine große Belastung, sich vom Therapeuten zu trennen. Oft gelingt es, diese Belastung insofern zu kanalisieren, als es ausreicht, zu den vereinbarten Terminen jede Woche zuverlässig da zu sein. Aber diese Stabilität ist brüchig und verkraftet z.B. einen Urlaub nicht. Dann reißt der Kontakt ab.

Ich habe einmal eine lange Therapie supervidiert, die nur deshalb weiterging und schließlich erfolgreich abgeschlossen werden konnte, weil der Therapeut nach jeder Ferienpause bei der Kranken anrief und sie daran erinnerte, dass er wieder da sei. Wir glaubten beim ersten Mal, dass es möglich sein müsse, diese Reaktion zu bearbeiten und die Klientin zu überzeugen, das nächste Mal gegen diese Abbruchsneigung anzugehen. Aber es gelang nicht; sie schien einsichtig, verhielt sich aber nach den Ferien wieder genauso. Dann glaubten wir, es hinge mit der Größenfantasie der Kranken zusammen, sich alles merken zu können und keinen Terminkalender zu benötigen. Aber auch der Terminkalender nützte nichts. Sie übersah die erste Stunden nach einer Pause oder dachte nicht daran, in den Kalender zu blicken. Nach jedem dieser Beinahe-Abbrüche versprach sie, es sei das letzte Mal.

Da es nicht gelang, die Klientin zu ändern, änderte sich der Therapeut. Anfänglich zweifelte er an seiner Kompetenz. Warum nur gelang es ihm nicht, diesen Widerstand zu bearbeiten? Einmal hatte er wochenlang gewartet, ob die Klientin nicht anrufen und sich für ihr Ausbleiben entschuldigen würde. Schließlich entschloss er sich, in der ersten nach den Ferien vereinbarten Sitzung nur kurze Zeit zu warten und dann von sich aus den Kontakt aufzunehmen.

Man sollte meinen, dass professionelle Helfer nicht beleidigt sind, wenn ihre Klienten einen Termin versäumen. Aber Kränkungsreaktionen bis hin zum Gegenagieren sind nicht selten. Aus diesem Grund ist es nötig, von Anfang an eine klare Absprache zu treffen, welche die Zusammenarbeit schützt.

Ein Therapeut, der sozusagen seine Zeit vermietet, kann fast immer Verständnis dafür vermitteln, dass diese Zeit auch dann etwas kostet, wenn er auf Grund eines nicht angekündigten Fernbleibens eine Stunde untätig bleiben muss. Daher wird der Klient auch einsehen, dass er in solchen Fällen den Stundenausfall mit einem vereinbarten Honorar ersetzen soll. Dafür hat er Anrecht auf einen Therapeuten, der diese Situation ohne eigene Kränkung untersucht.

Schamreaktionen, dem Klienten »hinterherzulaufen«, wenn dieser nicht kommt, Abbruchsfantasien äußert oder die Behandlung entwertet, verraten nicht bearbeitete narzisstische Bedürfnisse von Therapeuten. Der mit solchen Themen erfahrene Helfer weiß, dass bei narzisstischen Störungen die Entwertung des Helfers ein Signal der abgewehrten Selbstobjektbeziehung ist. Der Therapeut muss sich daran gewöhnen, dass ein solcher Patient ihn nicht mit der elementaren Höflichkeit behandeln kann, die sich in der korrekten Wahrnehmung von Terminen auszudrücken pflegt. Ein beleidigter Helfer aktiviert schließlich *seine* Größenfantasie und überzeugt sich, dass er jederzeit einen »guten« Patienten finden wird, der auf angemessene Weise dankbar und zuverlässig ist.

Die körperliche Gegenwart des Helfers beeinflusst den narzisstisch gestörten Kranken sehr stark, auch wenn jede Berührung außer dem

Begrüßungshandschlag (oder selbst dieser) vermieden wird. Sie aktiviert manche Gefühle und Inhalte; andere gehen verloren. Je ausgeprägter die Selbstobjekt-Qualität der Beziehung, desto stärker wird der Therapeut für alles verantwortlich gemacht, was sich im Klienten während der Pause abspielt. Aber jede Sitzung, in der es gelingt, solche Störungen einzuordnen und in der sich der Therapeut aus jemandem, »der mich nie verstanden hat und nie verstehen wird« zu jemandem wandelt, »der mich doch versteht«, leistet einen kleinen Beitrag zur Festigung der narzisstischen Struktur.

»Sich verstanden fühlen« signalisiert eine Beziehung auf Selbstobjekt-Ebene, die ausreichend idealisiert ist. Wenn sich der Klient dann plötzlich nicht mehr verstanden fühlt, ist ihm diese Idealisierung zerbrochen. Heftige Ängste tauchen auf, die damit zusammenhängen, dass er sich außerstande fühlt, sich verständlich zu machen und sich zu verständigen.

Grenzen

Jede Therapie stößt an Grenzen. Je mehr verschiedene und untereinander konkurrierende Behandlungsmethoden es gibt, desto schwieriger ist es, diese Grenze zu ertragen und nicht nach Möglichkeiten zu suchen, über sie hinaus vorzudringen. Ein besonders schmerzlich anzusehendes Bild bietet etwa der an Krebs erkrankte Naturwissenschaftler, der angesichts seiner Metastasen zu einem afrikanischen Medizinmann reist.

Angesichts eines schweren körperlichen Leidenszustandes wirken solche Fluchten vergleichsweise verständlich. Wir haben schon darauf hingewiesen, wie doppeldeutig die Regression in einer Psychotherapie ist. Sie kann im günstigen Fall zu jener Erweichung und teilweisen Entlastung von neurotischen Festlegungen oder erstarrten Abwehrformen führen, die zu Beginn eines Neuanfangs steht. Sie kann aber auch das Individuum so schwächen, dass es in einen Teufelskreis gerät, in dem es mit realen Rückschritten für einen imaginären Fortschritt zahlt.

Aus diesem Grund erscheinen auch jene Richtungen der gegenwärtigen Therapieszene bedenklich, in denen die therapeutische Theorie an einem solchen regressiven Prozess insofern teilhat, als sie vorgibt, sie würde als »integrative Behandlung« aus den besten Fragmenten aller therapeutischen Schulen eine Supertherapie basteln, die alle Vorteile kombiniert und alle Nachteile ablegt. Sobald eine Methode an eine Grenze stößt, kann man mit einer anderen weiterarbeiten. So hat ein Klient womöglich bereits nach zwanzig Sitzungen den Eindruck, er sei ein hoffnungsloser Fall, weil ihm weder Tiefenpsychologie noch Gestalttherapie, Bioenergetik und hypnotische Rückführung geholfen hätten.
Sehr viel durchdachter, aber nicht weniger problematisch erscheint mir Tilman Mosers These, dass ein einzelner Therapeut die narzisstische Störung nicht »heilen« kann, da er durch die von ihm geforderte Rollenvielfalt – Halt geben, ein Arbeitsbündnis aufrechterhalten, negative Übertragungen auf sich ziehen, ein neues Idealobjekt zu werden – überfordert wird. Daraus leitet Moser die Notwendigkeit einer Funktionsteilung in der Therapie ab, vielleicht weil er die Frage nicht zulassen will, ob »Heilung« in diesen Fällen nicht selbst ein destruktives Ideal wird. Moser lässt seine Klientin sprechen: »Wie finde ich zusätzlich … eine weibliche Therapeutin. Ich will endlich eine Mutter, ich mache mir noch die Beziehung zu den Freundinnen kaputt, weil ich immer das Kind sein will. Ich weiß, dass das dort nicht hingehört. Ich will auch ein Vorbild haben.«[29]
Solche Wünsche sind im Erwachsenenleben nicht erfüllbar. Es wäre Trauerarbeit zu leisten. Um sie zu ermöglichen, muss eine Ambivalenzdebatte geführt werden. Werden der Klientin Möglichkeiten genommen, an disziplinierenden Forderungen zu wachsen, wenn ihrem Wunsch nach reparativer Elternschaft nachgegeben wird? Vermittelt ihr die Erfüllung ihrer Anlehnungswünsche korrigierende Erfahrungen?
Moser stellt die Situation so dar, als sei die Erfüllung regressiver Sehnsüchte ein Weg zu sicheren Erfolgen, während die disziplinierenden Forderungen einer abgrenzenden Methode für Misserfolge

verantwortlich sind. Aber in Wahrheit ist die Lage komplizierter. Die integrative Wunscherfüllung kann ebenso zu einer Verschlechterung führen, wie die orthodoxe Disziplinierung zu einer Besserung. Der grandiose Heilungserfolg, den wir aus einem narzisstischen Defizit heraus herbeiwünschen, ist auf keinem Weg zu erreichen. Ihn unbedingt anzustreben, verkörpert das Problem und vermeidet eine mögliche Lösung.

Ein Therapeut, der viele Methoden integriert und sich intensiv in immer erneuten Selbsterfahrungen bemüht, möglichst alle Bedürfnisse nach Bestätigung und Kompetenzerweiterung zu befriedigen, gibt und nimmt seinen Klienten etwas; der Therapeut, der sich stets im Rahmen einer kohärenten und disziplinierten Methodik bewegt, gibt ebenfalls etwas und nimmt etwas.

In der mir vertrauten Form der analytischen Psychotherapie wird auf körperliche Berührung verzichtet. Ich halte das für eine ökonomische Lösung und bin von ihrem Wert so überzeugt, dass ich nicht mehr mit anderen Modellen experimentiere, was ich früher in Therapie- und Selbsterfahrungsgruppen getan habe. Mir scheint, dass ein rein verstehender und verbaler Zugang auch einen immensen Schutz vor Verwirrung darstellt, während das Angebot von und der Umgang mit Berührung vielleicht die therapeutischen Möglichkeiten erweitert, sicher aber auch neue Probleme schaffen kann.

Indem der Therapeut Abstand hält, fördert er die Selbstständigkeit und die Einsicht des Kranken. Er greift nicht in ihn ein, sondern er versucht, Vorschläge mit ihm zu erörtern und die letzte Entscheidung nicht für den Kranken, sondern mit ihm zu treffen.

Ähnlich vielschichtig ist das Problem der Verbindung von Psychotherapie und Psychopharmaka. Wenn ein Helfer selbst die Psychopharmaka verschreibt, deren Wirkung dann enttäuscht, kann er diese Situation besser bearbeiten, solange er auch für die Psychotherapie zuständig ist. Das Pendeln des Kranken zwischen verschiedenen Helfern verwirrt oft alle Beteiligten. Solange diese Helfer professionell vorgehen, lässt sich die Situation noch handhaben. Wenn aber beispielsweise ein »biologisch« denkender Arzt, der Psycho-

therapie entwertet und Psychopharmaka für die einzig sinnvolle Behandlung hält, von einem Psychotherapiepatienten konsultiert wird, haben es die Kranken schwer, sich noch zurechtzufinden.
Medikamente und Operationen sind ebenso wie die heute mögliche, aufwändige Diagnostik eine zweischneidige Sache. Sie helfen, wo ohne sie keine Hilfe möglich wäre, und sie berauben, wo ohne sie die Selbstheilungskräfte triumphieren würden. Wer auf alle medizinischen wie psychotechnischen Eingriffe oder Manipulationen verzichtet, um immer die seelische Situation im Auge zu behalten und die seelischen Bewältigungsmechanismen des Kranken zu fördern, erreicht oft viel mehr, als die Beteiligten zunächst erwartet haben.

Überschlafen Sie das!

Man muss nicht Therapeut sein, um den *common sense* in diesem Satz zu finden. Aber die Narzissmusforschung erkennt in ihm ein Grundprinzip der stützenden Therapie. Eine typische Folge der narzisstischen Kränkung ist der Wunsch, in die Welt vor dieser Kränkung zurückzukehren, diese ungeschehen zu machen, die Zeit zurückzudrehen oder zumindest alle künftigen ähnlichen Kränkungen ein für alle Mal zu verhindern.
Diese Impulse sind von primitiven Wut- und Zerstörungsfantasien begleitet. »Macht kaputt, was euch kaputt macht!« Der Beleidigte ist Richter und Henker in einem, er kann sich nicht in die einfühlen, die ihn kränken, nur in die eigenen Empfindungen von »verlorenem Gesicht«, Scham und Schuld.
Rachewünsche können Menschen verrückt machen. Sie müssen alle Kräfte aufbringen, um Impulsen nicht nachzugeben, die diesem Auslöschen der Kränkung in einem geistigen Kurzschluss dienen:

1. Sofortige, blindwütige Zerstörung.
2. Den Boten für die Botschaft strafen.
3. So tun, als ob nichts (gewesen) wäre.

Die Verdrängung ist für den traumatisierten Menschen so wichtig wie die Blutgerinnung für die Wundheilung. Ähnlich wie es einen Kranken schadet, wenn Blut an der falschen Stelle gerinnt, schadet Verdrängung an der falschen Stelle sehr. An der richtigen Stelle ist sie unentbehrlich.

Die oben angesprochenen Reaktionen – Wut, Rache, Verdrängung – sind biologisch sinnvoll. Sie drücken einen engagierten, manchmal verzweifelten Versuch aus, eine Quelle traumatischer Kränkungen zu beseitigen. Wer sich bedroht, vergewaltigt, gefoltert findet, wird in der Wahl der Mittel nicht wählerisch sein, diese Verletzungen seines Selbst zu beenden.

Es gibt eine Beobachtung aus der Ökologie, die uns viel über die Kränkungsverarbeitungen lehrt und vielleicht (nach den Gedanken der Chaosforschung) auch ähnlichen Prinzipien gehorcht. Ein Fluss hat eine bestimmte Selbstreinigungskraft. Werden Abwässer hineingeleitet, dann ist das Wasser einige Kilometer flussabwärts wieder sauber. Übersteigt aber die Menge oder die Beschaffenheit dieser Schmutzbelastung die Selbstreinigungskraft, dann kippt der Fluss um, d.h. er kann jetzt selbst jene Abwassermengen nicht mehr säubern, die er früher problemlos bewältigte. Ähnlich kann die menschliche Psyche eine gewisse Kränkungsmenge verkraften. Wir sind beleidigt, verzweifelt, fühlen uns ungerecht behandelt, benachteiligt, verschmäht, entwertet. Wir schlafen drüber, und am nächsten Morgen schmeckt uns das Frühstück, die kränkende Situation taucht zwar auf dem Weg in die Arbeit kurz wieder auf, aber es fällt leicht, uns abzulenken.

Der Schlaf ist sozusagen die zyklische, in unserem Organismus gespeicherte Gestalt der Verdrängung. Wenn wir schlafen, verschwinden Kränkungen so gut wie Triumphe – und weil sie verschwinden, kann sich die Erlebniswelt im Erwachen auch neu ordnen. Je eingreifender eine Traumatisierung, desto massiver ist auch der Einbruch in den Schlaf. Während Träume sonst der Wunscherfüllung dienen und Tagesreste szenisch gestalten, werden Traumatisierte von Albträumen heimgesucht, Zwangserinnerungen an die Szenen der Verletzung und der auf sie folgenden Reaktionen von Scham, Schuld, Angst und Entwertung.

Der Schlaf ist wie andere elementare körperliche Bedürfnisse – Essen, Trinken, Atmen, Zärtlichkeit, Sexualität – ein wesentliches Element der »stützenden« Therapie. Die Selbstheilungsvorgänge des Organismus bieten jedem ernsthaften Therapeuten Orientierung. Wer sie nicht ausschöpft und ihnen, wo immer möglich, den Weg frei räumt oder ihre Tätigkeit unterstützt, der hat das Entscheidende in dieser Arbeit nicht begriffen.
Wenn Therapeuten unsicher werden, ob sich der Zustand eines Klienten nicht dramatisch verschlechtern könnte und gar eine psychotische Krise droht, gibt es ein relativ einfaches Mittel, zwischen gefährlichen Regressionen und solchen Entwicklungen zu unterscheiden, die noch innerhalb der psychischen Erholungskräfte ablaufen. Wenn die Kranken einigermaßen schlafen, darf ein Therapeut seine Alarmgefühle noch einmal in aller Ruhe überprüfen. Wenn sie aber einige Nächte lang gar nicht mehr schlafen, müssen wir uns überlegen, ob nicht ein stärker schützender Rahmen notwendig ist. Das können Medikamente sein, welche es dem Kranken erlauben, wieder abzuschalten, oder ein Aufenthalt in einer stützenden Umgebung. Solche Umgebungen sind freilich oft nicht leicht zu finden. Ein Kranker kann seinen letzten Stolz darin finden, dass er bisher selbstständig lebte. Dann hört er im Vorschlag, ein Krankenhaus aufzusuchen, nur die beschämende Niederlage.
Um zu akzeptieren, dass psychische Leiden ebenso ernst zu nehmen und mit gleicher Aufmerksamkeit und Schonung in den entsprechenden Einrichtungen zu behandeln sind wie Infektionen oder Tumore, muss jemand über recht gute Möglichkeiten verfügen, seine Größenfantasien zu kontrollieren. Wer das nicht kann, redet so lange verächtlich und hochtrabend über andere, die verrückt sind, und über die Irrenhäuser, in die sie gehören, bis er selbst nicht mehr weiter weiß.
Immer wieder werden wir in der Arbeit mit narzisstischen Störungen diesem Dilemma der Klienten begegnen. Je elender sie sich fühlen, je stärker bedroht, desto größer möchten sie scheinen, desto weniger bedürftig und angreifbar. Eine der Metaphern, mit denen sich manchmal der Humor der Betroffenen wecken lässt, ist die Ge-

schichte von der mittelalterlichen Stadt, die angesichts größter Not unter einer Belagerung den letzten Braten, das Schwein der Bürgermeisterin, in die Reihen der Angreifer schleudert, in der Hoffnung, dass diese jetzt aufgeben, weil nur viel Proviant haben kann, wer so verschwenderisch handelt.

Insgesamt unterschätzen Therapeuten fast immer die Bereitschaft narzisstisch gestörter Menschen, mit ihnen zusammenzuarbeiten und auch dann zurückzukommen, wenn sie empört über die Zumutungen einer Auseinandersetzung mit ihrer gesteigerten Kränkbarkeit aus einer Sitzung gelaufen sind. Der Beitrag der Therapeuten zu Behandlungsabbrüchen hängt oft damit zusammen, dass diese selbst zu sehr auf Anerkennung und Bestätigung angewiesen sind und schließlich die Geduld für Verhandlungen verlieren.

Forschen und heilen

Wer sich in die Dynamik der narzisstischen Störung vertieft, gewinnt immer mehr Achtung vor ihren beiden Aspekten: der menschlichen Verletzlichkeit *und* der menschlichen Fähigkeit, Traumen zu verarbeiten. In einer Lebensgeschichte verflechten sich beide Themen: Die Versuche, Verletzungen auszugleichen, schaffen neue Verwundungen.

Die Analyse des Systems, mit dem vielfach traumatisierte Menschen ihr Selbstgefühl stützen, ist eine faszinierende Aufgabe. Manchmal wird allein durch die Begleitumstände dieser Untersuchung das Trauma neu belebt. Dann kostet es Mühe, das Wechselbad der Emotionen, Idealisierungen und Entwertungen zu ertragen, die in dem Kranken mobilisiert werden, ehe er die Therapie als hilfreiche Erfahrung annehmen kann.

Die Möglichkeit, auch in der »stützenden« Therapie Forschung und Heilung zu verknüpfen, scheint mir sehr wichtig für die Psychohygiene des Helfers. Er gewinnt auf diese Weise immer wieder neue Gesichtspunkte und kann in seiner professionellen Entwicklung Burnouterscheinungen verhindern.

Vom Umgang mit seelischen Verletzungen

Unter den Geologen des 19. Jahrhunderts gab es den Streit zwischen den Katastrophen- und den Entwicklungstheoretikern. Die ersten erklärten sich die Entstehung der Erde aus Vulkanausbrüchen, Sintfluten und ähnlichen dramatischen Ereignissen. Die anderen betonten die schrittweise, unmerkliche Entwicklung, durch die der Wassertropfen den Felsen höhlt und die vom Wind gegen den Stein geschleuderten Sandkörner dessen Form zurechtschleifen.

Einen ähnlichen Streit trugen und tragen die Psychologen im 20. und beginnenden 21. Jahrhundert aus. Sind es traumatische, massiv eingreifende Ereignisse, welche die menschliche Entwicklung prägen, oder aber viele sich in gleicher oder ähnlicher Weise wiederholende Mikroprozesse? Man geht wohl nicht fehl, wenn man diese Alternative durch ein einfaches »Ja!« entkräftet: Natürlich sind es immer beide Ereignisse, das große Trauma und die Kette der kleinen Traumen, das einschneidende, punktuelle Ereignis und die allmähliche, unmerkliche Richtungsveränderung. Der Tod eines Elternteils, eines Geschwisters, ein Unfall, sexueller Missbrauch, ein Umzug, eine Erkrankung, ein Verbrechen können ein Leben aus seiner Bahn schleudern; winzige Erfolgs- oder Misserfolgserlebnisse, die sich in Familie, Schule, Ausbildung aneinander reihen, vermögen das ebenso gut zu tun. Auch wenn wir im Nachhinein wichtige Ereignisse in unserem eigenen Leben reflektieren, hängen wir manchmal an Einzelsituationen, manchmal an einem Gleichmaß von Wiederholungen, von prozesshaften Einflüssen.

Jeder Therapeut macht Fehler; die besten Erfolge hat jener, der sowohl möglichst wenige Fehler macht wie auch die Fehler, die er begeht, möglichst bereitwillig erkennt, erträgt und gutzumachen versucht. Beides ist nicht leicht zu vereinbaren, aber wir kommen vermutlich anders nicht zum Ziel.

Wenn eine stark übergewichtige Kranke mit Kontaktstörungen und Depressionen einen Therapeuten aufsucht, kann dieser (gemäß dem Vorschlag von Kernberg) von ihr verlangen, erst ihr Übergewicht abzubauen und dann eine Psychotherapie zu beginnen. Wenn sich die Kranke dazu bereit findet, lassen sich die psychischen Probleme erheblich besser bearbeiten. Wer jemals in diesem Feld gearbeitet hat, weiß nur zu gut, wie undurchdringlich ein Fettpanzer sein kann. Aber viele Kranke werden diesen Vorschlag empört zurückweisen und ein Stück ihrer Therapiemotivation einbüßen. Sie haben um etwas anderes nachgefragt: um eine Therapie, die ihre Ängste und ihre Abwehr respektiert. Die Lage ist so beschaffen, dass der Therapeut in beiden Richtungen schaden kann. Er kann den Klienten durch zu hohe Forderungen demotivieren und abschrecken. Aber er kann ihn auch durch zu geringe Forderungen in seinen destruktiven Abwehrmanövern (Essstörungen, Süchte, Perversionen, ausbeuterisches Verhalten) belassen.

Darüber hinaus sollte der Therapeut kein Automat sein, der auf Grund seiner diagnostischen Schubfächer urteilt, wer jetzt psychologisch behandelt werden kann und wen er mit Medikamenten abspeist oder zur Abspeisung überweist. Ich drücke mich absichtlich umgangssprachlich aus, weil diese Probleme in der elaborierten Abwehrsprache der Psychiatrie zu Indikationen werden und auch die in ihrer Praxis zynischen Medikamentierer stets Lippenbekenntnisse zur unterstützenden Psychotherapie leisten.

Ebenso wie das oben angesprochene Problem der Auflagen vor einer Therapie (Alkoholentzug, Drogenabstinenz, Abnehmen bei Adipositas, Zunehmen bei Magersucht) ist auch das Problem der Gabe von Medikamenten oder Privilegien (Einkommen ohne zu arbeiten, Frührente) nicht lösbar. Es wird immer Fälle geben, die durch rechtzeitige Medikation profitiert hätten, ebenso wie solche, die durch voreilige Medikation geschwächt und gekränkt wurden. Wir werden immer einmal zu nachgiebig sein und uns ärgern, weil wir viele Stunden ohne Honorar für einen unzuverlässigen Menschen gearbeitet haben, der uns seine Insolvenz verschwieg, ein anderes Mal vielleicht zu hart, weil wir uns einfach nicht vorstellen können, mit noch einem schwer gestörten Menschen zu arbeiten. Die Vorstellung des Therapeuten, er könne hier exakt arbeiten, beruht nicht auf seinem Realitätssinn, sondern auf einer Größenfantasie, die freilich

meist deshalb nicht wahrgenommen wird, weil sie Teil der sozial anerkannten und weit verbreiteten Größenfantasie einer technischen Machbarkeit der menschlichen Existenz ist.
Wenn wir ein Problem als unlösbar annehmen, sind wir bereit, eigene Fehler als selbstverständlich und unvermeidbar anzunehmen und immer danach zu streben, sie zu erkennen und den Schaden zu verkleinern, den wir durch unsere zwangsläufigen Irrtümer verschulden. Dann werden wir nach wie vor mit Kollegen kooperieren, die in eine andere Richtung gehen, und mit Klienten arbeiten, die anderer Meinung sind als wir. Wenn wir uns hingegen einbilden, wir Experten hätten die Situation im Griff, dann schaden wir unseren Klienten mehr als notwendig und verlieren die Realität aus dem Blick, um unser Größenselbst zu stützen.

Kitsch

Der Leiter einer Klinik, ein Nervenarzt von einigem Ruf und großem politischen Einfluss, sagte mir, als ich ihm erzählte, ich sei neben dem Beruf, in dem er mich kennen lernte, auch Psychoanalytiker, mit Psychoanalyse habe er seine eigenen Erfahrungen. Er habe als junger Arzt eine entsprechende Ausbildung angestrebt, sei auch zugelassen worden und habe sich mehrere Jahre in Lehranalyse begeben. Er habe alles korrekt absolviert, aber er sei dennoch von der Analyse enttäuscht und habe sie später ganz aufgegeben, um sich der kognitiven Verhaltenstherapie zuzuwenden.
Ich fragte ihn nach dem Grund seiner Enttäuschung. »Einmal wollte ich es endlich genau wissen«, berichtete er. »Ich fragte meinen Analytiker, wie er denn zu mir stehe. Ob er mich möge oder nicht. Da sagte er: ›Ich arbeite gern mit Ihnen!‹ Seither habe ich ihn nie wieder etwas gefragt.«

Die Antwort hat eine eigenartige Qualität. Weshalb wird gesagt, was selbstverständlich ist? Der Analysand fragt ja nicht, weil er zweifelt, dass der Analytiker gerne mit ihm arbeitet. Er fragt, *weil* er das genau spürt und weiß. Es ist eben dieses Wissen, das ihn verunsichert. Es kann sogar sein, dass er etwas wie eine erotische Verführung spürt, einen Sog, der ihn anzieht, aber auch Ängste weckt, fallen gelassen zu werden, wenn er ihm zu weit nachgibt.

In dieser Situation will er es genau wissen. Der bedrängte, in eigenen homosexuellen Fantasien ertappte Analytiker (so meine Unterstellung) hält nicht stand, er schweigt nicht, um diese Frage aufzunehmen und abzuwarten, wie weit der Analysand in ihrer Erforschung kommt. Er deutet auch nicht, er erkundigt sich nicht nach der Entstehung, sozusagen dem Wachstum dieser Frage im Analysanden (Weshalb kommt sie jetzt? Weshalb nicht schon früher?). Er kann sich nicht anders zur Wehr setzen, als durch den Abwehrmechanismus des Kitsches: der übertriebenen Darstellung des ohnehin emotional gründlich Bekannten, die nichts Neues erschließt und keinen kreativen Impuls freisetzt.

Mehr als die Arznei heilt das Vertrauen in den Arzt …

Seit sich Alexander Mitscherlich grimmig fragte, ob die an der Leiche beginnende Ausbildung künftiger Mediziner für deren Einfühlungsarmut und Ignoranz in psychologischen Dingen verantwortlich sei, hat sich das Studium verändert. Medizinische Psychologie ist zum Pflichtfach geworden. Wer aber mit Klienten spricht und eigene Erfahrungen mit Ärzten auswertet, kann nicht feststellen, dass sich die Lage gebessert hat. Nach wie vor verlassen viele Patienten die Arztpraxen zwar körperlich untersucht und medikamentös versorgt, seelisch aber verstört, gekränkt und verwirrt.

Ich will hier Szenen aus der Behandlung einer Klientin schildern, die seit vielen Jahren gelegentlich meine Hilfe in seelischen Krisen sucht:

> *Die Klientin hat ein schweres Schicksal durchlebt, das wir anfangs in einer regelmäßigen analytischen Psychotherapie teilweise bearbeitet haben.*

Ihr Vater war im Krieg gefallen. Die Mutter musste sie und ihre beiden Schwestern allein versorgen und entwickelte sich zu einer zupackenden Geschäftsfrau, die den ererbten Familienbetrieb leitete. Als die Klientin noch ein Kind war, starb eine ihrer Schwestern an Leukämie. Die Mutter sprach nie darüber mit ihren Kindern. Sie erwartete, dass diese durch Zuversicht und gute Leistungen das Gefühl aufrechterhielten, es gehe alles gut weiter. Die Klientin war ein »dickes liebes Kind«, nahm während ihrer Verlobung dramatisch ab und kann seither ihr Gewicht halten.
Sie bekam drei Kinder und suchte therapeutische Hilfe, weil sie sich durch Panikattacken daran gehindert fühlte, wieder eine Berufsarbeit aufzunehmen. Es gelang, diese Ängste zu überwinden, einen Teil der frühen Belastungen aufzuarbeiten und der Klientin zur Rückkehr in den Beruf zu verhelfen. Die Kriseninterventionen später betrafen heftige Angstzustände, die mit Gesundheitskrisen ihrer Angehörigen zusammenhingen.
Zuerst erkrankte die verbliebene Schwester an Krebs und starb nach einigen Monaten. Dann wurde bei ihrem Ehemann ein Hautkrebs erkannt, der sich als operabel erwies. Schließlich erkrankte eines ihrer Kinder an einem Tumor, der sich zwar als gutartig herausstellte, aber der Mutter den Eindruck vermittelte, sie sei von Gefahren umzingelt. Ihre Ängste kreisten immer wieder um das Thema, nicht genügend getan, etwas übersehen, den richtigen Arzt nicht rechtzeitig aufgesucht zu haben.
Nachdem ihre Angehörigen wieder gesund waren, verschwanden auch die Ängste. Nach acht Jahren kam es erneut zu einer Krise, die diesmal die Gesundheit der Klientin selbst betraf. Sie hatte seit vielen Jahren so genannte »kalte Knoten« in der Schilddrüse, die sich nicht veränderten und ihr auch keine weiteren Beschwerden machten, die sie aber regelmäßig untersuchen ließ. Anlässlich einer solchen Untersuchung bei einem Internisten, mit dem ihre Familie seit vielen Jahren

befreundet war, äußerte die Klientin ihre Sorge, selbst an Krebs zu erkranken.

Der Internist veranlasste daraufhin eine aufwändigere Diagnostik bei einer radiologischen Kapazität, die zu dem Rat führte, vorbeugend die Knoten operieren zu lassen. An der folgenden Auseinandersetzung zerbrach die Freundschaft zu dem Internisten, die Klientin fühlte sich von ihm verraten und unverstanden.

Sie suchte jetzt mehrere Ärzte auf, wobei sie der Rat, nichts zu unternehmen und die Knoten weiter zu beobachten, einerseits beruhigte und anderseits an der Fähigkeit der betreffenden Ärzte zweifeln ließ. Sie schlief immer schlechter und fürchtete, den Verstand zu verlieren. In diesem Zustand kam sie zu mir. Wir rekonstruierten in einigen Stunden, dass der Anlass ihrer Panik der Verlust des lange Zeit vertrauten Arztes war, der sie immer beruhigt hatte.

In dem Augenblick, als sie ihre Krebsphobie äußerte, hatte er sie subjektiv dem »bösen« Medizinsystem ausgeliefert, das sie verstümmeln und ihr dasselbe Schicksal bereiten wollte wie ihren Schwestern. Es entlastete die Klientin sehr zu sehen, dass sie diese Szene selbst geschaffen hatte, indem sie den Arzt mit ihren Ängsten konfrontierte und ihn dadurch so verunsicherte, dass er – vermeintlich zu ihrer, in Wahrheit zu seiner eigenen Beruhigung – die Intensivierung der Diagnostik veranlasste.

Genauere Analyse dessen, was der Radiologe gesagt hatte, ergab nun, dass dieser ebenfalls nicht von einer unerlässlichen Operation angesichts eines positiven Befundes gesprochen hatte, sondern seine aufgeregte Klientin durch den Vorschlag einer Exzision der verdächtigen Knoten »beruhigen« wollte. Das Risiko, dass es sich um etwas Bösartiges handle, war auch nach seiner Auskunft minimal, aber sehr im Gegensatz zu den Emotionen der Klientin äußerte er die Ansicht, der Eingriff sei harmlos, man dürfe doch nichts versäumen, wenn sie ihn vornehmen lasse, dann hätte sie Ruhe.

Diese Nonchalance derer, die schneiden, gegenüber den Geschnittenen ist häufig. Der Betrachter verängstigter Klienten hat den Eindruck, dass im Medizinsystem die Überlegung keine große Rolle spielt, ob ein Eingriff die emotionalen Kosten aufwiegt, wenn er nur einen winzigen Gewinn an diagnostischer Sicherheit verspricht. Sehr häufig orientieren sich die Mediziner an dem Motto »Was gut ist für General Motors, ist gut für Amerika«, d.h. was *ihre* Sicherheit mehrt, dient auch dem Klienten. Auch wenn sie keinen materiellen Gewinn haben, selbst wenn sie angesichts der Budgetierungen durch ein Übermaß an Diagnostik und Therapie selbst Schaden leiden, vernachlässigen die meisten Ärzte iatrogene Schäden zugunsten eines absoluten Glaubens an den Segen der medizinischen Aktion.

Niemand wird widersprechen, wenn gesagt wird, dass es zur medizinischen Professionalität gehört, möglichst viele Gefahren vorauszusehen und dort, wo Gegenmaßnahmen sinnvoll sind, solche vorzubereiten. Aber die Ärzte tun sehr häufig etwas ganz anderes: Sie sind nicht umsichtig und gründlich, sondern sie suchen ihre Klienten durch ihre Umsicht und Gründlichkeit zu beeindrucken. Und gerade dieser Mechanismus treibt die Klienten der esoterischen Heilpraxis in die Arme. Diesen Prozess konnte ich angesichts der nächsten Krisenintervention bei der oben beschriebenen Klientin verfolgen.

> *Die Klientin hatte sich durch meine in wenigen Stunden abgeschlossene Untersuchung dessen, was die Ärzte wirklich gesagt hatten, wieder vollständig beruhigt, ließ sich nicht operieren, sondern in regelmäßigen Abständen untersuchen.*
>
> *Die Beziehung zu ihrem Internisten ließ sich nicht wieder kitten, sie konnte ihm die Panik, die sein gut gemeinter Vorschlag ausgelöst hatte, sich doch gründlicher als er es könne untersuchen zu lassen, nicht verzeihen.*
>
> *Eine Freundin schickte sie zu einem Heilpraktiker, der mit großer Überzeugungskraft verkündete, von seinen Klienten sei noch keiner an Krebs gestorben, und wer sich den Körper*

mit Müll vollstopfe, müsse sich nicht über Krebs wundern, seine Diät aber garantiere absoluten Erfolg. Er selbst habe Medizin studiert, sei Hochleistungssportler gewesen und habe vergeblich Hilfe bei naturwissenschaftlich ausgebildeten Ärzten gesucht, um seine Gelenkverletzungen auszukurieren. Erst chinesische Medizin und strenge Diät habe geholfen; seither sei er nie mehr krank, habe sein Studium abgebrochen und sei Heilpraktiker geworden.

Meine Klientin fühlte sich wie erlöst. Die Diät – Obst und Gemüse, kein Fleisch, keine Milchprodukte – fiel ihr schwer, aber sie konnte jeden Tag etwas gegen ihre Angst tun. Der Heiler massierte ihren Hals und fuhr mit einem von ihm konstruierten Gerät, das angeblich tausendmal besser und schneller wirkte als Akupunkturnadeln, über alle möglichen Körperstellen. Sie fuhr jede Woche zu ihm, legte Bargeld abgezählt auf den Tisch, ließ sich behandeln und beruhigen; jedes Mal gab es eine andere Geschichte über seine Wundertaten.

Irgendwann war er verschwunden, hatte seine Praxis nach Mallorca verlegt, manche Klientinnen wussten etwas von einem drohenden Streit mit deutschen Behörden, ob Gesundheitsamt, Steuerfahndung oder beide, war nicht klar. Sie fühlte sich jetzt sehr allein und entschloss sich, ihre Schilddrüse wieder kontrollieren zu lassen; der Glaube an den schützenden Heiler war mit ihm verloren gegangen.

Sie suchte sich wieder einen Internisten, ihre Frauenärztin hatte ihn ihr empfohlen, er hatte die notwendigen Geräte, um selbst die Diagnostik zu machen, die bisher der Radiologe leistete. Er war gründlich und freundlich und sagte beruhigend, auch er würde sich wegen dieses Befundes nicht operieren lassen.

Sie war beruhigt. Der neue Internist schlug vor, sie durchzuchecken. Sie willigte ein. Es ergaben sich ein zu hoher Blutdruck und Verdacht auf Diabetes. Der Internist empfahl einen Versuch mit Betablockern und eine weitere Untersuchung, um den Diabetesverdacht abzuklären. Jetzt geriet die Klientin wieder in Panik und rief mich an. Sie fürchtete, wenn sie einmal die empfohlenen Betablocker nehme, für immer von ihnen abhängig zu werden; sie hätte bisher einen eher niedrigen Blutdruck gehabt, es sei die Aufregung durch die Untersuchung, welche den Wert in die Höhe treibe, sie wolle mehr Sport machen. Der Arzt ließ sich von seinem Medikament nicht abbringen und behauptete, die Betablocker seien gut gegen die Panik, in die sie so leicht gerate, und dem Schlaganfall sei es egal, ob die Blutdrucksteigerungen durch Aufregung verursacht seien oder durch eine organische Veränderung.

Die Klientin berichtete, sie habe den Arzt angebettelt, sie doch vor den Betablockern zu verschonen. Dieser habe sich endlich erweichen lassen und gesagt, sie solle ihre Werte zu Hause regelmäßig kontrollieren.

In der Analyse dieser Szene fiel auf, wie kindlich die Klientin – eine erfolgreiche, durchsetzungsfähige Frau – mit ihren Ärzten umging. Diese Situation schien immer wieder einer Neuinszenierung ihrer Traumen zu dienen: dem Verlust der Schwestern, der Gefahr für ihre Familie. Der Arzt wurde in dem bewussten Wunsch nach Entlastung von den hypochondrischen Befürchtungen aufgesucht; unbewusst stellte sich jedoch immer wieder eine Bestätigung eben dieser Ängste ein.

Die Panik richtete sich auf das Wohlergehen der Klientin, nachdem ihre nahen Angehörigen entweder verstorben oder genesen waren; es gab gegenwärtig niemand außer ihr selbst, um dessen Gesundheit sie sich sorgen konnte. Diese unbewusste Disposition, das Krebs-Trauma ihrer Familie zu re-inszenieren, wurde nun durch die charakteristische Umgangsform der Mediziner stimuliert. Die Ärzte verstanden die Ängste der Klientin nicht und schritten zu einer aufwändigen Diagnostik, um ihren irrationalen Befürchtungen die Grundlage zu entziehen. Aber eben dieser Weg verstärkte die Ängste.

Sie verschwanden vollständig, als die Klientin für kurze Zeit einen Magier fand, der ihr die von ihr so ersehnte absolute Sicherheit versprach: Wer ihm folgte, war vor allen Leiden geschützt, außer den (nicht geringen), die seine Kur erforderte. Sobald der Schamane aus ihrem Leben verschwunden war, stellte sich das vorherige Muster schnell wieder her. Die Diät verlor vollständig an Zauber, sobald der neue Internist festgestellt hatte, sei führe zu einer Mangelernährung und sei keine Dauerlösung. Diese Distanz zu dem Wunderheiler blieb bestehen, auch als sich die Beziehung zu dem neuen Internisten trübte.

Es liegt nahe, gegen den Therapeuten an dieser Stelle einzuwenden, seine Kur habe die Klientin nicht wirklich von ihren Ängsten befreit, sondern nur Abhängigkeit von idealisierten Objekten hergestellt. Nun kann ich zu meiner Rechtfertigung sagen, dass diese Abhängigkeit selbstverständlich bearbeitet wurde und die Klientin auch viel von dieser Dynamik verstanden hat. Auf der anderen Seite ist der Anspruch, durch Einsicht völlige Heilungen zu erzielen, eher dem Ich-Ideal als der Vernunft zuzuordnen.

In der Tat war es immer wieder meine Klientin, die von sich erwartete, durch die während der letzten Krisenintervention erzielten Einsichten für alle Zukunft gegen Neuinszenierungen ihrer Traumatisierungen gefeit zu sein. Ich versuchte, ihre Ängste davor, der Panik noch einmal zu begegnen und sich noch einmal Hilfe zu holen, zu mildern. Denn wie alle Traumatisierten hatte meine Klientin die Fähigkeit teilweise eingebüßt, zwischen kleinen Problemen und Katastrophen zu unterscheiden; sie war aber dankbar und entlastet, wenn ihr glaubwürdig aufgezeigt wurde, dass – um den Ausgang der Debatte über den Bluthochdruck zu erläutern – Betablocker kein Suchtgift sind und jede Klientin jederzeit das Recht hat, ein Medikament, das sie nicht mehr als hilfreich erlebt, wieder abzusetzen. Es sei wahrhaftig ein kleines, in ihrem Alter harmloses Gesundheitsproblem, mit dem wir uns hier beschäftigten, nicht die von ihr aus so verständlichen Gründen wieder imaginierte Katastrophe. Was sie wünsche, aber auf Grund ihrer Klugheit auch als illusionär durchschaue, sei ein naturwissenschaftlicher Heiler mit der Sicherheit des

Schamanen. Was sie finden könne, sei Partnerschaft mit ihren Ärzten, nicht kindliche Unterwerfung oder rebellischer Trotz.
Das Modell der »abgeschlossenen« Therapie scheint mir mit einigen anderen Modellen verknüpft: einer definitiv errungenen Identität, einer einmal erworbenen und dann beibehaltenen Berufsrolle, einer normalen Persönlichkeit, die alle anstehenden Probleme bewältigen kann.

Die Übertragung in der »stützenden« Therapie

Die Beziehungsform, welche Freud die »positive Übertragung« genannt hat, ist ein Filz aus Idealisierung, Arbeitsbündnis, Kindheitsmustern, realer Freundschaft und erotischer Faszination, in der Menschen frühere Verletzungen aufzulösen wünschen und neue Verletzungen zumindest vorbereiten. Es ist auch in einer »großen« Psychoanalyse nur selten möglich, die Fasern dieses Gewebes säuberlich auseinander zu kämmen. Die Analyse der Übertragung ist ein Ideal. Sie ist eine emanzipatorische und intellektuell fesselnde Vorstellung, ein wunderbares Anregungsmittel, Menschen besser kennen zu lernen und zu verstehen. Sie ist ein großer wissenschaftlicher Schritt, der bis in die Gegenwart von Rückschritten bedroht ist.
Freud hat erkannt, dass es sich bei der Beziehung zwischen Therapeut und Klient nicht um etwas Einheitliches handelt, wie es die Vertreter des »Rapports« in der Hypnose behaupteten und ihre Nachfolger bis heute zu glauben scheinen. Um sich gegen sie durchzusetzen, hat er behauptet, es sei möglich, dieses Gemenge zu entwirren und und seine Fäden zurückzuverfolgen.
Die »stützende« Therapie sorgt sozusagen dafür, dass der Klient möglichst passende und für ihn nützliche Dinge aus diesem Filz bekommt. Wenn das der Fall ist und er Zeit und Raum für eine gründlichere Forschung hat, wird er auch anfangen, sich für die Zusammensetzung des Filzes zu interessieren und Unersetzliches über seine Geschichte und seine gegenwärtige Situation lernen. Aber dazu ist es notwendig, dass er sich erst einmal gut versorgt fühlt; wenn

er friert oder ihn sein Kostüm zwickt, ist es wichtig, dass er diese Erfahrungen nicht dauerhaft und unbelehrbar dem bösen Willen seines Therapeuten zuschreibt.

Wer optimistisch den komplexen Erscheinungen der menschlichen Psyche nachforscht, spricht häufig von ihrer »ganzheitlichen« Qualität. In der Psychologie hat es eine eigene »Schule« der Ganzheits- und später Gestaltpsychologen gegeben, welche sich an dem Motto vom Ganzen orientierten, das mehr ist als die Summe der Teile. Das ist, wie gesagt, eine optimistische Formel. In Wahrheit gleicht das Ganze der Psyche einem Filz.[30]

Filz unterscheidet sich aus größerer Entfernung nicht von einem Gewebe oder einem geknüpften Teppich. Näher betrachtet, erkennen wir einen wesentlichen Unterschied. Ein Gewebe können wir im Prinzip in einzelne Fäden auflösen; einen Filz nicht. Wer Schutz vor Wind, Regen und Kälte braucht, ist sehr froh um seinen Filz. Ähnlich sind die guten Beziehungen, die sich alle Menschen wünschen und viele auch haben, so beschaffen, dass es sinnlos wäre, nun die einzelnen Fasern von Egoismus, Altruismus und Narzissmus aufspüren zu wollen. Der Nutzen für das eigene Ich und der Nutzen für den Freund, der Beitrag zur Festigung des eigenen Selbstgefühls und zum Schutz vor Hunger und Kälte gehen ineinander über und werden nicht unterschieden.

Ich hoffe, den Leser mit diesem Exkurs ins Stoffliche nicht zu sehr verwirrt zu haben. Er dient als Einwand gegen die typischen Modelle, mit denen Therapeuten seit Freud ihre Erfahrungen zu ordnen suchen. Übertragung und Arbeitsbündnis, Ich und Überich, »Neurose« und »Persönlichkeitsstörung«, »Borderlinestruktur« und »narzisstische Störung« werden uns gerne als Gewebe beschrieben. Wenn wir solche Begriffe verwenden, bilden wir uns auch ein, dass die Verbindung zwischen uns und unseren Klienten aus erkennbaren Fäden gewoben ist. Aber wir müssen mitdenken, dass diese Vorstellung weder objektiv noch wissenschaftlich erwiesen ist, sondern auf einem Denkmodell beruht, dessen Grundlage die Übereinstimmung ist. Wir können mit Hilfe dieses Modells besser mit unseren Mit-Therapeuten sprechen und uns von ihnen beraten lassen.

Wir können uns auf seiner Grundlage mit unseren Klienten verständigen, solange wir sorgfältig darauf achten, dass ihr Selbstgefühl so stabil ist, dass sie gemeinsam mit uns über ihre Probleme nachdenken können.

Wenn freilich diese Basis nicht mehr trägt, wird es auch sinnlos, auf unseren Begriffen zu bestehen. Wir brauchen neue, andere, gar keine – vielleicht jene Haltung, die Bion als *»container«* und als *»negative capability«* beschrieben hat. Es ist die Haltung des Bewahrens, welche die Undurchschaubarkeit des Filzes akzeptiert, und die Haltung des bewussten Nicht-Erkennens, die schon Sokrates mit einem Paradox umschrieben hat: zu wissen, dass wir nicht wissen. *Containing* verhält sich zur Übertragungsanalyse, wie der Filz zum Teppich.

Der Mantel

Solange wir uns mit unseren Werten und unseren Freunden im Einklang finden, ist unser Selbstgefühl flexibel, wir können neue Beziehungen aufnehmen, Fehler korrigieren, uns zugestehen, dass andere Personen ebenso gut im Recht sein können wie wir selbst. Wenn aber unserem Selbstgefühl eine Gefahr droht, die uns übermächtig scheint, dann erstarren wir. Wir werden lernunfähig, wiederholen immer dieselben Argumente, ziehen uns in »bockiges« Schweigen zurück. Diese Reaktion ist ebenso universell wie unheimlich. Eine ihrer ergreifendsten Schilderungen stammt von Heinrich von Kleist. Er hat in Michael Kohlhaas einen Mann beschrieben, der über einem eindeutigen, aber kleinen Unrecht, das zwei seiner Pferde betraf, zum Rächer, Räuber und Mörder wurde und schließlich auf dem Schafott starb. Kohlhaas fürchtete, sein Selbstgefühl durch Nachgiebigkeit einzubüßen. Er konnte nicht anders handeln.

Wo einem Menschen die Alleinschuld zugeschoben wird, dass eine Beziehung scheitert, eine Erwartung nicht erfüllt wird, etwas Unangenehmes passiert, da ist auch sein Selbstgefühl in Gefahr. In Behandlungskrisen angesichts einer narzisstischen Störung muss der

Therapeut damit rechnen, dass seine Versuche, den Anteil des Klienten an der Krise zu erforschen, von diesem als Schuldzuschreibung und damit als Entwertung aufgefasst wird.
In vielen Fällen entscheidet sich der Kranke für einen Präventivschlag. Der Therapeut wird wütend angegriffen, er habe den Kranken bloßgestellt, ihn für dumm oder minderwertig erklärt. Wenn der Therapeut bedauert, dass er keine Videos seiner sanften und wertschätzenden Rede in der letzten Sitzung vorführen kann, hat er die Situation noch nicht verstanden. Solche Aufnahmen würden die Wut des Klienten nicht widerlegen, sondern steigern, weil sie ihn beschämen und dadurch sein Selbstgefühl weiter schwächen.
Alle Präventivschläge werden damit gerechtfertigt, dass sie lediglich den Versuch darstellen, die eigenen Grenzen zu schützen und loszuschlagen, ehe der übermächtige Feind einen überrollt. Wenn der Sturm vorbei ist, hilft es den Betroffenen manchmal, sich mit einem kleinen Land (wie Israel) zu vergleichen, das jeden Krieg in das Territorium des Feindes tragen muss, weil es fürchtet, sonst überwältigt zu werden.
Freilich ist damit noch nicht geklärt, ob tatsächlich defensive Interessen am Werk sind oder die Überwältigungsfantasie eigene Aggressionen tarnt. Auch in der Politik lässt sich hier ein abschließendes und überzeugendes Urteil nicht finden; wir müssen zufrieden sein, die unterschiedlichen Wertungen mit der Position der Urteilenden zu verknüpfen und sie auf diese Weise einzuschätzen. Sinnvolle Verhandlungen werden erst dann möglich, wenn sich keiner der Gegner in seinem Überleben bedroht fühlt.
Wer narzisstische Störungen behandeln will, muss sich damit abfinden, dass es oft nicht möglich ist, angesichts eines drohenden Scheiterns aufzuklären, wer dafür verantwortlich ist. Er kann nur anbieten, dass es an seinem Unwissen liegt und nicht an seiner Bosheit. Denn diese Wahl überlässt der Gekränkte seinen Mitmenschen: ob sie zu töricht sind, seine überlegene Wahrheit zu erkennen, oder so neidisch und böse, dass sie ihn trotz dieser Erkenntnis weiter missachten.
Nützlich ist hier die alte Fabel vom Wettstreit zwischen dem Wind

und der Sonne. Die beiden waren sich nicht einig, wer der Stärkere sei. Die Sonne schlug nun vor, den Wettstreit darüber auszutragen, wer von ihnen einen Wanderer zuerst dazu bringen könne, seinen Mantel abzulegen. Der Wind steigerte sich zum Orkan, tobte und pfiff, zog und zerrte. Der Wanderer wickelte sich nur fester ein. Die Sonne aber schien freundlich und wärmte ihn, und alsbald befreite er sich von seiner Hülle.

Der Therapeut kann die Unzugänglichkeit des Klienten nicht durchbrechen. Er kann versuchen, sie zu begrenzen und zu umgehen: »Wenn Sie mich so erlebt haben, muss Sie das sehr belastet haben. Es tut mir leid, ich hätte es Ihnen gerne erspart.« Jeder Versuch, die eigene Wahrnehmung gegen die Wahrnehmung des Klienten durchzusetzen, verunsichert diesen weiter. Der Therapeut sollte davon ausgehen, dass im Kranken neben der durch seine Präventivwut entstellten Erinnerung durchaus auch andere, positive Bilder stecken, die wieder erscheinen, wenn die Wut verraucht ist.

Konfrontation und Konfusion

»Haben Sie ihn (sie) damit konfrontiert? Sehen Sie nicht, dass dieser Patient Ihnen auf der Nase herumtanzt?« Mit solchen Äußerungen werden Therapeuten von ihresgleichen behandelt, wenn sie die anstrengenden Seiten der Therapie einer narzisstischen Störung diskutieren und Entlastung suchen. Vermutlich machen wir es uns oft zu einfach mit solchen Fragen. Wir haben dann die besonderen Merkmale nicht bedacht, welche eine Kontaktaufnahme zu narzisstisch gestörten Menschen prägen. Sie machen es außenstehenden Personen oft schwer, zu begreifen, was da geschieht.

Freud verglich Beziehungen mit dem Verhalten einer Amöbe, welche durch ihre Vorstülpungen (Pseudopodien) Objekte mit Libido »besetzen« kann und im Zurückziehen dieser Pseudopodien die narzisstische Energie wieder dem Ich zuführt. Im Versuch, Kontakt herzustellen, wird die Oberfläche in einer gewissen Weise verformt. Manche Pseudopodien werden beschädigt oder zurückgezogen, andere entwickeln sich besonders gut. Mit dieser Veränderung seiner narzisstischen Struktur (seines unbewussten, grandiosen Selbst) kommt der Therapeut in jedes Gespräch über seine Arbeit. Seine Gesprächspartner reagieren auf diese Verformungen, oft ohne das bewusst zu bemerken. So wiederholt sich im Dialog über eine Krise oder eine spezielle Stresssituation in einer Behandlung nicht selten genau diese Situation in der Interaktion mit dem Supervisor oder den Kollegen einer Fallarbeitsgruppe: das »Spiegelphänomen«.

Konfrontation bedeutet an sich »Gegenüberstellung«, das Wort stammt von dem lateinischen *frons*, Stirn. Stirn an Stirn gestellt, kann der Blick nicht mehr ausweichen. Den Klienten »mit der Realität konfrontieren« heißt sozusagen verschärft etwas zu tun, was ohnehin ständig geschieht. Wir alle müssen, wenn wir überleben wollen, die Wirklichkeit beachten – sonst hat uns als Klienten einer Psychotherapie bereits auf dem Weg ins Behandlungszimmer ein banaler Lkw überrollt.

Daher finde ich auch den Konfrontationsbegriff problematisch. Er rechtfertigt in seinem Sprachgestus das, was Gewaltpädagogen schon immer bevorzugt haben: Nichtschwimmer ins Wasser zu werfen, nachlässige Kätzchen mit der Schnauze in die eigenen Exkremente zu tauchen, speiende Kinder das Erbrochene essen zu lassen. Im Konfrontationsbegriff tun wir so, als hätte der Therapeut einen privilegierten Zugang zur Realität und müsste nun einen in seiner Erkenntnis geschwächten Kranken energisch auf diese stoßen. Aber den narzisstisch gestörten Klienten fehlt es selten an der Fähigkeit, die Realität zu erkennen. Sie können das dort, wo ihr Selbstgefühl nicht bedroht ist, meist nicht schlechter als der Therapeut. Es gibt Bereiche, in denen sie ihm überlegen sind. Die Analytikerin verzweifelt an ihrem Mail-Programm; der Klient bewegt sich im Web wie der Fisch im Wasser.

Wer die reine Konfrontation lobt und dafür plädiert, der Patientenillusion die Realität entgegenzuhalten, hat von den Nöten narzisstischer Patienten so wenig begriffen wie ein Therapeut, der glaubt, dass erwachsene Menschen sterben müssen, wenn sie nicht zu jeder

Tag- und Nachtzeit einen Helfer anrufen können. Alle narzisstisch belasteten Menschen brauchen Verständnis und Bestätigung dessen, was sie haben, um ihre panische Angst zu überwinden, von einer Entwertung überrascht zu werden. Und ebenso brauchen sie Forderungen, als Erwachsene zu funktionieren.

Die Risiken des Trauma-Modells

Je mehr ein naives Trauma-Modell die Haltung des Therapeuten bestimmt, desto größer wird auch die Gefahr einer malignen Regression. Der Kranke hat erkannt, dass er verletzt wurde. Er findet heraus, dass ihm Leid zugefügt und Glücksmöglichkeiten versagt wurden. So wird er in Versuchung kommen, an den Therapeuten Entschädigungshoffnungen zu richten. Es kostet den menschlichen Ur-Narzissmus Mühe, zwischen dem Boten und der Botschaft zu differenzieren. Das merkt der Lehrer, der eine schlechte Leistung in einer Examensarbeit mitteilt, so gut wie der Politiker, der nicht mehr gewählt wird, weil er unbequeme Wahrheiten vermittelt. Je hungriger wir nach Bestätigung sind, desto größer wird die Gefahr, dass wir eigene Chancen zerstören.

Ein Therapeut, der sich selbst zum Guru stilisiert und sich nicht kritisch von der narzisstischen Grandiosität des unfehlbaren, überlegenen Helfers und Heilers distanzieren kann, wirkt auf eine solche Störung ungeheuer attraktiv. Er ist fern, er scheint überlegen und unabhängig, er bietet große Möglichkeiten, an ihm eigene Träume von endlich erfüllter Liebe festzumachen und sich gleichzeitig, da die berufliche Rolle solche Erfüllungen verbietet, vor eigenen Abhängigkeitsängsten zu schützen. In paradoxer Folgerichtigkeit verspricht der idealisierte Therapeut, den Kranken von genau den Abhängigkeitsängsten zu befreien, in die er ihn versetzt hat. In der malignen Regression wird der Kranke subjektiv gleichzeitig abhängiger und unabhängiger, es geht ihm viel besser als früher und gleichzeitig erheblich schlechter, er ist schon fast geheilt, er ist dicht vor dem großen Durchbruch, braucht dazu aber noch eine letzte

Steigerung der therapeutischen Arbeit und die Möglichkeit, in schlaflosen Nächten wenigstens ein paar tröstende Sätze vom Therapeuten zu hören.

Ein Therapeut, der ambivalente Beziehungen des Kranken nicht untersucht und Spaltungen nicht erkennt, schafft eine gefährliche Situation. Die Patientin hat ihren Ehemann einmal sehr geliebt und hasst ihn jetzt. Der kundige Therapeut wird die Geschichte dieser Beziehung erforschen und herausfinden, ob die Patientin wirklich nichts Gutes hat bewahren können. Wer aber selbst nach primitiven Idealisierungen lechzt, wird die Gelegenheit nutzen, sich als guten und einfühlenden (Gesprächs)Partner gegen dieses Feindbild zu setzen und der Patientin vorschlagen, doch zum Scheidungsanwalt zu gehen. So treibt er die Kranke in eine überhastete, selbstschädigende Trennung und steigert eine destruktive Abhängigkeit von der Therapie. Wer selbstgewiss Partei ergreift und die Ansicht des Kranken teilt, dass seine Eltern, Geschwister, Lehrer ihn nur missachtet und verletzt haben, der muss doch von all diesen unmöglichen und bösen Zügen frei sein.

Die entgegengesetzte Position (die manchmal Freud nach seiner Abkehr von der Trauma-Ätiologie der Hysterie unterstellt wird) ist ebenso verhängnisvoll. Auch ein Therapeut, der zu wissen behauptet, dass alles Negative im Leben des Kranken auf dessen Fantasietätigkeit beruht, gefährdet den Patienten. Wenn er ihn überzeugen kann, dass er sich die bösen Eltern und dummen Lehrer, über die er klagt, durch Projektionen eigener Schlechtigkeiten erst verschafft hat, ist der Kranke wenig besser dran. Die Überschätzung des Traumas spiegelt die manische Abwehr der narzisstischen Störungen: Das gute Ich wird von einer bösen Welt beeinträchtigt. Die Bagatellisierung des Traumas hingegen entspricht der depressiven Abwehr: Das schlechte Ich ist für alle Übel selbst verantwortlich und muss büßen, um in eine gute Welt zurückzufinden.

Ein Gewinn an Einsicht wird erst erzielt, wenn der Kranke annehmen kann, dass alle Beziehungen – auch die zu einem Therapeuten – unvollkommen sind und auf Gegenseitigkeit beruhen, dass der Helfer ohne den Kranken so wenig weiterkommt wie dieser ohne den Helfer, dass wir oft, indem wir einem Menschen etwas geben, diesen einer anderen Möglichkeit berauben. Die Welt ist weder gut noch schlecht.

Die Fähigkeit, beide Pole einer Ambivalenz gleichzeitig wahrzunehmen und diese Wahrnehmung zu ertragen, ist eine kostbare seelische Errungenschaft. Kein Mensch kann sich seiner Ambivalenztoleranz dauerhaft sicher sein. Sie ist niemals ungefährdet. Jederzeit bedrohen heftige Affekte – Angst, Begehren und Wut – das Ich und zwingen es in die Regression zu den primitiven Spaltungsmechanismen, in denen die Welt wieder in ein einfaches Schema von Gut und Böse zerfällt.

Teil 3

Bedarfsorientierte Psychotherapie

1. Lebenskrisen und Therapiebedürfnis

Angesichts der komplexen Hintergründe therapeutischer Situationen ist es problematisch, feste Konzepte einer bedarfsorientierten Therapie auf typische Krisen zuzuschneiden. Für solche Lösungen lassen sich aber Gesichtspunkte vermitteln, welche das Verständnis narzisstischer Krisen erleichtern und dem Helfer wie auch dem Klienten Zeit ersparen können. Im Folgenden stelle ich einige typische Krisenfelder der menschlichen Entwicklung zusammen und erläutere die spezifischen Bedürfnisse der Betroffenen.

Ablösung (der Eltern von den Kindern, der Kinder von den Eltern)

In der individualisierten Gesellschaft ist die Adoleszenz eine für Eltern und Jugendliche belastende Zeit. Aus den dankbaren, das elterliche Selbstbild und Ich-Ideal stützenden Kindern werden zurückgezogene, muffige, manchmal auch offen aggressive und entwertende Teenager, die ihre eigenen Vorstellungen von Schönheit, Ordnung und Pflichtbewusstsein gegen die der Eltern abgrenzen, wirtschaftlich aber von diesen nach wie vor abhängig sind.
Aus dieser Situation ergeben sich die typischen Konflikte mit Heranwachsenden, in denen das Selbstgefühl der Eltern nicht weniger belastet wird als das der Jugendlichen. Es ist daher auch eine Zeit, in der Therapeuten häufig konsultiert werden. Das kann zum ersten Mal sein oder aber nach dem Modell der erneuten Therapie auf Nachfrage, wenn sie beispielsweise fünfzehn oder zwanzig Jahre früher dazu beigetragen hat, dass eine Klientin das narzisstische Risiko einer Schwangerschaft auf sich genommen hat. Die zentrale Aufgabe des Therapeuten ist es in solchen Fällen, zu verhindern, dass die Spaltungsprozesse die Oberhand gewinnen und sich die Kontrahenten in ihnen anstecken. Gerade Jugendliche

neigen sehr dazu, komplexe emotionale Situationen durch primitive Idealisierungen und Entwertungen lösen zu wollen. Ein Beispiel:

Der 17-jährige Richard, Sohn einer narzisstisch schwer belasteten Frau, hat einen Nebenjob als Verkäufer in der Elektronikabteilung eines Kaufhauses angenommen. Er fordert die Mutter im Befehlston auf, ihm eine Entschuldigung zu schreiben, weil sich Schulunterricht und Arbeitszeit nicht vertragen haben und ihm der Job wichtiger ist als die Schule, die er »voll checkt«, während die Mutter fürchtet, er würde das Abitur nicht schaffen.
Als die Mutter sich weigert, wird Richard wütend, beschimpft sie als Spießerin, die keine Ahnung habe, und verlässt türenschlagend den Raum. Zwei Stunden später kommt er zu ihr. Er fahre jetzt in die Stadt, um sich die neue Winterjacke zu kaufen, die sie ihm versprochen habe, ob er die zugesagten 150 € haben könne?
Die Mutter kann inzwischen ihre eigenen Primitivreaktionen wahrnehmen und ein Stück Abstand gewinnen. »Ich war schwer schockiert, als er mich so beschimpft hat, das kannte ich gar nicht. Ich war erst sehr wütend und hab gedacht: Der kann was erleben. Als er dann ganz unschuldig ankam und das Geld wollte, hab ich ihn aber dann doch nicht fertig gemacht, obwohl ich Lust hatte, ihm zu sagen, was er sich da einbildet, und wenn er so mit mir umgeht, dann kann er sehen, wo er sein Geld her bekommt. Ich hab nur gesagt, es sei etwas viel gewesen heute Nachmittag und ich bräuchte noch Zeit und würde gerne mit ihm morgen noch einmal drüber reden, wie wir das machen. Ich dachte auch, dass ich inzwischen Sie sehe und wir das besprechen können. Ich will ihm ja keine Steine in den Weg legen mit seinem Job, ich bin froh, dass er das so gerne macht und sich etwas hinzuverdient. Aber ich lüge auch nicht gerne die Schule an, und wenn er sie nicht ernst nimmt, wie soll er dann das Abitur mit einer

guten Note schaffen? Sonst kann er doch nichts Interessantes studieren.«

In der Therapiesitzung werden folgende Punkte erarbeitet:

1. *Richard weiß genug vom Notenschnitt als Studienvoraussetzung, um hier selbst Verantwortung zu übernehmen.*
2. *Seine Ängste, den interessanten Job zu verlieren, wenn er daran gehindert wird, seine Abwesenheit in der Schule zu regeln, sind eine ernsthafte Diskussion wert; es genügt nicht, seinen Wunsch als Zumutung abzulehnen.*
3. *Seine unbefangene Frage nach dem versprochenen Geld für die Jacke drückt aus, dass seine Beziehung zur Mutter gut genug ist und ihn über die Krisen primitiver Idealisierung und folgender Entwertung hinwegträgt.*
4. *Es ist unangemessen, die Mutter als Spießerin zu beschimpfen, aber nicht ganz falsch, denn sie hat tatsächlich spießig – d. h. prinzipienreiterisch – reagiert und nicht versucht, mit ihm eine gemeinsame Lösung zu erarbeiten.*
5. *Allerdings hat auch Richard spießig reagiert, indem er sich von der Prinzipienreiterei anstecken ließ und mit einer verächtlichen Geste das Gespräch abbrach.*
6. *Indem Richard einen Wunsch äußert, den die Mutter ihm gut erfüllen kann, zeigt er seine Bereitschaft, gekränkten Stolz zu vergessen und wieder inhaltlich zu verhandeln. Indem die Mutter ihre Betroffenheit zeigt, aber keinen neuen Streit inszeniert, unterstützt sie ihn dabei; Richard lässt sich unterstützen, indem auch er einen neuen Streit vermeidet.*
7. *Kann die Mutter erkennen, wie gut sie die Beziehung zu Richard gestaltet hat, dass er sich in dieser Wiese mit ihr auseinander setzt? Kann sie sehen, dass sie selbst es niemals gewagt hätte, ihre Mutter so offen anzugreifen und andererseits so direkte Wünsche an sie zu richten? Kann sie auch sehen, wie zufrieden sie sein kann, dass Richard so interessiert und leistungswillig ist, dass er ihre Hilfe für*

seinen anspruchsvollen Nebenjob möchte und nicht, weil er nachts zu viel trinkt und am nächsten Morgen nicht aus dem Bett kommt?

8. *Kann sie Humor angesichts künftiger, ähnlicher Situationen entwickeln? Beispielsweise sagen: »Hier sind die 150 Euro. Wie viel darf ich dir für die Spießerin abziehen? Wie viel muss ich dir noch drauflegen, weil du dir ärgere Schimpfwörter für deine Kontrollmutter verkniffen hast?«*

Aus diesem Beispiel wird deutlich, wie eine primitive Idealisierung zerbricht, in der die Mutter den dankbaren und folgsamen Schüler und der Sohn die einsichtige und ihn liebevoll unterstützende Mutter erwartet haben. Viele »typische« Verhaltensweisen Heranwachsender, beispielsweise der muffige Umgangston, die Zurückgezogenheit, die laute Musik, das grelle Gelächter mit den Freunden, die provokative Haltung, lassen sich als Reaktionsbildungen gegen die enttäuschten Erwartungen an Eltern deuten, die sozusagen zurückgeblieben sind. »Moderne« Eltern müssen zurückbleiben, denn die Welt, in der sich die Heranwachsenden bewähren müssen, ist eine andere als die, in der sich die Eltern bewährten.

Die entscheidende Frage für das Wohlergehen beider lautet: *Wie* bleiben die Eltern zurück – als Hafen, wenn die Heranwachsenden Schutz vor den Stürmen brauchen, in die sie sich auf der Suche nach ihrer neuen Identität gewagt haben, oder aber als Festung, welche mit Wall und Graben jedem die Rückkehr verwehrt, der sie einmal verlassen hat? Der Therapeut kennt verschiedene Ausgänge: den gut versorgten Adoleszenten, der nach einigen Krisen und einigem Streit mit den Eltern eine wohlwollende Beziehung pflegen kann; den gefügigen Heranwachsenden, der aus Angst vor dem Verlust der Elternliebe nicht wagt, seine kindlichen Anpassungsmuster aufzugeben; den Kämpfer, der seinen Unterhalt vor Gericht einklagt, weil Vater und Mutter ihm nur die Ausbildung finanzieren wollen, die ihrer, nicht aber seiner Vorstellung entspricht.

Die »stützende« Therapie wird immer versuchen, die primitive Idealisierung ebenso wie die Entwertung zu bremsen. Sie wird auch ein-

schreiten, wenn Harmonie destruktiv wird, weil unter ihrem Diktat kleine Konflikte zu Katastrophen, zu einem Bruch im Ideal werden, die nicht mit einem lebenswerten Leben vereinbar sind. Die mächtigsten Verbündeten in dieser Arbeit sind die Intelligenz und der Humor der Beteiligten. Die Intelligenz sagt uns, dass wir naiv wären, ein konfliktfreies Leben zu erwarten, in dem alles nach unseren Wünschen glatt geht. Der Humor rüstet uns mit der Fähigkeit aus, weder wertblind zu sein und zu ignorieren, dass wir Ideale benötigen, um uns zu orientieren, noch aber diese Ideale feierlich ernst zu nehmen und jeden mit Fanatismus zu verfolgen, der sie nicht teilt.
»Stützende« Therapie in dem hier entwickelten Sinne ist immer auch Gruppen- und Familientherapie, nicht weil ich dem Kranken die Aufgabe zuschiebe, seine Angehörigen ins Therapiezimmer zu bringen, sondern weil es darum geht, nicht nur die eigene, sondern auch die narzisstische Störung der anderen zu verstehen und sich auf sie einzustellen. Wer das aus falsch verstandener Abstinenz nicht tut, riskiert den Verlust wertvoller Hinweise und Hilfen. Es ist an sich überflüssig zu betonen, dass es sich verbietet, Spaltungstendenzen des Kranken zu fördern (»Von dieser verständnislosen Frau müssen Sie sich sofort scheiden lassen!«). Viel hat gewonnen, wer einem narzisstisch belasteten Menschen zeigen kann, dass es Spaß macht, andere Menschen mit derselben Problematik nicht zu kränken, sondern zu stabilisieren und zu beruhigen. Diese Einstellung entlastet das Selbstgefühl, weil neue Möglichkeiten entdeckt werden, die Umwelt zu kontrollieren und dadurch Sicherheit zu gewinnen. Sie weckt kreative, strategische Fantasien. Die Klienten beginnen, sich auszumalen, mit welchem Verhalten es gelingt, ein Selbstobjekt zu versöhnen, dessen drohender Verlust die Krise ausgelöst hat.

Aussichtslose Verliebtheit

Claudia W., eine Frau in den Vierzigern, die eine kleine Abteilung für Lebensmittelchemie in einer Behörde leitet, kommt wegen Asthmaanfällen in Therapie. Bald stellt sich heraus, dass das Asthma mit großen inneren Spannungen zusammenhängt, die durch ein von heftigen Nähe-Sehnsüchten und Verschmelzungsängsten bestimmtes Verhalten in Beziehungen bedingt sind. Obwohl sie sich Ehe und Kinder wünscht, spielt sich das erotische Leben Claudias ausschließlich in ihrer Fantasie ab. Sie leidet fürchterliche Eifersuchtsqualen, wenn der Kollege, den sie heimlich liebt, mit anderen Frauen flirtet.

Sie ist in der Arbeit sehr engagiert und anerkannt tüchtig, es gelingt ihr aber nicht, einem der von ihr verehrten Männer wirklich nahe zu kommen. Beispielhaft ist eine Situation, die sie während der fünf Jahre dauernden »Beziehung« zu einem Kollegen erlebte. Sie machten öfters Wanderungen miteinander. Sie fühlte sich dann glücklich, in seiner Nähe zu sein. Eines Tages bot er ihr auf einer solchen Tour das »Du« an. Claudia wurde rot und brachte kein Wort heraus, was er als Ablehnung verstand. Danach kehrten beide wieder zum »Sie« zurück und blieben dabei. Parallel dazu malte sich Claudia in ihren Fantasien Liebesszenen aus.

Obwohl Claudia längst in einer eigenen Wohnung lebte und für ihren Urlaub Fernreisen buchte, war sie eng mit ihrer Mutter verbunden. Sie telefonierte, wenn sie in Deutschland war, jeden Abend mit ihr und rechnete mit einem Vorwurf, wenn sie es nicht tat. »Meine Mutter kritisiert mich nur. Nichts, was ich mache, ist ihr recht.« Dennoch informierte sie die Mutter über alle Einzelheiten ihres Alltags, ebenso wie das die Mutter ihr gegenüber tat. Jede suchte der anderen zu beweisen, dass sie selbst eine »gute«, liebevolle, bemühte und fürsorgliche Partnerin sei, das Gegenüber jedoch undankbar und kritisch. »Immer, wenn ich ihr etwas erzähle, findet sie etwas, was ich besser hätte machen sollen. Und wenn ich ihr nichts erzähle, beklagt sie sich darüber, dass ich sie so distanziert behandle. Wenn ich ihr sage, ich wüsste schon selbst, wie ich

meine Arbeit machen solle, schilt sie mich für meinen Verfolgungswahn, ich könne sie einfach nicht verstehen. Sie würde jederzeit behaupten, dass sie mich liebt und mir alles Gute wünscht; ich aber fühle mich von ihr verfolgt.«
Im Verlauf der Behandlung konnte Claudia unter großen Ängsten ihre erste sexuelle Beziehung zu einem Mann aufnehmen, von der sie der Mutter nie etwas verriet. Die Neigung, alle Aggressionen nach außen zu projizieren und sich beim geringsten Anlass verfolgt und bedroht zu fühlen, machte sich wieder bemerkbar, als diese Beziehung nach einigen Jahren zerbrach, weil der (erheblich jüngere) Mann, der sich aus einer Ehe befreit hatte, ihr nun eine seiner Kolleginnen vorzog und diese schließlich heiratete.
Obwohl Claudia nie ernsthaft an eine Ehe gedacht hatte, war sie bitter enttäuscht. Sie behauptete, es störe sie nicht im geringsten, dass ihr Freund sich von ihr trenne, der Altersunterschied hätte ohnehin immer verdeutlicht, dass es niemals eine dauerhafte Beziehung sein könne. Aber er dürfe sie doch nicht so anblicken, als sei sie lästig, oder ihr sichtlich aus dem Weg gehen! Sie fürchtete sich plötzlich vor ihren anderen Kollegen, weil sie glaubte, ihr Ex-Freund rede schlecht über sie, behaupte, sie sei leicht zu haben. Die neue Partnerin des einstigen Freundes hatte eine Schwester, die ebenfalls in der Behörde arbeitete, und Claudia fühlte sich auch von dieser verfolgt. Sie werfe ihr lauernde Blicke zu, sie müsse alles wissen, ihr Ex-Freund habe ganz bestimmt alle Einzelheiten ihrer Liebschaft verraten.
In dieser Zeit gelang es nur mit Mühe, Claudia davon abzuhalten, sich in diesem Wahn zu verlieren und ihren Arbeitsplatz aufzugeben. Sie vermutete, dass alle von ihrer Liebesgeschichte wüssten und die Kollegen sie mit Blicken und Anspielungen verfolgen würden. Glücklicherweise ließ sich dieser Wahn in dem stabiler gewordenen Kontakt mit dem Therapeuten unterbrechen, in Frage stellen und auflösen. Er tauchte schließlich nur in Krisensituationen wieder

auf und Claudia konnte sich von diesen Vorstellungen distanzieren.
Claudia stammte aus den Sudeten; ihre Mutter, Sekretärin in einem tschechischen Betrieb, sprach perfekt Tschechisch. Als sich die deutsche Niederlage abzeichnete, floh die Mutter mit Claudia nach Prag, wo sie beim Roten Kreuz Asyl suchen wollte. Auf dem Weg dorthin wurde sie gefangen genommen und mit anderen Frauen in einem Kinosaal eingeschlossen. Claudia erinnerte sich nur daran, dass ihr Mutter und Großmutter Tücher über das Gesicht warfen und ein Soldat ihr ein Schmalzbrot gab. Sie rekonstruierte später, dass ihre Mutter und Großmutter vergewaltigt worden waren, ebenso wie viele andere Frauen; ihre Mutter wurde mit Gewehrkolben geschlagen.
Dass diese Szene für Claudias Erinnerung so schwer zugänglich war, hing sicher damit zusammen, dass in ihrer Familie über die Vertreibung und die traumatischen Ereignisse während dieser Gefangenschaft niemals gesprochen werden durfte. Claudia wurde schließlich mit ihrer Mutter und Großmutter wieder entlassen. Die Frauen konnten nicht in ihre Wohnung zurück, sondern tauchten bei tschechischen Verwandten unter.
Claudias Mutter wollte die Heimkehr des Vaters abwarten, der in russische Kriegsgefangenschaft geraten war. Sie sprach jetzt mit der Dreijährigen nur tschechisch, um nicht aufzufallen; Claudia erinnert, dass sie die deutsche Sprache, die sie – 1941 geboren – bisher vorwiegend gesprochen hatte, rasch verlernte und mit den tschechischen Kindern in dem großen Hof spielte.
Ihr Bruder wurde geboren und die Familie blieb noch zwei ganze Jahre, weil der Vater – ein Ingenieur – von den Sowjets in einem Bergwerk in Karelien eingesetzt worden war und erst nach einem Unfall unter Tage freikam.
Nun emigrierte die Familie nach Deutschland. Claudia hatte nach zwei Jahren ihr ganzes Tschechisch wieder vergessen.

Sie erinnert sich, wie später, als sie in die Pubertät kam, ihre Eltern miteinander Tschechisch sprachen, wenn sie nicht wollten, dass die Kinder verstanden, worum es ging.

Eine sehr häufige Reaktion von Eltern auf ein Trauma ist der pädagogische Perfektionismus. Da die Eltern vital verunsichert sind und sich unbewusst eine Mitschuld zuschreiben, dass gerade ihnen diese schrecklichen Dinge passiert sind, versuchen sie, ihre Kinder vor solchen Situationen zu »schützen«, indem sie diesen vermitteln, dass die Welt voller Gefahren sei und nur durch höchste Wachsamkeit verhindert werden kann, dass sie vernichtende Qualitäten entfaltet. Das lähmt die Fähigkeit der Kinder, sich zu entspannen und sich in engen Beziehungen wohl zu fühlen. Es entstehen ausgeprägte Zustandsbilder des Nähe-Angst-Syndroms. Einerseits kreisen intensive Sehnsüchte um eine erlösende, harmonische, absolut erfüllende und das schwache eigene Selbstgefühl in allen Krisen stützende Liebesbeziehung. Anderseits wird eine reale Liebesbeziehung zu einem notgedrungen unvollkommenen, ebenfalls bedürftigen Partner als bedrohlich erlebt. Bei Claudia war diese Angst so ausgeprägt, dass sie erst unter dem Einfluss einer Therapie den Schritt zur Sexualität wagte, der im Alter von 42 Jahren gewiss schwieriger ist als mit 17. In milderen Fällen kann eine Kompromissbildung stattfinden. Dann gelingen leidenschaftliche Beziehungen zu fernen oder gebundenen PartnerInnen, während der reale Partner, mit dem schließlich eine Familie gegründet wird, als »langweilig aber treu« beschrieben wird. Oder aber es gibt eine Reihe von Verliebtheiten, in denen PartnerInnen immer wieder totale Erfüllung versprechen, dann aber verlassen werden müssen, wenn deutlich wird, dass die Idealisierung bröckelt.
Ich habe Claudia rund zwanzig Jahre begleitet und in dieser Zeit immer wieder aus ihren wahnhaften Zuständen herausholen können. Die erste Phase der Behandlung war auch die intensivste, eine mehrjährige Einzeltherapie mit einer Wochenstunde. Daran schloss sich eine Gruppentherapie an. Dann war die Basis unserer Zusammenarbeit so gefestigt, dass immer nur einige Einzelstunden notwendig waren, um eine wahnhafte Entwicklung zu bremsen oder Fantasien,

»gemobbt« zu werden, ihrer qualvollen Kraft zu berauben und sie als gewöhnliche Arbeitsplatzprobleme, als Rivalität oder als Ausdruck von Interessengegensätzen zu erkennen. Manchmal hörte ich viele Jahre nichts von Claudia, dann rief sie wieder an; sie bestimmte inzwischen selbst, wie viele Stunden sie nehmen wollte; ihre Wahnerlebnisse waren so gut von ihrem vernünftigen Ich abgegrenzt, dass es meist genügte, ihre eigenen, intelligenten Wahrnehmungen als Autorität aufzurufen und an ihren Humor zu appellieren.

Es ergibt sich in solchen sehr lang laufenden Therapien *»on demand«* eine Stimmung, die anderen langen Beziehungen gleicht und doch von ihnen durch ihre professionelle Qualität unterschieden ist. Man kann sie mit der Metapher eines Depots erklären, einer Vorratskammer, in der gute Selbstbilder des Kranken aufbewahrt sind, die er sich dann in Notsituationen abholen kann.

Seit ich weiß, wie klug und humorvoll Claudia sein kann, erlebe ich es wie ein Wunder, wie leicht es geworden ist, sie zu beruhigen und zum Lachen zu bringen. Wir haben oft erfahren, dass es gelingen kann, sie durch eine Stunde aufmerksamen Zuhörens aus ihrer Verzweiflung zu lösen und durch die Unterstützung ihrer eigenen kritischen Fähigkeiten einen beginnenden Verfolgungswahn zu benennen. Das scheint auch dazu zu führen, dass in milderen Krisen die Vorstellung, wie der Therapeut reagieren würde, die Lage stabilisiert; manchmal muss er selbst wieder sprechen, um eine verblasste Erinnerung aufzufrischen.

Die aussichtslose Verliebtheit sucht einen prekären Kompromiss zwischen den Triebwünschen, die auf eine Befriedigung in der Realität drängen, und den Ängsten vor Forderungen, welche eben diese Realität mit sich bringt. Was ich ausschließlich in meiner Fantasie vollziehe, antwortet zwar nicht und lebt nicht, aber es widerspricht mir auch nicht, es beleidigt mich nicht, ich kann es vollständig kontrollieren. Daher ist die Fantasiebeziehung zum Selbstobjekt mit einem Gipsverband zu vergleichen: Sie bietet festen Halt und schützt ein gebrochenes Selbstgefühl vor weiteren Verletzungen; sie führt aber auch dazu, dass sich die beschützten Organe zurückbilden. Unter dem eindrucksvollen Verband schwinden Muskeln und Sehnen.

Was wird durch die Fantasiebeziehung geschwächt? Es ist in erster Linie die Realitätsprüfung; Menschen wie Claudia ist zwar meist klar, dass die Tagträume, die sie um ihre imaginären Partner spinnen, nicht wirklich sind. Aber wer sich lange und intensiv in solche Tagträume vertieft, der begegnet auch viel öfter und widerstandsloser als andere Personen dem Schrecken, dass auch er Gegenstand intensiver Gedanken eines anderen sein könnte. Diese Gedanken aber sind dann meist nicht freundlich, sondern feindselig, böse, verfolgend. Die Paranoia ist der Schatten der Liebesfantasie; Freud hat das in aller Deutlichkeit an dem unglücklichen Senatspräsidenten Schreber gezeigt, der ein zutiefst traumatisierter Mann war. Claudia war nach ihrer einzigen realen Affäre mit einem Mann immer wieder der Verzweiflung nahe, weil sie meinte, Kolleginnen, die sie »unverschämt« anblickten, würden um diese Beziehung wissen und sie deshalb anfeinden.

Es war in der ersten, kontinuierlichen Therapie gelungen, Claudia so weit zu stärken, dass sie einen vorsichtigen Schritt zur realen Sexualität wagte. Mehr ließ sich mit meinen Mitteln nicht erreichen; es ist auch nicht leicht, eine Funktion bei einer 40-Jährigen aus dem Dornröschenschlaf zu erwecken, die in einer normalen Biografie ihre Wirkung erheblich früher entfaltet.

Es gibt zwei Einwände gegen mein Vorgehen: Habe ich zu wenig getan, um Claudia aus ihren Hemmungen und ihrer Fantasiewelt zu befreien, oder zu viel, weil diese späte Entwicklung eines realen Liebeslebens angesichts der bisherigen Entwicklungsdefizite ohnehin keine günstige Erfolgsaussicht hat? Solche Einwände lassen sich zum Teil entkräften; vor allem aber gehen sie von einer anderen Situation aus als der, die sich normalerweise zwischen Klientin und Therapeut ergibt. Entscheidungen werden nicht von einem Experten über den Kopf der Ratsuchenden hinweg getroffen, sondern mit ihr erarbeitet. Claudia wünschte keine hochfrequente Analyse und keine stationäre Psychotherapie, was die beiden Möglichkeiten gewesen wären, in der Anfangsphase der Behandlung angesichts der zögernd einsetzenden Fortschritte vielleicht mehr zu erreichen.

Natürlich hätte ich mehr Nachdruck in dieser Richtung entfalten können, wenn ich selbst sicher gewesen wäre, dass mit anderen Methoden mehr erreicht hätte werden können. Wenn ich das bezweifelte, mag es an meinem Narzissmus liegen, der mir die Überzeugung einflüsterte, das Richtige für Claudia zu tun. Aber es waren auch ihre Rückmeldungen, und es war die Sorge, durch eine Überweisung, die immer auch eine Abweisung enthält, das inzwischen aufgebaute Vertrauen zu zerstören. Dann hätte ich, statt den Behandlungserfolg zu steigern, diesen in einen Misserfolg umgewandelt.

Weshalb überhaupt angesichts einer so frühen und schweren Traumatisierung die therapeutische Arbeit beginnen, und warum sie in einer Weise führen, welche nicht die Verdrängung des Triebes festigt, sondern ihm zumindest einen Teil realer Befriedigung öffnet? Warum nicht eine stützende Therapie im traditionellen Sinne, in der die Geschichte der Kranken nicht ergründet, die Einsicht in ihre Konflikte nicht vertieft werden?

Hier standen gleich zwei Menschen im Weg: Claudia, die wissen wollte, warum ihr das geschah, was ihr geschah, und bereit war, es mit mir zusammen zu erforschen – und ich, der die therapeutische Arbeit längst als ein langweiliges und primitives Geschäft aufgegeben hätte, wenn es darin nur darum ginge, Menschen das positive Denken zu lehren, ohne Zeit darauf zu verwenden, weshalb sie gerade ihre spezifischen Formen des negativen Denkens und Handeln entwickelt haben.

Ernsthafter: Um einen therapeutischen Dialog zu gestalten und in einen Prozess zu verwandeln, der zwei Personen bereichert, muss der Therapeut eine Rolle haben dürfen, die ihn ausfüllt und befriedigt. Andernfalls kann er der Klientin nicht glaubwürdig gegenübertreten und jene Schichten ihrer Person erreichen, in denen die Kräfte für eine Veränderung liegen. Claudia war eine sehr intelligente Frau. Sie hätte mich weder aufgesucht, noch wäre sie bei mir geblieben, wenn sie den Wunsch nach Beschwichtigung und Zudecken ihrer Probleme verspürt hätte.

Zu meinem Bild einer professionellen Therapie gehört durchaus beides: der Interaktionsprozess, in dem Therapeut und Klient günstige Möglichkeiten einer seelischen Entwicklung gestalten, und die objektivierende klinische Reflexion, in der ein Therapeut (der ja auch eine wirtschaftliche Verantwortung hat und sein Handeln gegenüber den Krankenkassen oder der Beihilfestelle begründen muss) überlegt, ob das, was er tut, dem Klienten mit geringstem Aufwand möglichst viel nützt. Ich plädiere für Aufmerksamkeit hinsichtlich der therapeutischen Beziehung auch (aber nicht nur) deshalb, weil ohne sie eine Behandlung unwirtschaftlich werden kann.

Ziel meiner Therapie war in jedem Fall, Claudias Selbstgefühl zu stabilisieren. Eine Frau, die ein hohes Maß an traumatisch bedingter Angst vor dem Einbruch einer brutalen sexuellen Störung in ihr Leben empfindet, kann in einer vertrauten Beziehung, in der sie angstfrei über ihre erotischen Fantasien sprechen kann, einen Teil dieser Ängste überwinden. Wenn sie sich entscheidet, ein Stück gelebter sexueller Beziehung nicht zu vermeiden, sondern sich darauf einzulassen, gewinnt sie in ihrem Selbstgefühl auch dann, wenn diese Beziehung keine »glückliche« oder »stabile« ist. Gemessen an den psychosomatischen Erkrankungen und Depressionen, die Claudia vor der Therapie, in der Zeit ihrer Fantasie-Verliebtheiten hatte, waren die Einbrüche harmlos, die auftraten, als ihre erste reale sexuelle Beziehung scheiterte.

Wenn mir Diskussionen zwischen Verhaltens- und Psychotherapeuten auf die Nerven gehen, sage ich manchmal, dass ich die Psychoanalyse für die wirksamste Verhaltenstherapie halte, die ich kenne. Es ist dabei natürlich eine Auffassung von Psychoanalyse gemeint, in der es stets auch darum geht, das Selbstgefühl zu stützen und die Angst der Klientin vor dem Unbewussten durch die Gestaltung der Übertragung zu lindern. Es mag schlecht ausgebildete Analytiker geben, die sich nichts dabei denken, wenn ihre Klienten erst einmal viele Stunden Angst und Unsicherheit auf der Couch ertragen müssen, weil sie sich allein gelassen und frustriert fühlen. Aber lege artis ist das nicht, jede kunstgerechte Analyse berücksichtigte schon immer zwei »Entdeckungen« der Verhaltenstherapie: dass ohne den Abbau der Angst in der therapeutischen Situation keine Entwicklung

möglich ist und dass gegen soziale Ängste nicht die Einsicht allein hilft, sondern die Verbindung von Einsicht und Übung.
Angesichts von Claudias Panikzuständen, ihrer krankhaften Schüchternheit gegenüber Männern und ihrer ausgeprägten Neigungen zu psychosomatischen Symptomen schien mir die Entwicklung der schlafenden Sexualität nicht nur ein Weg, Unbewusstes bewusst zu machen. Ich hielt sie auch für ein Mittel, brachliegende Funktionen zu üben, Ängste abzubauen und den seelischen Fähigkeiten Claudias eine Aufgabe zu stellen, an der sie auch dann wachsen konnte, wenn sie diese nicht gänzlich bewältigte.

Hilfe! Der Apfelstrudel will mich fressen

Wer Therapeuten in der Arbeit mit narzisstischen Störungen begleitet, ist immer wieder überrascht von den vielfältigen Formen und dem mächtigen Eindruck, den das Kippen einer Idealisierung in die Entwertung auf die Helfer macht. Eben noch haben sie sich gesagt, dass professionelle Arbeit ihren Weg nimmt, ob nun die Klienten begeistert sind von ihr oder gegen sie rebellieren. Und schon wieder fällt den Helfern zu spät auf, dass sie sich selbst in das Wechselspiel von Überschätzung und Entwertung, von Bewunderung und Enttäuschung verstrickt haben.
Ein von Idealisierungszwängen gehetzter Kranker findet immer die eine oder andere Achtlosigkeit, die er ausnützen kann, um sich entwertet zu fühlen und blitzschnell den Spieß umzudrehen. Da wurde beispielsweise ein Termin versehentlich nicht freigehalten. Und schon entbrennt ein erbitterter Streit darüber, ob ein Arbeitsloser tatsächlich keinen Ersatztermin wahrnehmen kann oder diesen nur verweigert, weil er sich vom Therapeuten angegriffen fühlt, der »seine« Stunde einem anderen geschenkt hat.
In der Therapie narzisstischer Störungen ist es normal, dass an den Helfer sozusagen verrückte Ansprüche gestellt werden. Wer sich mit dem traumatischen Hintergrund der Störung beschäftigt, gewinnt dafür mehr Verständnis und Toleranz; er kann dann zu einem uner-

setzlichen Vermittler werden, einem Puffer zwischen der narzisstischen Wut und der Umwelt. Aber dieser Puffer muss auch etwas aushalten können. Er muss mit Püffen rechnen, nicht mit Zärtlichkeiten, und diese Püffe abfangen, ohne zu platzen.

Die 34-jährige Gabriele hat mit großer Energie die schwere Essstörung überwunden, die sie ab dem 15. Lebensjahr plagte. Sie kommt in Therapie, weil sie zwischen ihrem Ehemann, mit dem sie einen sechsjährigen Sohn hat, und einem verheirateten Liebhaber steht, der sich »gegenwärtig« nicht trennen und die Beziehung verheimlichen will, aber »nicht weiß, was in Zukunft sein wird!«
Die Therapie ist angefüllt mit Wut. Sie trifft den Liebhaber, der sie hinhält, und den Ehemann, der unattraktiv ist und Gabriele bedrängt, mit ihm zu schlafen. Sie liebt den neuen Mann, aber sie beschimpft ihn im selben Atemzug als heimtückischen Feigling, der ihre Abhängigkeit ausnutze und dann mit seiner Ehefrau ins Wochenende fahre.
Immer wieder richtet Gabriele drängende Appelle an den Therapeuten, ihr doch endlich zu sagen, was sie tun soll. Manchmal kann sie stützende Äußerungen annehmen, dass diese Situation eine Aussage über ihre Ängste und Wünsche enthalte und sie vielleicht lernen könne, auch ohne Gewaltmaßnahmen ruhiger und zufriedener in ihr zu leben. In seiner Gegenübertragung fühlt sich der Therapeut unter Druck: Er soll der Klientin entweder die Sexualität nehmen, indem er sie zu dem nicht begehrten Ehemann zurückschickt, oder aber ihrem Kind und ihrer finanziellen Sicherheit schaden, indem er sie ermuntert, sich zu trennen, um den zögernden Liebhaber umzustimmen.
Allmählich kann sich die Klientin ihre Abhängigkeit eingestehen und den Hass deutlicher zu spüren, der in ihr hochkocht, wenn sie sich abhängig fühlt. Eine Schlüsselszene spielt in der Zeit, als sie 14 Jahre alt war und zusammen mit ihrer Mutter gerne in der Küche wirtschaftete. Einmal hatten

die beiden Frauen einen Apfelstrudel gebacken. Gabriele war sehr stolz auf ihr Produkt. Sie aß gerade den zweiten Apfelstrudel, als ihr Vater plötzlich fragte, ob sie damit nicht aufhören könne. Sie erschrak heftig, fühlte sich beobachtet und war unfähig, mit dem Essen aufzuhören, das sie von jetzt an als genussloses, besinnungsloses Einschaufeln entwertete.

Sie verband diese Szene mit dem Beginn ihrer Anorexie. Sie hatte die Lust auf den Apfelstrudel in eine Bedrohung umgewandelt und begonnen, gegen das Essen zu kämpfen und daraus ihre Identität zu gewinnen. Sie wollte unabhängig sein, hart, die Esslust verband sich mit Fantasien von Formlosigkeit, vom Ersticken im eigenen Fett, während Gabrieles neues Lebensideal war, nur aus Stahl, aus einem harten, unverwundbaren Skelett zu bestehen.

Der Vater war früher Leistungssportler gewesen. Gabriele lehnte ihn ab und behauptete, ihn nur zu hassen. Er las respektlos in ihrem Tagebuch und stellte sie dann bloß, er gab ihr das Taschengeld nur, wenn sie ihn darum bat, er war primitiv und ließ die Mutter im Stich. Die Eltern begrüßten die anorektische Entwicklung Gabrieles, weil sie ehrgeiziger wurde und besessen Sport trieb. Sie verlor ihre Periode, ohne dass dies jemand bemerkte. Deshalb ging sie zum Arzt, der ihr zu einer Psychotherapie riet, die sie den Eltern verheimlichte. Danach konnte sie wieder einigermaßen normal essen.

Was für den Helfer in solchen Situationen schwer erträglich wird, ist – neben den Entwertungen, auf die er trifft, und den lebensbedrohlichen, autodestruktiven Manövern Essgestörter – die Labilität der Einsicht. Wenn ich einem Menschen etwas erkläre und dieser mich versteht, glaube ich zunächst, dass sich damit die Situation verändert hat: Wir werden künftig beide auf der Grundlage dieser Klärung weiterarbeiten. Wenn ich nun bei nächster Gelegenheit bemerke, dass die Erklärung in Vergessenheit geraten ist, gehört es zu den

Selbstverständlichkeiten der Therapie, sie zu erneuern; Freud hat hier vom »Durcharbeiten der Widerstände« gesprochen und in diesem die eigentlich verändernde Wirkung auf den Kranken verankert. Wenn ich aber bei dem Versuch, auf die schon einmal gewonnene Einsicht zu verweisen, auf wütende Kritik stoße, ich hätte das noch nie gesagt und wolle mich jetzt als besser darstellen, als ich sei – dann habe ich es mit einer narzisstischen Störung zu tun.

Gesunde Menschen können aus ihren Erfahrungen lernen. Leicht gestörte Menschen können lernen, wenn sie dabei gestützt werden, und sie können diese Stütze in einem Interaktionsprozess schnell festigen. Schwer gestörte Personen hingegen können den Therapeuten nicht so kontinuierlich als stützend und hilfreich wahrnehmen, dass sie mit seiner Hilfe eine stabile Einsicht gewinnen. Sie müssen lernen, die Tatsache zu ertragen, dass ihnen das nicht gelingt und sie immer wieder von primitiven Idealisierungen und radikalen Entwertungen heimgesucht werden, die alles in Frage zu stellen scheinen.

So lässt sich auch die ständige Kampfbereitschaft von Menschen wie Gabriele verstehen. Sie sagte einmal, dass es ihr besser gehe, wenn sie abgelehnt werde, denn dann könne sie um Liebe kämpfen. Werde sie hingegen geliebt, dann müsse sie sich nur noch fürchten, die Liebe wieder zu verlieren. Diese Angst sei unendlich viel schwerer auszuhalten, als die Angst, den Kampf gegen die Ablehnung nicht zu gewinnen. Im ersten Fall können wir uns das von der plötzlichen Kritik des Vaters überraschte, genüsslich essende Mädchen vorstellen; im zweiten die Hungernde, die sich im Kampf gegen ihre eigenen Sehnsüchte stählt.

Die narzisstische Sehnsucht, mit dem Selbstobjekt zu verschmelzen und darin alle Kontur, jeden inneren Halt zu verlieren, sozusagen zu Brei zu werden, wird von Gabriele mit der Fantasie verknüpft, fett zu sein, knochenlos, ein Pudding, der breit auseinander läuft. Dagegen setzt sie ihren Kampf um das, was sie noch nicht hat, noch nicht ist. Die Rolle der zufriedenen Ehefrau, die mit einem Mann zusammen ist, der sie liebt und begehrt, der gut für sie und ihren Sohn sorgt, ist für Gabriele mit diesen Fantasien verknüpft, fett zu sein

und auseinander zu laufen – »Wenn ich länger mit ihm zusammen bin, muss ich mich streiten, sonst ersticke ich!«
Der Liebhaber hingegen, der sie immer wieder abweist und hinhält, ist erotisch ungeheuer attraktiv. Wenn Gabriele die Entwicklung ihrer Beziehung zu ihrem Ehemann und den Männern vor diesem betrachtet, kann sie ohne weiteres zugestehen, dass wohl auch der Liebhaber, wenn sie ihn erst erobert hätte, bald unattraktiv würde. Aber diese nachdenkliche Stimmung ist keineswegs stabil; morgen schon kann Gabriele vergessen haben, was sie gestern wusste. Sie kann vor Wut darüber rasen, dass dieser Feigling sie verleugnet, kann sich ausmalen, wie sie sich rächt, wie sie seine Frau auf ihn hetzt oder ihrem Mann das heimliche Verhältnis beichtet, nur damit etwas geschieht und andere endlich auch so leiden wie sie.
Dieser Kampf um Unabhängigkeit spiegelt sich in der Therapie ebenso wie die Angst, in einer Geborgenheit spendenden Beziehung jede Struktur einzubüßen, zu ersticken oder zu zerlaufen. Diese Fantasie der Knochenlosigkeit, die in einer tragischen Symbolik dem Zustand der »lebenden Skelette« von Anorektikerinnen widerspricht, drückt eine extreme, selbstbezogene Wiedergutmachungsfantasie aus. Die Betroffenen wollen sozusagen wieder Urstoff werden, primordialer Schleim. Sie wollen zurück in den Mutterschoß, in dem keine Abhängigkeit erlebt werden kann, weil die Symbiose gesichert ist. Gegen diese Sehnsüchte, die das Ich massiv bedrohen, werden dann Fantasien gesetzt, nur Funktion zu sein, ein Stahlgebilde wie der dem Feuer entstiegene Terminator.
Während eine naive Professionalität dem Therapeuten nahe legt, Therapie stets gut und mehr Therapie besser als weniger Therapie zu finden, enthält ein Gesamtkonzept immer auch Fragestellungen, ob es nicht besser sei, auf eine Behandlung zu verzichten, sie einzuschränken, sie knapp zu halten, weil eine prekäre Kompensation des Selbstgefühls zerstört werden kann, wenn der Therapeut eine primitive Idealisierung anbietet, die zwangsläufige Entwertung aber nicht auffängt. So ist es ein Kunstfehler, die Behandlung einer schweren narzisstischen Störung kurz vor einem eigenen, längeren Urlaub zu beginnen.

Gabriele äußerte nach einigen Jahren geduldiger Begleitung und Stabilisierung wütend, das alles bringe nicht das Geringste, der Therapeut habe immer nur herumgeschwätzt. Er habe ihr weder dabei geholfen, sich von dem unattraktiven Ehemann zu trennen, noch den attraktiven Liebhaber zu gewinnen, er halte sie hin wie dieser, er sei auf der Seite der Männer. Der primitive Narzissmus des Therapeuten legt diesem nahe, angesichts einer Patientin wie Gabriele zu sagen, sie solle sich doch, wenn die Arbeit so wenig bringe, einen besseren Helfer suchen. Vermutlich gehört diese Gegenübertragung zu einer Inszenierung von Gabriele, in der sie verstoßen und bestraft wird, weil sie ihren Hass auf das Selbstobjekt nicht kontrollieren kann.
Es ist in diesen Situationen sehr hilfreich, die Quellen der Wut wenigstens selbst zu verstehen, wenn es schon nicht gelingen will, sie den Klienten zu verdeutlichen. Sie liegt bei Gabriele darin, dass sie als Kind immer zwischen zwei Eltern stand, die sich gegenseitig entwerteten und gleichzeitig voneinander abhängig waren. Der Vater beschimpfte die Mutter und entwertete sie als asexuelle Zicke, die ohne ihn eine alte Jungfer geworden wäre. Sie zog sich von ihm zurück und klagte über ihn. Aber sie blieb mit ihm zusammen und ließ sich jeden Morgen von ihm zur Arbeit kutschieren, weil sie sich fürchtete, selbst Auto zu fahren. So verband sich für Gabriele Abhängigkeit mit Entwertung und die Angst vor der vorübergehenden Trennung vom Selbstobjekt mit dessen vollständigem Verlust.
Eine stützende Reaktion auf die wütende Entwertung des Therapeuten setzt voraus, dass dieser seine primitiven Idealisierungsbedürfnisse steuern kann und nicht nach dem Motto »Entwertung um Entwertung« handelt. Er wird etwa sagen: »Ich habe schon ganz andere, positivere Einschätzungen unserer Arbeit von Ihnen gehört. Seit wann hat sich das in Ihrem Erleben so verändert?« Oft ist es auch hilfreich, zu begründen, weshalb ich als Therapeut der Ansicht bin, dass die bisherige Arbeit gefruchtet hat.
Der forschende Umgang mit Entwertungen ist so wichtig, weil sich durch ihn oft verhindern lässt, dass sich die Klienten selbst und/oder

den Therapeuten für diese »bösen« Neigungen bestrafen, sich an dem Therapeuten rächen oder sich selbst schädigen, um solche Racheimpulse auszumerzen. Solange der Klient den Therapeuten entwertet, ist er noch im Gespräch mit ihm. Wenn kein Therapeut da ist, der sich diese Entwertung aufmerksam und mit kritischer Geduld anhört, steigert sich die Wut des Gekränkten unter Umständen zum Amoklauf. Dieser zerstört dann das Arbeitsbündnis für immer. Beispiel:

Ein Patient, der eine Therapie als Ausbildungsbaustein anerkannt haben möchte, arbeitet zunächst trotz einer weiten Anfahrt gut mit. Irgendwann erhält er von der Ärztekammer eine andere Auskunft über seine juristische Situation als von seinem Therapeuten, weil er in seiner Anfrage die Fortbildungs-Nomenklatur durcheinander gebracht hat. In der Stunde, in der er diese Frage besprechen möchte, ist der Therapeut verreist. Dieser ist überzeugt, den Klienten informiert zu haben; jener behauptet, der tückische Therapeut habe ihn absichtlich zur sinnlosen Anreise gezwungen.
Der in seiner Wut verlassene Klient verfasst eine Reihe von Briefen, in denen er den Therapeuten als Betrüger hinstellt, der falsche Versprechungen mache, um seine Praxis zu füllen, und der unzuverlässig und intrigant sei. Diese Briefe schickt er an das Institut, dem der Therapeut angehört, an die Ärztekammer und an die kassenärztliche Vereinigung. Der Therapeut erhält eine Kopie dieser Verleumdungen und die Ankündigung, dass seine letzte Rechnung nicht bezahlt und ein Prozess geführt werde, um auch die früheren Zahlungen einzuklagen.

Solche Ereignisse gehören zum Berufsalltag, sie sind allerdings sehr selten. Wenn der Therapeut konstruktiv bleibt, sich entschuldigt und Verhandlungen anbietet, auch wenn er glaubt, im Recht zu sein, lassen sie sich meist entschärfen. Ein Prozess ist in den meisten Fällen unökonomisch: Die Zeit, in denen der Therapeut mit Anwälten und

Gerichten zu tun hat, steht kaum je in einem vernünftigen Verhältnis zum Ertrag; zudem wird der Verleumder in seiner Wut und in seinen Anstrengungen bestärkt, den Helfer schlecht zu machen. Nachgiebigkeit ist ebenso wenig angebracht, denn sie wird in solchen Kämpfen gerne als Schwäche ausgelegt.

Ich habe in dreißig Jahren einmal einen solchen Fall erlebt und auch hier den Konflikt relativ schnell entschärfen können, weil ich weder auf meiner letzten Rechnung beharrte, noch auf die Rückzahlungsforderung oder die Verleumdungen reagierte; ich schrieb nur einen Brief, in dem ich meine Position erklärte. Aber eine Wiederaufnahme der Arbeit ist in solchen Situationen erschwert; sie anzubieten, erscheint wie Hohn über den Amoklauf des Kranken und würde abgelehnt, auch wenn der Therapeut sich subjektiv in der Lage fühlte, mit dem Racheengel weiterzuarbeiten.

Hass bindet, Liebe trennt

Die liebevolle Trennung ist eine zentrale Qualität der *Therapy on Demand.* Diese verzichtet ja auf den dramatischen Nachdruck des »jetzt oder nie«, auf die Durchhalteparolen und Durchstoßstrategien, mit denen die narzisstische Störung jedes menschliche Unternehmen durchtränkt. So kommt es in einer solchen Behandlung immer wieder zu Trennungen für kürzere, längere oder unbestimmte Zeit. Erst wenn den Beteiligten klar geworden ist, dass diese Trennungen die gemeinsame Arbeit nicht entwerten, können sie sich auf sie einlassen und sich – wenn es denn notwendig ist – auch nach Jahren freuen, dass sie sich jetzt wieder sehen und das nächste Stück Weg gemeinsam anpacken. Wenn wir vom Modell des Selbstobjekts ausgehen, ist auch klar, dass diese Trennung von der Möglichkeit getragen wird, den Therapeuten als gut genug zu erleben – ihn also von primitiver Idealisierung und Entwertung genügend weit entfernt zu halten.

Von den Bindemitteln im menschlichen Leben gibt es zwei, die Menschen aneinander schweißen und nicht ohne Verletzung getrennt werden können: die Angst und den Hass. Nur die Liebe ermöglicht starke Bindungen, in denen die Partner sich loslassen können. Das gilt schon für die Liebe der Eltern zum Kind. Wenn ein Kind sich aus einer Umarmung der Mutter befreien und eigene Wege gehen will, dann wird die liebevolle Mutter das Kind loslassen, die ängstliche oder die überbeschützende es festhalten. Überbeschützung ergibt sich aus Unsicherheit und oft auch aus abgewehrter Aggression.

Wenn man psychotherapeutische Praktiker fragt, welche Aspekte ihrer Arbeit ihnen am unangenehmsten sind, kommt man auf zwei Themen: die Berichte an die Kassengutachter und die übrigen bürokratischen Formalitäten der Abrechnung einerseits, die Regelung über ausgefallene Sitzungen andererseits. Wenn der Therapeut mit einem Klienten einen Termin vereinbart und dieser nicht erscheint, steht Ärger ins Haus. Wenn Therapien scheitern, geschieht es oft über diese Frage, die sozusagen das zentrale Symbol für verlässlichen Austausch in einer Therapie ist.

Der Therapeut lebt von dem, was er für seine Zeit bekommt. Wenn der Klient keine Stunde nimmt, der Therapeut aber doch eine »gibt«, steht ihm ein Ausfallhonorar zu. Dieses müssen Klienten selbst zahlen, während die Behandlung sonst von der Kasse übernommen wird. So fühlt sich der Klient, der den Termin vergessen, den Zug verpasst, eine Grippe eingefangen hat, vom Therapeuten abgestraft, weil er für eine Stunde, die er verpasst hat, jetzt zahlen soll. Solche Fantasien können nicht gänzlich durch Vernunftgründe entkräftet werden. Aber es ist doch sehr nützlich, von Anfang an die Sachlage durchzusprechen, die Geschäftsgrundlage eindeutig zu formulieren und vielleicht auch schriftlich zu vereinbaren, was mit ausgefallenen Terminen geschieht und wie lange vorher ein Termin abgesagt werden muss, um nicht berechnet zu werden.

Nichttherapeuten mag es merkwürdig anmuten, von den großen Worten über Trennung und Bindung, Hass und Liebe auf die kleinlichen Regelungen ausgefallener Sitzungen zu kommen. Aber in der Praxis entspinnen sich um solche Fragen heftige Auseinandersetzungen. Je sachlicher und liebevoller der Therapeut dazu stehen kann, dass er von den Entgelten für seine Zeit lebt, desto mehr Chancen bestehen, in solchen Fragen eine Routine zu entwickeln, die beiden Beteiligten viel Energie spart.

Über die finanzielle Absicherung des Therapeuten hinausgehender Druck auf einen Klienten, Termine wahrzunehmen, passt nicht zu meinem Konzept einer *Therapy on demand*. Zwar ist auch in meiner Praxis die weit überwiegende Mehrzahl der Klienten pünktlich. Aber wenn sie unpünktlich sind oder eine Stunde versäumen, halte ich mich möglichst weit von jedem wertenden Umgang mit dieser Tatsache fern. Sie bedeutet etwas, aber sie enthält primär keine Entwertung der Therapie, keinen Angriff auf meine Person, keine Nachlässigkeit des Kranken. Alle diese Bedeutungen können sich zeigen, aber keine würde ich von Anfang an unterstellen. Und es gibt noch viele andere Bedeutungen. Dem Klienten kann ein anderer Termin wichtiger gewesen sein, oder er folgte der Eingebung, dass er lieber noch eine Zeit lang alleine mit einem Thema beschäftigt sein und dieses noch nicht meiner neugierigen Aufmerksamkeit ausliefern wollte.

Vor allem in Therapiegruppen, bei denen von Anfang an klar ist, dass der Platz und nicht die Sitzung bezahlt wird, gibt es immer einige Klienten, die nicht regelmäßig kommen und aus der verpflichtenden Teilnahme eine bedarfsorientierte gemacht haben. Ich finde das weder gut noch schlecht, sondern interessant. Die Toleranz der Gruppen für dieses Verhalten ist unterschiedlich. Ich kenne Gruppenleiter, die Druck ausüben und Mitgliedern die Teilnahme an einer Gruppentherapie aufkündigen, sobald diese öfter als zweimal hintereinander fehlen. In einem solchen Arbeitsrahmen würde ich mich nicht wohl fühlen, er widerspricht meinem Respekt vor der Fähigkeit meiner Klienten, ihren Bedarf an eine Therapie selbst zu regulieren.

Die zeitlichen Grenzen einer Therapie sind Fluch und Segen zugleich. Wenn ein Therapeut seelische Verletzungen ausgleichen möchte, die dadurch entstanden sind, dass sich ein Kind in massiven Belastungen völlig allein gelassen fühlte, wirkt die Zeitgrenze der Therapie manchmal wie eine erneute Traumatisierung. Wenn ich ihn brauche, ist der Therapeut genauso wenig da, wie es meine Mutter war.

Allerdings dürfen wir einem körperlich gesunden Menschen, der sich frei bewegen und seinen Alltag meisten kann, auch nicht zu wenig zutrauen. Wir sollten uns erinnern, dass sich Kinder binnen weniger Minuten aus einer herzzerreißenden Trennungsschmerz-szene heraus beruhigen können und dürfen überzeugt sein, dass Erwachsene das ebenso gut leisten, wenn sie es sich erlauben. Soeben hat der Dreijährige noch geschrien wie am Spieß und untröstlich geweint, weil die Mutter zur Arbeit gehen wollte. Kaum ist sie fort, lässt er sich vom Vater beruhigen, gegen dessen gütigen Zuspruch er wütend angestrampelt hat, solange er die Trennung aufzuhalten hoffte.

Die Analyse von traumatischen Trennungen ergibt immer wieder, dass die heftigsten Schmerzen nicht durch Trennung ausgelöst werden, sondern durch Unfähigkeit der Ersatzpersonen, Wut und Trauer des Kindes anzunehmen, ohne es zu strafen oder zu entwerten. Und wenn der Therapeut das erste – die trennungsfreie Beziehung – nicht leisten kann, so kann er doch Vorbild im zweiten sein: Er kann die Wut und die Trauer des Kranken annehmen, ohne diesen zu strafen oder zu entwerten.

In solchen Situationen ist es hilfreich, wenn der Therapeut sich und seinen Klienten zutraut, Trennungen zu ertragen, ohne von ihnen zu verlangen, sie müssten diese akzeptieren, ihren Sinn einsehen, den Therapeuten durch Goodwill entlasten. Die Klienten dürfen mitbestimmen, wie viel Therapie sie benötigen. Der Therapeut gibt den vereinbarten Rahmen weder auf, noch hält er krampfhaft an ihm fest. Er vermittelt immer seine Bereitschaft, sich mit den Bedürfnissen der Klienten abzustimmen, sich mit ihnen zu einigen, ohne dass seine Interessen ignoriert oder ihre übergangen werden.

Daher finde ich auch viele Regeldebatten unsinnig, ob z. B. bei einer Krise die Zahl der Sitzungen pro Woche gesteigert werden soll, ob Telefonanrufe außerhalb der Sitzungen gefördert, erlaubt oder verboten werden sollen. Es kommt darauf an, dass sich Helfer und Klient einigen, ohne dass einer von beiden fürchten muss, durch übermäßige Nachgiebigkeit in eine Situation zu geraten, die er nicht aufrechterhalten kann. Ich persönlich sehe nicht ein, weshalb erwachsene Personen mit einer telefonischen Kontaktaufnahme nicht warten können, bis die normalen Praxiszeiten beginnen. Ich füge mich einem Klienten nicht, der behauptet, er könne keine Minute stillsitzen und müsse deshalb mit mir spazieren gehen. Andere Therapeuten fühlen sich mit anderen Regelungen wohl – dann ist es an ihnen, diese zu finden.

Die Zeitgrenzen der Therapie und die Bereitschaft des Therapeuten, über diese Grenzen einfühlend und genau zu sprechen, helfen dem traumatisierten Kranken in einer Form, welche eine grenzenlose Therapie nicht bewerkstelligen kann. Der stets verfügbare, stets bereite Therapeut würde eine künstliche Situation schaffen, etwas, das zu gut ist, um wahr zu sein.

Schwangerschaft

Schwangerschaft ist beides: narzisstische Krise und Chance. Sie kann das weibliche Selbstgefühl unerträglich belasten, sie kann es immens stützen und sichern. Beide Möglichkeiten hängen damit zusammen, wie sehr die werdende Mutter auf ein Selbstobjekt angewiesen ist und in welchem Maß sie dem entstehenden Kind diese Funktion in ihrer Fantasie zuschreiben kann.

So reicht die Reaktion der Frauen, die ein Kind erwarten, ohne dass sie einer Partnerschaft sicher sind, vom schroffen »niemals« bis zum glücklichen »endlich habe ich einen Menschen ganz für mich allein.« Es gibt Frauen, die nur schwanger werden wollen, wenn sie daran glauben können, dass das Kind nicht von ihnen allein, sondern auch von einem Vater versorgt werden wird. Andere trennen sich kurz nach der Entbindung von einem Partner und behaupten, es reiche ihnen völlig, ein Kind zu versorgen, ein zweites – den erwachsenen Mann – könnten sie nun nicht mehr gebrauchen. Krisen angesichts einer ungeplanten und/oder ungewollten Schwangerschaft müssen von Krisen unterschieden werden, die auftreten, wenn eine Frau schwanger werden wollte, angesichts dieses Ereignisses aber Ängste oder Depressionen entwickelt, die auf eine unbewusste Bedeutung der Schwangerschaft hinweisen.

Die Selbstgefühlskrisen der kinderlosen Frau sind ausgeprägter als die kinderloser Männer. Die meisten Menschen werden es nicht einfach finden, die Tatsache zu verarbeiten, dass eine zentrale Möglichkeit der menschlichen Existenz von ihnen nicht wahrgenommen werden konnte. Paarbeziehungen sind überfordert, wenn nicht die Intensität der sexuellen Beziehung sozusagen von selbst zu einer Schwangerschaft führt und danach das reale Kind die Auseinandersetzung des Paares mit den Fähigkeiten zur Elternschaft einleitet. Denn während die reale Schwangerschaft, die Geburt und das Heranwachsen des Kindes nach und nach abgearbeitet und bewältigt werden können, entstehen heftige Beziehungskrisen, wenn vorab die Tauglichkeit des Partners geprüft werden muss, ob er als Selbstobjekt für das Unternehmen Familiengründung genügend idealisiert werden kann.

Die Partner – es sind gar nicht selten Pädagogen, Psychologen, Ärzte und Angehörige anderer Berufe, die sich über die zahllosen Möglichkeiten kundig gemacht haben, wie Elternschaft scheitern kann – nehmen sich vor, alle Fehler zu vermeiden. Sie wollen die Frage ihrer Elternwürdigkeit klären, ehe sie ein Kind zeugen. Ein gesundes Baby hat relativ einfache Ansprüche und wächst recht schnell heran. Was aber Erwachsene an babyhaften Ansprüchen in sich tragen, ist kompliziert und wächst nicht heran. Daher ist die Prüfung der eigenen Elternkompetenz bzw. der des Partners gnadenlos und kaum zu befriedigen.

Das Paradox geht noch weiter: »Wenn du jetzt, wo wir noch gar kein Kind haben, schon soviel Angst vor dem hast, was da an Forderungen auf dich zukommt – wie willst du es dann jemals schaffen, ein Kind großzuziehen?« So ähnlich formulieren solche Menschen ihre Sorgen. Sie beachten nicht, dass die Angst vor einer imaginären Schwierigkeit *größer* ist als die Furcht vor einer realen Situation. In der Fantasie schreit das Baby immer, hat alle möglichen Krankheiten, der Partner dreht durch. In der Realität ist es sehr wahrscheinlich, dass das Baby auch einmal schläft, dass es vielleicht eine Krankheit hat, aber viele andere nicht, und dass der Partner nicht gleichzeitig mit dem Schreien des Babys durchdreht, sondern seine Ansprüche erst anmeldet, wenn dieses zufrieden gestellt ist.

Die beste Voraussetzung für Elternschaft ist eine gute sexuelle Beziehung, die sich nicht viel um die Zukunft schert, aber doch als so tragend erlebt wird, dass man ihr einige Auseinandersetzungen zumuten kann. Mit dieser Stabilität kann das Paar den Mut gewinnen, das Kind – schließlich ein Produkt dieser sexuellen Intensität – erst einmal in diese einzubeziehen und zu glauben, dass es so gut sein wird wie die gemeinsame Erotik, dass es gewissermaßen erwacht, schreit, sich befriedigt und schläft.

Alles weitere ergibt sich aus dem, was in diesem Geist mit dem Kind und dem Partner oder der Partnerin ausgehandelt wird. Unter diesen Prämissen ist Elternschaft nicht etwas, das vorhanden sein muss, ehe man wagt, sie zu beanspruchen, sondern etwas, das sich entwickelt und dann da ist, wenn es gebraucht wird. In Beratung und Therapie sehen wir freilich öfter die Paare, bei denen die sexuelle Beziehung nur dann stattfinden darf, wenn die Frage zufrieden stellend geklärt wurde, ob die Partner füreinander (und womöglich für alle Zukunft) genügend gute Eltern sind.

Die narzisstische Krise während der Schwangerschaft hängt damit zusammen, dass mit dem Augenblick der Einnistung des befruchteten Eis ein biologischer Um- und Aufbauprozess beginnt, wie es keinen zweiten im menschlichen Leben gibt. Während ein stabiles Selbstgefühl, das auf einer strukturbildenden Identifizierung mit einem genügend guten Mutterbild beruht, diese Aufgabe annehmen und an ihr wachsen kann, wird ein geschwächtes überfordert. Das gilt vor allem dann, wenn die vom Ich entwickelten Abwehrstrukturen eine zwanghafte Komponente haben. Selbstgefühlsschwächen, die durch den Mangel an Bemutterung und an Idealisierung der eigenen Mutter aufgetreten sind, werden oft durch Kontrolle über die eigenen Gefühle, Triebe und Affekte ausgeglichen. Die Schwangerschaft als unkontrollierbares, intellektuell nur teilweise fassbares

Geschehen durchbricht und überforderte diese Strukturen; die Folgen sind psychotische Einbrüche oder heftige Angst und zwanghaftes Grübeln, ob es nun »richtig« sei, das Kind auszutragen.
In manchen Fällen eines belasteten und geschwächten Selbstgefühls wird die Schwangerschaft auch als Triumph erlebt, als unwiderleglicher Beweis, eine Frau zu sein und eine Potenz zu besitzen, die Männern fehlt. In diesen Fällen wird dann das Ende der Schwangerschaft gefürchtet, in der dieser Potenzbeweis wieder verloren geht und die Mutter sich um das jetzt von ihr getrennte Kind kümmern muss. In extremen Fällen führt diese Störung dazu, dass Frauen nicht verhüten, aber immer wieder abtreiben.
Besonders tragisch sind jene Fälle, in denen sich eine Frau ein Kind wünscht, aber die psychischen Möglichkeiten, es zu bekommen, von der Stabilisierung ihres Selbstgefühls durch einen Partner abhängen. Wenn der Partner Zweifel äußert, selbst unsicher wird, die Frage der Frau überlässt, ob sie ein Kind haben will oder nicht, bricht das weibliche Selbstgefühl zusammen; die Frau entschließt sich zu einer Abtreibung und kann danach meist die Beziehung zu dem Mann nicht mehr aufrechterhalten, der sie in ihrem zentralen Bedürfnis enttäuscht hat.
Eine Frau mit gesundem Selbstgefühl ist überzeugt, dass aus dem zögernden und zweifelnden Partner ein liebevoller Vater wird, wenn er erst das Kind im Arm hält. Eine Frau mit geschwächtem Selbstgefühl kann sich das nicht vorstellen; wenn er jetzt schon zweifelt, dann wird alles immer schlimmer werden. In solchen Situationen ist es für die Schwangere sehr hilfreich, wenn ihr diese Zusammenhänge aufgezeigt werden.

Fehlgeburt und mütterlicher Perfektionismus

Wie eine Fehlgeburt verarbeitet wird, dokumentiert die Belastbarkeit des weiblichen Selbstgefühls. Realistisch gesehen ist die Fehlgeburt ein Beleg dafür, dass die komplexen Regelungen gut funktionieren, welche das Zustandekommen einer Schwangerschaft

ermöglichen. Allerdings streckte in diesen Funktionen ein winziger Fehler, der zum Abbruch führte.
Frauenärzte wissen schon lange, dass die Wahrscheinlichkeit einer gelingenden Schwangerschaft mit jeder Fehlgeburt zunimmt. Diese medizinische Einsicht braucht aber den gesunden Narzissmus, um wirken zu können. Im anderen Fall wird jede Fehlgeburt als persönliches Versagen verstanden. Dahinter stehen oft Fantasien, dass eine dämonisierte Mutter-Imago (»das Schicksal«) orakelhaft gegen die eigene weibliche Potenz gesprochen hat. In diesen Fällen benötigen die Frauen eine Stabilisierung ihres Selbstgefühls; sie müssen sich von dieser bösen Mutter distanzieren.
Die therapeutische Arbeit mit diesen Themen ist besonders schwierig, weil es buchstäblich um Leben oder Tod, um Schicksalsfragen geht. Soll ein neuen Mensch entstehen oder nicht? Darf der Therapeut Komplize einer Schwangerschaft werden, wenn ihm deutlich geworden ist, wie massiv das Kind von der werdenden Mutter benutzt wird, um ihre Selbstgefühlsdefizite zu kompensieren?
Unverkennbar wirken sich hier eigene Positionen von Therapeutinnen und Therapeuten aus. Wer selbst Kinder hat, urteilt oft toleranter als Frauen und Männer, die sich gegen Kinder entschieden haben, weil sie diesen eine Wiederholung eigener, negativer Erfahrungen ersparen wollen. Eine Mutter, die von sich behauptet, sie würde ihr Kind schlecht behandeln, verführt vielleicht mehr Therapeutinnen und Therapeuten zu unprofessionellem Handeln als jede andere Situation. Anstatt zu untersuchen, weshalb sie sich so darstellt und was tatsächlich geschieht, reagieren viele Helfer alarmiert und empfinden hohen Aktionsdruck. Sie lassen sich keine Zeit, die Mutter-Kind-Beziehung zu analysieren, sondern nehmen die Aussagen der Mutter als handlungsleitende Wahrheit. Darin spiegeln sich eigene Allmachts- und Ohnmachtsthemen.
Eine professionelle Reaktion ist erst einmal die Aufklärung darüber, wie der Schaden möglichst gering gehalten werden kann, der durch die Selbstgefühlsschwäche einer Mutter droht. Oft sind Therapeuten wie erlöst, wenn sie das bereits als schwer beeinträchtigt dargestellte Kind sehen und feststellen, wie viele gesunde Seiten die Inter-

aktion von Mutter und Kind tatsächlich hat. Erst wenn eine so erarbeitete, realistische Erkenntnis über die Mutter-Kind-Dynamik gewonnen wurde, ist es möglich, über das weitere Vorgehen zu entscheiden.

In der Supervision solcher Behandlungen wird oft deutlich, wie suggestiv eine narzisstisch belastete Mutter ihr eigenes Versagen schildern kann, während das Kind offensichtlich gedeiht und schwer geschädigt würde, wenn ein übereifriger Helfer begänne, die Trennung von der Mutter zu inszenieren. Mütter, die ihre Kinder wirklich schädigen und missbrauchen, sind unter den Klientinnen von Psychotherapeuten sehr viel seltener anzutreffen als solche, die den Therapeuten als strafende Instanz aufbauen, weil sie perfektionistische Ansprüche an ihre Mutterrolle nicht loslassen können.

In diese Falle tappen jene Helfer besonders leicht, die ihrerseits an primitiven Idealisierungen einer guten Mutter festhalten, welche ihr Kind »rein« liebt und bei der keine eigenen narzisstischen Interessen in die Beziehung einbrechen, weil das heißen würde, dass sie »ihr Kind zum Objekt macht«, es »missbraucht« oder »instrumentalisiert«. Eltern instrumentalisieren und manipulieren ihre Kinder immer, ebenso wie Kinder ihre Eltern. Nicht dadurch entstehen die Probleme. Zu ihnen kommt es erst, wenn die Konflikte in diesem Austausch von Erwartungen und Begierden nicht verarbeitet werden können. Dann entstehen die zementierten Spaltungen der narzisstisch belasteten Familie. Für das »liebe« Kind tun die Eltern alles; das »böse« Kind soll verschwinden, es ist der Nagel zu ihrem Sarg.

Hinter der suggestiven Macht solcher Situationen steht jene Dynamik, die D.W. Winnicott dazu geführt hat, die (frühe) Mutterschaft als gutartige Psychose zu beschreiben. Der Gang zu den Müttern führt durch archaische Gefühle. Eine Frau, die ihre Schwangerschaft und ihr Kind narzisstisch instrumentalisiert, kann einen unglaublichen Widerstand gegen alle Versuche entwickeln, ihr offenkundige Mängel in ihrer Realitätswahrnehmung zu verdeutlichen. Wer diese Widerstände nicht als bösen Willen beurteilt, sondern die urtümlichen Mächte respektiert, die hier zum Ausdruck kommen, verliert nicht so rasch die Geduld.

»Ich will ein Kind, aber nicht von meinem Mann!«

Seit es möglich ist, die genetische Elternschaft relativ unkompliziert zu ermitteln, sind die Forscher erstaunt über die hohe Zahl von »Kuckuckskindern«. Nach verschiedenen Untersuchungen sind rund zehn Prozent der Kinder nicht von dem Mann gezeugt worden, der glaubt, ihr Vater zu sein. Dieses Ergebnis hat sich in bisher 16 Vaterschaftsstudien als Durchschnittswert ergeben, die der britische Sexualforscher Robin Baker (Autor von *Krieg der Spermien*) zusammengestellt hat. Die Werte schwanken erheblich. In der Schweiz ist jedes 100ste Kind ein Kuckuckskind, in Wales fast jedes dritte.

Psychotherapeuten wissen von dieser Dynamik schon lange, denn die Zahl der Frauen, die sich ein Kind von einem Mann wünschen, der nicht ihr Ehemann ist, wächst proportional zu den Selbstgefühlsstörungen. Da es für den geschwächten Narzissmus sehr wichtig ist, in einer Beziehung nicht die Abhängige zu sein, suchen sich diese Frauen einen Partner, der sie mehr begehrt als sie ihn – oft nach einer Enttäuschung durch einen »aufregenden, aber unzuverlässigen« Mann. Manchmal ist die kapriziöse Frau, die schwanger wird und einen Mann heiratet, der gar nicht fassen kann, wie er sie erobern konnte, bereits von einem anderen schwanger. In anderen Fällen setzt sich dieses Muster während der Ehe durch. In dem Fall, den ich jetzt kurz skizziere, war es sogar erst nach der Geburt eines Sohnes.

Eveline ist eine sehr intelligente und ehrgeizige Frau, die ihren anspruchsvollen Beruf gut bewältigt und daneben den schulpflichtigen Sohn versorgt. Mit ihrem Partner ist sie chronisch unzufrieden, sie findet ihn sexuell unattraktiv, bequem, auf seinen Beruf fixiert. Jeden Urlaub, jedes Abendessen mit Freunden muss sie selber planen, er macht gerne mit, bringt aber keine Initiative und wirft ihr – wenn sie mit ihm schimpft – seinerseits vor, sie sei nie zufrieden und würde mit ihren unerfüllbaren Ansprüchen jede Familie kaputtmachen.

Seit vier Jahren hat Eveline einen ebenfalls verheirateten Geliebten, von dem sie bereits einmal schwanger wurde. Als sie bemerkte, dass er darüber schockiert war und um die Beziehung zu seiner Frau fürchtete, ließ sie eine Abtreibung durchführen, die sie so deprimierte, dass sie therapeutische Hilfe suchte. Sie fühlt sich verloren zwischen den beiden Männern, klagt den unattraktiven Partner, den unzuverlässigen, verlogenen Geliebten und den Therapeuten an, der ihr nicht helfe und ihr nicht sage, ob sie sich scheiden lassen solle oder nicht.

Den Therapeuten irritiert die Hartnäckigkeit, mit der Eveline auch nach der Abtreibung davon träumt, von dem Liebhaber schwanger zu werden. Sie kann in der einen Stunde wütend die Trennung von diesem Mann ankündigen und in der nächsten von ihrer Fantasie sprechen, die Pille wegzulassen. Sie klagt, wie wenig er ihr in ihrer Krise beigestanden sei, wie er sich nur telefonisch erkundigt habe, wie es ihr denn nach der Abtreibung gehe. Aber sie fühle sich bei ihm als Frau, ihn begehre sie, ihren Mann aber nicht.

Allmählich wird deutlich, dass Eveline ihre eigenen Ängste, verlassen zu werden und abhängig zu sein, durch ihr Gegenagieren abwehrte. Sie entwertet den Mann, von dem sie abhängig ist, findet ihn unattraktiv, degradiert die Ehe zu einer Zweckgemeinschaft, weil sie sich fürchtet, von ihm allein gelassen zu werden. Sie idealisiert den Mann, den sich nicht haben kann. Sie kann sich nicht vorstellen, Liebesbeziehungen zu beginnen und zu beenden. Die Männer müssten das tun und dürfen es gleichzeitig auf gar keinen Fall tun. Am besten wäre es, wenn der Liebhaber ihr eine Beziehungsgarantie gäbe, ehe sie dem Ehemann erzählt, dass es ihn gibt.

Eveline hielt sich für unfähig, von ihrem Geliebten loszukommen. Sie dachte daran, seine Frau zu verständigen oder ihren Ehemann, damit diese entweder ihm oder ihr eine Fortsetzung der Beziehung unmöglich machten. Die Schwanger-

schaft war ein Mittel in diesem Arsenal der Aufrüstung eines geschwächten weiblichen Selbstgefühls. Als Schwangere dachte sie, endlich mit dem Liebhaber auf gleicher Ebene verhandeln zu können, endlich ihrem Ehemann vermitteln zu können, wie unzufrieden sie mit ihm war. Unter diesem Aspekt ist verständlich, dass Eveline hartnäckig und mit hohem Risiko für ihre Ehe, ihr Kind und die Ehe des Geliebten an ihrem Wunsch festhält, von ihm schwanger zu werden. Wenn sie schwanger ist, gewinnt sie eine Sicherheit in ihrem weiblichen Selbstgefühl, die ihr sonst fehlt.

2. Die Therapie nach einer Therapie

> »Jede psychoanalytische Behandlung ist ein Versuch, verdrängte Liebe zu befreien, die in einem Symptom einen kümmerlichen Kompromissausweg gefunden hat. Ja, die Übereinstimmung mit dem vom Dichter geschilderten Heilungsvorgang in der ›Gradiva‹ erreicht ihren Höhepunkt, wenn wir hinzufügen, dass auch in der analytischen Psychotherapie die wiedergeweckte Leidenschaft, sei es Liebe oder Hass, jedes Mal die Person des Arztes zu ihrem Objekte wählt. Dann setzen freilich die Unterschiede ein, welche den Fall der Gradiva zum Idealfall machen, den die ärztliche Technik nicht erreichen kann. Die Gradiva kann die aus dem Unbewussten zum Bewusstsein durchdringende Liebe erwidern, der Arzt kann es nicht … Der Arzt ist ein Fremder gewesen und muss trotzdem nach der Heilung wieder ein Fremder werden.«[31]

Hier spielt Freud mit einem Gedanken, den seine Nachfolger bekämpfen. Voller Verständnis für den Dichter und mit einem Schuss Ironie redet er einer Liebesrealität das Wort, deren schwacher Abglanz die analytische Einsicht sei.

In Freuds Reden über die Kunst als Schmetterlingsspiel, verglichen mit der Steinbrucharbeit der Wissenschaft, steckt immer auch ein wenig Sehnsucht nach einer Welt, in der er gerne Gast war. Die Pflicht zwingt den Arzt zur Distanz; die Lust geböte die Vollendung in der Liebe. Aber das ist Privileg des Künstlers; der Wissenschaftler, der Arzt müssen in der Abstinenz arbeiten. Lust wie Liebe sind ein »Idealfall«, demgegenüber die ärztliche Technik dazu führen muss, dass die ordnungsgemäß durchgeführte Analyse einer Übertragung die Liebe ebenso auflöst wie den Hass.
In Analytikerkreisen wird gerne zitiert, es beweise eine kunstgerechte Analyse, wenn der Klient den Therapeuten nach einem Jahr auf der Strasse nicht mehr erkenne. Der Therapeut soll akzeptieren, dass eine gelungene Übertragungsanalyse für beide Teile – für den Kranken wie für ihn selbst – Arbeit ist, bezahlte Arbeit, oft auch harte Arbeit. Sie ist kein Geschenk, kein Kunstwerk, für das dem Therapeuten Dankbarkeit und Bewunderung gebühren. So muss er sich mit seinem Bankkonto trösten, wenn der Mensch, um den er sich jahrelang bemüht hat, ihn vergisst.
Die analytische Praxis hat ihre eigene Dynamik. Manche Gesetze des Gründers hat sie festgehalten, die Couch etwa und die freie Assoziation. Andere sind umstritten, wie die Stundenfrequenz oder die Möglichkeit, Pausen einzulegen, den Therapeuten zu wechseln. Neue Gesetze sind hinzugekommen; Freud hat seine Tochter Anna analysiert, was heute undenkbar wäre. Aber ein Vorschlag Freuds ist vollständig vernachlässigt worden: dass jeder, der die Analyse ausübt, im Abstand einiger Jahre seine Eigenanalyse erneuern sollte. Freud hat viel weniger an die Möglichkeit geglaubt, eine Analyse abzuschließen, als die Autoren, die sich später mit Behandlungstechnik beschäftigt haben. Man gewinnt angesichts des Problems der Beendigung von Analysen den Eindruck, dass Freud offener mit den Problemen gerungen hat als seine Nachfolger.

Vom Sinn bedarfsorientierter Psychotherapie

Wenn der Kranke nach der Therapie einer Infektion oder eines Knochenbruchs den Arzt aufsucht, kann dieser beweisen, dass das Leiden geheilt ist, das er behandelt hat. Wenn aber nach Abschluss einer Therapie der Klient wiederkommt und über seelische Probleme klagt, ist es oft nicht möglich zu klären, ob ein neues Leiden hinzugekommen oder aber das alte nicht gründlich genug behandelt worden ist. Eine Freundin, selbst Chirurgin von Beruf, ließ sich wegen eines sehr schmerzhaften Bandscheibenschadens im Nacken von einer Kapazität in New York operieren. Nach der Operation hatte sie ebenso schlimme Schmerzen wie vorher, die sie nach wie vor arbeitsunfähig machten. Als sie sich bei dem Operateur beklagte, zeigte ihr dieser die postoperative Röntgenaufnahme und sagte, die OP sei perfekt gelungen, für ihn sei sie geheilt. Im Bereich der Beziehungshelfer gibt es solche Mittel nicht. Ihre Wissenschaft beruht auf Übereinstimmung. Wenn es dem Klienten schlecht geht, wird ihm der Psychologe keinen Test zeigen, der besagt, er sei gesund. Eine brillante chirurgische Operation bleibt brillant, auch wenn der Klient gar nicht behandelt werden wollte und lieber an seinem Leiden gestorben wäre. Eine vergleichbare psychotherapeutische Intervention gibt es nicht.

Vielleicht ist es eines der Probleme der Psychotherapie – genauer: der Psychotherapeuten –, dass sie sich der Brillanz ebenso entzieht, wie es Liebes- oder Freundschaftsbeziehungen tun. Brillant zu sein ist nicht zuletzt deshalb so verlockend, weil man nach dem strahlenden Auftritt auch abtreten kann. In guten Beziehungen spielt die verlässliche Wiederkehr eine gültigere Rolle als das Feuerwerk. Es ist sicher kein Schaden, wenn ein Therapeut einen Traum mit einer glänzenden Metapher deuten kann. Aber die entscheidende Qualität einer Therapie ist dies nicht. Sie liegt eher darin, mit einem Menschen in einer Weise zu interagieren, dass sich dieser entweder positiv entwickelt oder aber von Rück-Entwicklungen und Verschlechterungen seines Zustandes verschont bleibt.

Wenn also der Klient zurückkommt, den ein Therapeut als »geheilt«

entlassen hat, hilft uns das dynamische Erfolgs- und Entwicklungsmodell wenig, das Modell der bedarfsorientierten Therapie aber viel. Je ausgeprägter der Therapeut an sein Erfolgsmodell fixiert ist, desto schwerer hat es der Klient in dieser Situation, von Schaden bewahrt zu bleiben. Denn der Kranke stellt, indem er als Kranker und nicht als Geheilter auf die Bühne der abgeschlossenen Behandlung zurückkehrt, diese in Frage. Je realistischer der Helfer mit seiner Arbeit umgehen kann, desto eher wird er eine solche Situation würdigen und untersuchen.

Es ist nicht einzusehen, weshalb ein bewährter Psychotherapeut im Leben eines modernen Menschen eine geringere Kostbarkeit sein soll als ein bewährter Zahnarzt oder Rechtsanwalt, Klempner oder Gärtner. In keinem anderen Fall gäbe es auch nur einen Gedanken darüber, dass ein professioneller Dienstleister, der sich vertrauenswürdig und kompetent gezeigt hat, nicht unbefangen so beansprucht werden darf, wie es notwendig erscheint. Klienten berichten aber oft, dass sie in solchen Situationen abweisend behandelt oder mit dem mageren Bescheid entlassen werden, man habe zur Zeit keinen freien Platz. Manchmal sagt der Therapeut gerade heraus, er halte angesichts des begrenzten Erfolgs der ersten Behandlung einen neuen Versuch für unsinnig. Die Klienten sehen es oft nicht ein, weshalb sie einem neuen Therapeuten die alten Geschichten noch einmal erzählen sollen. Wir können nur hoffen, dass sie nicht resignieren und das nächste Mal an jemanden geraten, der mehr von der Sache versteht.

Das heißt keineswegs, die Wiederaufnahme der Behandlung bei dem ersten Therapeuten zu idealisieren. Es geht nur darum, den Schritt zu würdigen und zu verstehen, der in der erneuten Kontaktaufnahme vollzogen wurde. Er drückt zuerst einmal aus, dass der Klient den Eindruck gewonnen hat, er habe hier jemanden gefunden, mit dem er zusammenarbeiten kann. Das ist ganz und gar nicht selbstverständlich. Es zeigt, dass der Therapeut dicht am Erleben des Kranken gearbeitet hat. Er keinen Druck ausgeübt, »geheilter« zu sein, als dieser ist.

Für den Therapeuten, der seine stützenden Aufgaben ernst nimmt, überwiegt angesichts der erneuten Kontaktaufnahme eines Klienten die Befriedigung, dass dieser gekommen ist, verbunden mit der Neugier, was wohl geschehen sein könnte und einem Schuss Freude, jemanden wieder zu sehen, der vertraut ist und mit dem der oft mühevolle Prozess erspart bleibt, sich in die Rollen von Therapeut und Klient einzufinden. Eine solche Psychotherapie scheint mir einem Ideal nahe zu kommen, das manchmal der chinesischen, dann wieder der ägyptischen Medizin zugeschrieben wird, ohne dass nun dokumentiert würde, ob es jemals erfüllbar war: dass der Arzt nicht für die Krankheit zuständig ist, sondern für die Gesundheit. Dann wird er dafür bezahlt, dass seine Klienten gesund bleiben und verliert sein Honorar, wenn sie erkranken.

In eine psychotherapeutischen Praxis, die ihren Auftrag zur bedarfsorientierten Therapie erfüllt, kommen oft Klienten *vor* einem Verlust ihres seelischen Gleichgewichts, der Arbeitsunfähigkeit oder Klinikaufenthalt zur Folge hätte. Sie erscheinen angesichts der ersten Alarmzeichen, etwa Schlaflosigkeit oder Albträumen und wollen herausfinden, was sie tun können. Wenn der Therapeut seine Rolle ausfüllt, gelingt es oft in wenigen Stunden, eine Dekompensation zu verhindern.

Solche Klienten sind von dem Therapeuten, der sie länger kennt und mit ihrer Belastbarkeit vertraut ist, in einer Weise zu behandeln, die von einem neuen Therapeuten kaum erreicht werden kann. Ein Therapeut hingegen, der sich an dem Modell einer einmaligen, zur Heilung der Neurose führenden Psychotherapie orientiert, wird sie entmutigen, wenn er behauptet, ihre erneut auftretende Symptomatik sei ein Zeichen dafür, dass die bisherigen Therapieversuche nichts genützt hätten. Sie seien entweder mit der falschen Methode behandelt worden. Oder ihr Rückfall beweise gar die Übermacht genetischer Faktoren, die allein durch Medikamente zurückgedrängt werden könnten.

Ich stelle mir die Rolle eines professionellen Therapeuten anders vor. Er sieht es als seine erste Aufgabe, eine tragfähige Arbeitsbasis mit einem Klienten zu schaffen und möglichst viele Informationen zu gewinnen, um ihn von Symptomen zu befreien oder eine aktuelle Krise zu klären. Die erste Therapie legt stets auch die Basis für spätere Interventionen in bisher nicht erkannten Krisen. Es ist wäre eine Vergeudung von Kompetenz, diese Grundlage angesichts einer erneuten Krise nicht zu nutzen. Erst wenn deutlich geworden ist, dass eine weitere Zusammenarbeit nicht gelingt, scheint es mir gerechtfertigt, dieses Kapital abzuschreiben und in ein neues Unternehmen zu investieren. Therapie ist in diesem Modell keine einmalige, zum Ziel führende Intervention, sondern der Beginn eines potenziell unendlichen Interaktionsprozesses, in dem ein Experte und sein Klient versuchen, mit möglichst sparsamen Mitteln ein optimales Ergebnis zu erzielen.

In dem klassischen Lehrbuch der psychoanalytischen Technik empfiehlt Ralph Greenson, alle vier Jahre (also nach rund 900 Sitzungen einer fünfstündigen Psychoanalyse) zu prüfen, ob sich der Analysand genügend verändert. Andernfalls sei ein Wechsel des Analytikers zu überlegen.[32] Das waren idealistische Zeiten, in denen an eine Psychotherapie so wenig ökonomische Gesichtspunkt herangetragen wurden wie im Mittelalter an den Bau von Kathedralen. Heute wird nur in Ausnahmefällen eine analytische Psychotherapie über 240 Stunden hinaus von den Krankenkassen bezahlt. Klienten, welche – wie es in den USA als ökonomische Basis gefordert wurde – eine Analyse von den Zinsen ihres Vermögens finanzieren können,[33] sind selten geworden. Der Kranke, dem erst nach neunhundert Stunden auf der Couch auffällt, dass sich nichts verändert und daher etwas faul an der Sache sein muss, ist wohl noch seltener geworden. Der Erstklient von heute ist eher schockiert, wenn er hört, dass eine Psychotherapie länger dauern soll als einige Monate.

Mir scheint die Entwicklung, die ich in der Welt der Psychotherapeuten beschreibe, durchaus parallel zu anderen Entwicklungen, die von Soziologen und Sozialpsychologen aufgedeckt werden. Überall wird dem Konzept des einmal gründlich und dann für immer Gelernten der Schwanengesang notiert. Wer einen Beruf gelernt hat, soll nicht damit rechnen, dass er ihn bis zur Rente ausüben wird. Er könnte in einer Durchschnittsbiographie der Zukunft noch zwei oder drei andere Berufe lernen müssen. Identität ist nicht mehr nach einem Plan und aus einem Guss, sie wird aus unterschiedlichen

Fragmenten zusammengeflickt, zum Patchwork (Heiner Keupp) gebastelt.
In der komplexen und dynamisierten Arbeitswelt einer globalisierten Wirtschaft ist der Beratungs- und Interventionsbedarf immens. Er wird nicht mehr in den Unternehmen selbst geleistet, sondern in der Regel von außen nach Bedarf hinzugekauft. Die entstehenden Netzwerke sind dynamisch, aber weder beliebig, noch flüchtig; sie müssen sich wechselnden Forderungen flexibel anpassen. Aber gerade weil sich so viel so schnell verändert, ist das Bedürfnis nach verlässlichem Halt groß. Die Instabilität, in die wir geraten sind, ist ebenso wie die immense Bedeutung von Aufmerksamkeit, Anerkennung, Erfolg eine Quelle von Krisen für jene Personen, deren Selbstgefühl durch vorangehende Verletzungen geschwächt wurde.
Für die Praxis ist die Frage akademisch, ob die Zunahme narzisstischer Störungen durch die kulturellen Veränderungen in der Konsumgesellschaft und die mit ihr verknüpften Kindheitsträumen erklärt werden kann. Die meisten Therapeuten teilen den Eindruck, dass die Dynamik von Idealisierung und Entwertung, die Spaltung der Liebesobjekte nach dem Motto »Verschwinde, aber bleib auch da!« und die Mängel in der Fähigkeit, sich in reifem Austausch auf andere Menschen einzulassen, zu Massenproblemen geworden sind. Und wer sich mit offenen Augen unter seinesgleichen bewegt, wird nicht glauben, dass die gründlichen Analysen, welche Therapeuten selbst erfahren haben, geeignet sind, narzisstische Krisen im Leben der Behandelten zu einer Gefahr der Vergangenheit zu machen, wie es etwa die Ansteckung mit Röteln für den Geimpften ist.
Daher habe ich immer wieder gefordert, dass Professionelle in den helfenden Berufen lebenslang an einem stützenden Rahmen teilhaben, der ihnen die Möglichkeit verschafft, eigene Krisen rechtzeitig zu erkennen und zu bewältigen. Wenn beruflich privilegierte Personen mit eine relativ intakten Leistungshaltung und viel Bestätigung durch eine fesselnde Aufgabe Mühe haben, ihr Selbstgefühl im Gleichgewicht zu halten und Hilfe dabei brauchen können, wie viel mehr wird das für schwer belastete Kranke gelten!
Das heißt nun keineswegs, dass wir Figuren multiplizieren wie den

Stadtneurotiker Woody Allens, der seit zwanzig Jahren in Psychoanalyse ist. Es heißt nur, die bedarfsorientierte Therapie endlich zu akzeptieren und in den Therapieausbildungen ebenso wie in den Richtlinien für die kassenfinanzierten Behandlungen zu verankern, sie offen zu lehren, zu pflegen und zu verbessern. Der Gesamtaufwand wird dadurch nicht erhöht, er wird vielleicht sogar gesenkt, denn in vielen Psychotherapien wird immens viel Energie vergeudet, überzogene Erwartungen zu korrigieren. Natürlich werden diese von den Kranken inszeniert, die nicht einsehen wollen, warum ausgerechnet ihnen das Glück in Liebe und Beruf mangelt. Aber sie werden auch von Therapeuten stimuliert, die ihre Methode als Weg zu einem neuen Adam anpreisen. Ich misstraue allen Heilern, die ankündigen, sie könnten Menschen ändern. Es reicht für einen ehrenwerten Beruf doch aus zu sagen, dass sie Menschen verstehen und ihnen helfen können, mit ihrer Geschichte und ihren Verletzungen besser zurechtzukommen.

Es scheint mir eine große Entlastung vom Druck der Machbarkeitsideale unserer technischen Zivilisation, wenn Therapeuten zugestehen, dass sie nichts *machen* können. Sie können nur Wege zeigen und ihre Klienten durch sachliche, realistische Aufklärung über die Schönheiten und Gefahren dieser Wege ermutigen, diese zu beschreiten. Solche forschenden und aufklärenden Interventionen nützen dem Kranken vielleicht nicht genug, aber sie schaden ihm auch nicht, während im Streit über den richtigen Weg, das richtige Leben, die richtige Deutung sehr oft sinnlos Energie verschwendet wird. Es kann geschehen, dass dem Kranken diese bescheidene und sachliche Haltung zu wenig ist, dass er sich mehr Leidenschaft, mehr Heilsversprechen, mehr emotionalen Einsatz wünscht. Ich finde das verständlich und habe manchmal erlebt, dass nach einer Zeit, in der Klienten einen Guru suchten, der ihnen mit nachgestellten Familienszenen oder einer schamanistischen Seance Erlösung schaffen sollte, sie auch wieder (oder immer noch) für das Angebot dankbar waren, weiter die Orientierungshilfe zu nutzen, die ich ihnen geben konnte. Ich halte es für unprofessionell, Entscheidungen zu erzwingen, wer die Helfer-Autorität haben soll. Ebenso unprofessionell wäre es freilich, die Suche nach Erlösung zu ignorieren. Sie ist eine Erscheinung wie andere auch, sie hat viel mit den Problemen des Kranken – der Suche nach dem Selbstobjekt – zu tun, an ihr lassen sich wichtige Einsichten über den Zusammenhang von Überschätzung und Entwertung der Therapie gewinnen. Und sie hat ihre ökonomische Seite. Der Kranke soll in der Therapie lernen, mit seinen Mitteln möglichst viel zu erreichen. Eine Abkürzung, die uns dem Ziel näher bringt, muss von einer Abkürzung unterschieden werden, die dazu führt, dass der Wanderer abstürzt oder in einem Sumpf stecken bleibt und dadurch weit mehr Zeit verliert als auf dem Weg, der ihm zu weit oder zu mühsam erschien, als er die Abkürzung suchte.

Das Problem des Hospitalismus

Lange stationäre Psychotherapien mit der Methodenvielfalt, die heute in manchen psychotherapeutischen Kliniken angeboten wird, scheinen mir wenig ökonomisch. Je bunter und befriedigender stationäre Psychotherapien sind, desto schwerer lastet das Risiko des Hospitalismus auf ihnen. Der Kranke wird durch die Regression blockiert, welche jeder Aufenthalt in einer Klinik mit sich bringt. Er ist »in Psychotherapie«, wie eine italienische Kirche *»in restauro«* ist. Man kann sich in zynischer Zuspitzung eine konzeptlos pluritherapeutische, aus konfrontierend-aufdeckenden und stützenden Angeboten gemischte Behandlungsform vorstellen, in der die Kranken immer den einen Therapeuten brauchen, um die Probleme aufzufangen, die ihnen der andere gemacht hat. In der Kriminalistik mag das Modell *good cop/bad cop* bewährt sein, in der Therapie gefährden Spaltung und Verwöhnung die Entwicklung der Klienten.
Ich will den Leser nicht durch die Beteuerung ermüden, dass es genügend gut durchdachte Konzepte der stationären Psychotherapie gibt, die immer dann unverzichtbar sind, wenn ein Klient den Anforderungen einer ambulanten Behandlung nicht standhält. Das Problem des Hospitalismus ist dort bekannt; freilich fällt, wer es

mit naiver Energie bekämpft, oft dem Gegen-Dilemma der allzu kurzen und daher wirkungslosen Behandlung zum Opfer.
So viel auch in einer stationären Psychotherapie geschieht, sie kann nie Entwicklungen ersetzen, die sich in der sozialen Realität außerhalb einer therapeutischen Einrichtung abspielen. Das gilt für Erwachsene; bei Jugendlichen, die sich aus einer belasteten Elternbindung nicht lösen können, ist eine lange Behandlung in geeigneten Einrichtungen ebenso notwendig wie bei Süchtigen, die in ihrer gewohnten Umgebung oft kaum eine Chance haben und später schrittweise lernen müssen, außerhalb der Drogenszene Arbeit und Freizeit zu gestalten.
Sehr sinnvoll fände ich es, wenn alle Klienten psychotherapeutischer Kliniken die Chance hätten, bei jedem Therapeuten, den sie als hilfreich erlebt haben, so lange zu arbeiten, wie es ihrer Entwicklung dient. Das würde dafür sprechen, solche Einrichtungen nicht nach dem Modell von Sanatorien fernab in Kurorten zu betreiben, sondern an den sozialen Brennpunkten, in den großen Städten.
Durch den in unserem Versorgungssystem erzwungenen Abschied von allen Therapeuten der Klinik nach dem stationären Aufenthalt gehen wir verschwenderisch mit therapeutischen Ressourcen um. Die Nachbehandlung einer chirurgischen oder orthopädischen Intervention kann jeder kundige Facharzt problemlos auf Grund des objektiven Befundes machen. Aber die Nachbehandlung eines Klienten nach einer stationären Psychotherapie gibt es nicht. Es gibt nur eine neue, ambulante Psychotherapie. Um eine ambulante Behandlung zu finden, die auf einer vorausgehenden stationären Therapie basiert, müsste der Klient weiterhin zu diesem Therapeuten gehen.

Die endliche und die unendliche Gruppentherapie

Der typische Rahmen des Gruppentherapeuten in der Praxis ist meist eine sich regenerierende Gruppe. Im Lauf der Zeit werden Mitglieder, die ausscheiden, durch neue ersetzt, die deren Platz einnehmen. Solche Gruppen haben ganz andere Qualitäten als ge-

schlossene Gruppen, vor allem, wenn sie sich über viele Jahre hin entwickeln und zu einem Organismus werden, der seine Form auch dann behält, wenn jedes seiner Moleküle ausgetauscht wurde.
Die beiden Therapiegruppen, mit denen ich seit über zwanzig Jahren arbeite, sind solche Gruppen. Sie haben mehrmals ihre Mitglieder gewechselt, so dass von den vielleicht fünfhundert Menschen, die insgesamt in ihnen gewesen sind, nur zwanzig die Anfangsphase einer ganzen Gruppe erlebt haben. Der Rest geriet in ein bereits vorhandenes soziales System, wie jüngere Geschwister, die in eine Familie hineingeboren werden.
Ich habe sehr positive Erfahrungen mit langen Gruppenbehandlungen – bis zu zehn Jahren und gelegentlich mehr – bei schweren narzisstischen Störungen gemacht, die ich in keinem anderen Rahmen mit vergleichbarem Aufwand erreichen konnte. Mein Eindruck ist auch, dass hier therapeutische Potenziale liegen, die der zeitlich begrenzte Rahmen einer geschlossenen Gruppe – etwa während einer stationären Behandlung – nicht bieten kann.
Unter dem Aspekt der bedarfsorientierten Therapie nehmen solche Gruppen eine Sonderstellung ein. Sie sind für viele Menschen, die von sozialen Rückentwicklungen, Kontaktverlust und selbstzerstörerischen Somatisierungen bedroht sind, eine Möglichkeit, sich zu halten und immer wieder zu stabilisieren. Das menschliche Selbstgefühl ist nur unter günstigen frühen Entwicklungsbedingungen (und auch dann nur für begrenzte Zeit) fähig, sich ohne soziale Anerkennung und Anregung stabil zu halten. Wenn etwa durch Bildschirmarbeit und Dokumentationsdruck die Arbeitswelt ihrer bestätigenden Qualitäten beraubt wird, ist diese soziale Komponente des Narzissmus chronisch überfordert.
In allen komplexen Systemen überlastet der Zusammenbruch eines Teilbereichs die übrigen Bereiche und destabilisiert das Ganze. Ein Beispiel ist der arbeitslose Ehemann, der seine bisher harmonische Partnerschaft ruiniert, weil er seine Frau überfordert; ein anderes die Krankenschwester, die sich auf Station gemobbt fühlt, weil die Kolleginnen nicht in der Lage sind, sie für ihren Mangel an einem befriedigenden Privatleben zu entschädigen.

Narzisstisch belastete Menschen gleichen dem durstigen Kind, das in seiner Gier den Plastikbecher zerdrückt, den ihm die Mutter reicht, und nun auf die Mutter wütend ist, weil sie es nicht besser versorgt. Sie wollen zu schnell zu viele gute Beziehungen festhalten. Daher kommen sie so häufig zu der bitteren Erkenntnis, dass sie keiner leiden mag und die Welt um sie herum aus grausamen Egoisten besteht, die sich – verleugneter Widerspruch – mit anderen ebenso grausamen Egoisten durchaus wohl zu fühlen scheinen.
Die zeitlich nicht begrenzte Therapiegruppe kann hier eine Wirkung entfalten, die auf der Mischung von stützenden und aufdeckenden Elementen beruht, welche für jede langfristig hilfreiche Behandlung notwendig ist. Sie kann Enttäuschungen aus beruflichen und privaten Verarmungserfahrungen auffangen. Gleichzeitig verhindert sie gravierende Regressionen und destruktives Agieren, wenn sich z. B. Borderline-Kranke, die zu psychotischen Reaktionen oder Selbstverletzungen neigen, die Entscheidung zu einer destruktiven Aktion so lange aufsparen, bis sie mit der Gruppe gesprochen haben.
Laien und selbst manche Helfer machen sich keine Vorstellung davon, wie extrem schwierig es für narzisstisch gestörte Menschen ist, sich in ihrer größten Hilfsbedürftigkeit einer anderen Person zu öffnen. Es ist billig, verletzte und verstörte Menschen auf die zahllosen Hilfsangebote, auf Notrufe und Telefonseelsorge hinzuweisen, die rund um die Uhr zur Verfügung stehen. Aber die Gekränkten, die sich mit ihrer Kränkung an irgendjemanden wenden können und sie nicht in zerstörerische Aktionen gegen sich selbst oder andere richten, sind sozusagen die relativ Gesunden neben den anderen, noch schlimmer Erkrankten.
Es ist in solchen Situation von unersetzlichem Wert, wenn ein Therapieangebot vorhanden ist, ohne dass es in einem eigenen Entschluss aufgesucht werden muss. Die Schwelle, einen Helfer aufzusuchen, ist höher. Es bedeutet eine viel ausgeprägtere Kränkung für das Selbstgefühl, entspricht dem Eingestehen einer Niederlage. Menschen, die sich in ihren Krisen Hilfe holen können, sind narzisstisch weit weniger belastet als jene, denen das geistig gar nicht mög-

lich ist, die sich nicht vorstellen können, dass jemand für sie da ist und ihnen seine Zuwendung nützen könnte.

Wer hier denkt, es handle sich um störrische Personen, die nur zu stolz seien, um sich Hilfe zu holen, hat wenig Ahnung von der inneren Not der Gekränkten, die sich nicht einmal eingestehen dürfen, dass sie gekränkt sind, und in kannibalischem Narzissmus jene entwerten, die glücklicher und einsichtiger sind als sie, indem sie »zu einem Therapeuten rennen!« In dieses »Rennen« wird genau die Abhängigkeit projiziert, die bei einer zwanghaften Abwehr der eigenen narzisstischen Problematik mit den Funktionen der Schließmuskeln verknüpft wird. Wer Schutz, Kontrolle und ein starres Bild des erwachsenen Menschen zwanghaft verteidigen muss, für den ist die Öffnung zu anderen ein beschämender Durchfall.

Bei einer Gruppentherapie ist ein solcher Entschluss nur einmal notwendig. Dann hat der Klient seinen Platz. Er kann ihn nach dem hier vorgeschlagenen Modell behalten, solange er ihn braucht. Er muss für diesen Platz etwas zahlen, auch dann, wenn er ihn nicht beansprucht, weil ihm andere Dinge wichtiger sind. Die Krankenkassen vergeben auch hier nur begrenzte Kontingente und wollen Berichte über die erfolgreiche Behandlung einer definierten Neurose. Aber viele Klienten zahlen, wenn sie den Sinn der Sache erkannt haben, das (geringe) Honorar für den Gruppenplatz aus eigener Tasche.

Die Teilnehmer in meinen Gruppen sind häufig Personen, die bereits eine oder mehrere Einzelbehandlungen hinter sich haben und bei denen daher eine Kassenleistung nach dem gegenwärtigen System nicht mehr gerechtfertigt werden kann. Viele wollen angesichts der geringen finanziellen Belastung die Sache auch selbst in die Hand nehmen. Ich verdiene an einer Gruppenstunde ungefähr so viel wie an einer Einzelsitzung, was mir gerecht erscheint. Es gibt Gruppentherapeuten, die für Gruppenzeit dreimal soviel haben wollen wie für Einzeltherapiezeit. Sie rechtfertigen das damit, dass Gruppen anstrengender sind und einen höheren organisatorischen Aufwand erfordern. Das erste stimmt für mich überhaupt nicht, ich finde Gruppentherapie fast immer anregender und weniger ermüdend als Einzeltherapie.

Das zweite ist in Grenzen richtig, man benötigt mehr Stühle, einen größeren Raum und muss mehr Rechnungen schreiben. Aber nach den Anfangsinvestitionen ist auch dieser Unterschied minimal. Während einer typischen, 100-minütigen Gruppentherapiesitzung kommen nicht alle Mitglieder zu Wort. In der Regel werden nur ein, zwei oder drei Teilnehmer intensiver an ihrer Problematik arbeiten. Aber die Gruppe bleibt für den Teilnehmer ein Forum, in dem er jede Woche darin gefördert wird, seine psychischen Probleme ernst zu nehmen und sich mit ihnen auseinander zu setzen. Und wenn er besonders viel Hilfe und Aufmerksamkeit benötigt, kann er sich zu Wort melden.

Nach dem Gesagten wird sich der Leser schon vorstellen, dass die Teilnehmer meiner Gruppen so lange bleiben können, wie sie es wünschen. Vier, sieben, zehn oder zwölf Jahre kommen vor, in abnehmender Häufigkeit. Jeder zweite Teilnehmer bleibt über vier Jahre; den Rekord von bisher fünfzehn Jahren hält eine Patientin, die ihren Platz gegen alle Zweifel anderer Gruppenmitglieder mit der Aussage zu verteidigen pflegt, ihr tue die Gruppe gut und sie fürchte sich, seit sie dabei sei, längst nicht mehr so vor den Wutanfällen ihres Partners. Freilich steckt dahinter sehr viel mehr als diese banal klingende Aussage. Es geht weniger um die Aggression des Partners als um die eigene Wut. Die Gruppe stabilisiert ein schwer traumatisiertes Selbstgefühl.

Die Klientin war bei der Großmutter aufgewachsen; ihre Mutter litt an einer Schizophrenie und erklärte dieser Großmutter ihren unversöhnlichen Hass. Die Patientin stand als Kind hilflos und völlig überlastet zwischen beiden Frauen. Sie floh in eine überhastet geschlossene Ehe mit einem Partner, der selbst große Probleme mit seinem Selbstgefühl hatte und ihr wenig Halt geben konnte. Sobald dieser Partner ein Stück »normaler« Wut zeigte, verlor die Klientin ihr stabilisierendes Selbstobjekt und erkrankte an Panikzuständen. Um sich vor diesen zu schützen hatte sie schon früh begonnen, sich dem Partner sexuell zu verweigern.

In der Gruppe fand die extrem misstrauische und paranoide Klientin zu einem relativ normalen Sozialverhalten. Eine andere Langzeittherapie betraf eine Frau nach einer manischen Psychose im Zusammenhang mit ihrer ersten Verliebtheit. In den zehn Jahren ihrer Gruppenteilnahme verarbeitete sie die Kränkung, »verrückt« gewesen zu sein, erlernte einen anspruchsvollen Beruf und bewältigte eine zweite, sie sehr aufwühlende Verliebtheit. Sie beendete die Gruppe, weil ihr nach der Geburt ihres zweiten Kindes die Anreise (aus einer ca. 100 km entfernten Stadt) zu anstrengend wurde.

Wie die Lebensbeichte des »Wolfsmanns« zeigt, können sich Menschen trotz einer schweren narzisstischen Störung gut entwickeln. Aber sie werden es kaum jemals so leicht haben wie andere, mit Krisen umzugehen und Kränkungen angemessen zu verarbeiten. Mich beschäftigt die Frage nach einer Heilung solcher Klienten nur deshalb, weil entsprechende Fragen oft gestellt werden, nicht zuletzt von den Betroffenen selbst. Mir scheint, dass die Äußerungen von Schriftstellern der Realität solcher Personen weit näher kommen als Diagnostik und Statistik. Wenn etwa Jean Amery beschreibt, wie wenig es dem Opfer von Folter gelingt, sich jemals wieder so unbefangen zu fühlen wie früher, finde ich die Situation nach einer schweren Traumatisierung des Selbstgefühls genau erfasst.

Es fällt nach einschneidenden Verletzungen des Selbstgefühls schwer, wieder heimisch zu werden in der menschlichen Welt. Unmöglich ist es nicht. In der Arbeit an diesen Themen gibt es Rückschläge so gut wie Erfolge. Aber Normen und Idealbilder stimulieren Erwartungen, die für Helfer wie Klienten nutzlos und oft genug schädlich sind. In diesem Zusammenhang ist ein Gruppenpatient erwähnenswert, der tatsächlich vorhat, sein ganzes Arbeitsleben an einer Gruppe teilzunehmen, die ihm hilft, wenn er selbst in seiner Kränkungsverarbeitung blockiert ist. Dieser Gruppenpatient bin ich selbst und meine Gruppe ist das Intervisionsteam der Praxisgemeinschaft, in der ich arbeite. Hier bin ich schon seit 25 Jahren Mitglied, eine Kollegin ist ebenso lange dabei, die anderen ebenfalls viele

Jahre. Wir treffen uns im selben Rhythmus wie die Therapiegruppen, einmal pro Woche für knapp zwei Stunden ausgenommen während der Schulferien. Der einzige Unterschied ist, dass es keinen Leiter gibt.

Der typische Einwand gegen die lange Teilnahme an einer Gruppe lautet, dass sich jedes soziale Gebilde im Laufe der Zeit verfestigt. Es büßt Veränderungskraft und Dynamik ein. Dieses Urteil begegnete mir zuerst während der Leitung einer institutionellen Balintgruppe – heute würde man Teamsupervision sagen – in einer Drogeneinrichtung, die ich neun Jahre durch ihre Höhen und Tiefen begleitete und schließlich auf eigenen Wunsch verließ. Nach etwa der Hälfte der Zeit sagte der Leiter dieser Einrichtung einmal, er habe gehört, dass ein Supervisor alle zwei Jahre wechseln müsse, weil er sonst Teil der Institution würde. Das Team bestand damals darauf, solche Argumente zu ignorieren und meinen Vertrag zu verlängern. Ich nahm den Einwand durchaus ernst, konnte aber nicht finden, dass ich tatsächlich Teil der Institution geworden war – es sei denn in dem durchaus produktiven Sinne, dass ich sehr viel mehr über die spezifischen Belastungen durch die Drogenarbeit wusste als zu Beginn meiner Tätigkeit.

Inzwischen bin ich selbst an der Ausbildung von Supervisoren beteiligt, und ich leite eine Balintgruppe von Supervisoren, die seit fast zwanzig Jahren zusammen ist, wobei einige Mitglieder von Anfang an dabei sind. Das ist natürlich eine eigene Institution mit eigenen Riten.[34] Aber aus dieser Tatsache einen Einwand zu schmieden, überzeugt mich weniger denn je.

Ich würde die scheinbare Regel nur noch als Frage zulassen: Alle zwei Jahre sollte in jeder therapeutischen oder supervisorischen Arbeit ernsthaft überlegt werden, ob Aufwand und Ertrag noch in einem für die Beteiligten annehmbaren Verhältnis stehen, ob die Behandlung oder Beratung ein gutes, stabilisierendes Ergebnis mit sich bringt oder Zeitvergeudung ist, die nur aus Angst beibehalten wird, sich ein Scheitern einzugestehen oder ein Alibi zu verlieren.

Schluss

Die Behandlung der narzisstischen Störungen ist eine wichtige Zukunftsaufgabe der Psychotherapie. Was verbindet und was unterscheidet die hier konzipierte *Therapy on Demand* von der »stützenden« Psychotherapie, die schon immer angeboten wurde? Wenn ich es auf eine kurze Formel bringen sollte, ist es zunächst die Abkehr von zwei Vorstellungen: die der Heilung durch eine »große Psychotherapie« auf der einen, die der Entwertung eines »stützenden« Vorgehens als »kleine Psychotherapie«, als palliative Maßnahme auf der anderen Seite.

Therapy on Demand sucht sowohl Abstand vom therapeutischen Größenwahn als auch von eiliger Resignation, wenn ein Kranker mehrere Behandlungen ohne subjektiven Erfolg durchprobiert hat und immer noch nach dem Weg sucht, endlich zu einem Menschen gemacht zu werden, der nicht an seiner Umwelt scheitert.

In der klassischen »stützenden« Therapie ist der Arzt die wohlwollende Autoritätsperson, welche Zuspruch leistet und beruhigt. Er ermutigt, Leid zu ertragen, und versucht, den Kranken von jeder Ursachenforschung abzuhalten, weil dieser dadurch noch mehr deprimiert würde. Sein Ziel ist palliativ: Es geht nicht mehr darum, den Kranken zu heilen, sondern einen unheilbaren Zustand erträglicher zu gestalten, in ihm humane Bedingungen zu schaffen und aufrechtzuerhalten.

In der TD ist der Helfer ebenfalls eine wohlwollende und schützende Autorität, zugleich aber ein Partner des Kranken, der ein gemeinsames Unternehmen aufbaut und organisiert. Zusammen mit ihm untersucht er die Faktoren im Leben des Patienten, welche sein Selbstgefühl festigen oder zerstören. Er entwirft Modelle, unter denen sich der Kranke stabilisieren kann. Er rekonstruiert die Auslöser narzisstischer Krisen, welche seine Entwicklung blockieren, Symptome auslösen, problematische Kompensationen (wie Gewalt, Sucht oder Rückzug) einleiten. Er bemüht sich nicht nur, dem Kranken möglichst viel überflüssiges Leid zu ersparen, sondern er sucht auch gemeinsam mit diesem nach dem »richtigen« Leid. Ein Angstkranker hat z.B. die Wahl zwischen den Unannehmlichkeiten der Angst und jenen der Folgen einer Vermeidung (einer Prüfung, einer Beziehung, einer Trennung). Eine palliative Therapie würde versuchen, ihn durch Beruhigungsmittel und Zuspruch zu stabilisieren, eine TD ihn darüber aufklären, dass es seine Entwicklung fördert, die Angst zu ertragen, während Vermeidung und Rückzug die Angst verstärken und seine Schmerzen verlängern.

TD unterscheidet sich anfänglich in Einzelheiten des Vorgehens wenig von einer kunstgerechten analytischen oder tiefenpsychologisch fundierten Therapie, wie sie von familientherapeutisch oder systemisch aufgeschlossenen Psychoanalytikern bereits des längeren gelehrt wird. Aber sie erweitert deren Konzept: Es geht nicht allein um die Besserung von Symptomen, sondern um eine strategische Sichtweise, in der die krisenhafte Entwicklung der narzisstischen Stabilität untersucht werden soll, um daraus künftige Gefahrenpunkte ebenso wie Interventionsmöglichkeiten abzuleiten. So wird in jeder Intervention auch eine Grundlage für künftige Interventionen erarbeitet.

Ziel der TD ist eine zwischenmenschliche Kultur, in der ein narzisstisch belasteter, seelisch traumatisierter Mensch niederschwellige Hilfe bei einem vertrauten Partner findet, wann immer er sie benötigt. Es soll verhindert werden, dass er mit Schuldgefühlen oder primitiveren Autoaggressionen (wie Selbstverletzungen) reagiert, weil er wieder einmal erkennen muss, dass ihm trotz aller Anstrengungen, trotz vorangehender Idealisierung einer Therapie oder eines Therapeuten die ersehnte Selbstidealisierung oder das erträumte Selbstobjekt versagt bleiben.

In der bedarfsorientierten Psychotherapie geht es darum, aus der bisherigen Entwicklung des Selbstgefühls und damit der Selbststabilisierungsmöglichkeiten des Patienten nicht nur die Hintergründe der aktuellen Krise abzuleiten, sondern auch künftige Krisen vorherzusehen und – wenn möglich – in das Gesamtkonzept einzubeziehen. Wenn es beispielsweise gelingt, ein durch gegenseitige

Entwertungen der Eltern geschwächtes erotisches Selbstgefühl so weit zu festigen, dass eine bisher von Näheangst beherrschte junge Frau eine feste Beziehung eingeht, dann sind zwei weitere Krisen zu erwarten: die erste, wenn sie mit einem Partner zusammenzieht, die zweite, wenn sie schwanger wird, vielleicht eine dritte, wenn ihr Kind in die Schule geht oder in die Pubertät kommt.

Ein Mann, der sein Selbstgefühl durch berufliche Leistungen und Erfolge stabilisiert hat, aber wenig Privatleben und außerberufliche Aktivitäten entwickeln konnte, wird durch den Verlust der Berufstätigkeit viel tiefer verletzt, als ein anderer, der sich in einem Ehrenamt engagiert und angesichts seiner Berentung darauf freut, dafür endlich soviel Zeit zu haben, wie er es sich schon lange gewünscht hat. Wenn dieser aber durch eine Intrige sein Amt als Trainer der Jugendmannschaft in seinem Fußballverein verliert, ist auch seine Stabilität gefährdet.

In unserem sozial beschleunigten Zeitalter werden fast jede Woche Fortbildung, Qualitätskontrolle, Leitbild oder Ressourcenorientierung neu erfunden, als ob wir alle bisher ohne Aufmerksamkeit für diese schönen Dinge gearbeitet hätten. Wenn ich wieder einmal auf eine Neuerung treffe, die nur halb so neu ist, wie sie sich gibt, erzähle ich gerne eine Anekdote: Zu dem Komponisten Haydn kommt ein Landwirt, um etwas zu besprechen. Er wird in das Musikzimmer gebeten und schlägt, um sich das Warten zu verkürzen, einige Tasten des Flügels an. »Sie können Klavier spielen?«, fragt der eintretende Künstler verblüfft. »Jo, grod merk' i's!«, antwortet der Bauer (Hochdeutsch: »Ja, ich habe es soeben bemerkt.«).

Wenn also ein Leser feststellt, dass er bereits TD praktiziert, kann ich das nur begrüßen. Ich habe längst vermutet, dass viel von dem, was in der Praxis von niedergelassenen Therapeuten geschieht, sich – nicht anders als in meiner eigenen Praxis – in dieser Richtung entwickelt hat und entwickeln wird. Deshalb finde ich es sinnvoll, TD-Konzepte genauer zu durchdenken, sie weiterzuentwickeln, über sie zu diskutieren und die kassentechnischen Regeln dieser Situation anzupassen.

Über solche technischen Veränderungen hinaus geht es mir in der

TD um eine Veränderung der Haltung angesichts jener zwischenmenschlichen Aufgabe, die mit »stützen« verharmlost und banalisiert wird. Indem ich sie mit dem internationalen Begriff des *»on demand«* verknüpfe, der uns auf die Globalisierung unseres Lebens hinweist, möchte ich sie an den Platz verweisen, den sie meiner Ansicht nach hat.

Die Globalisierung ist weder gut noch böse, sondern unausweichlich. Es kommt darauf an, ob wir sie gerecht gestalten, ob wir uns in diesen Prozessen von Einfühlung und Rücksichtnahme bestimmen lassen oder von kurzsichtigen Interessen der Ausbeutung, die langfristig in Katastrophen führen. Therapeuten werden in diesem Zusammenhang mehr und mehr gefordert sein, jene Traumatisierungen zu behandeln, die durch Migration, Terror, Flucht und Vertreibung entstehen. Sie werden diese Aufgabe am besten erfüllen, wenn sie es faszinierend und befriedigend finden, Menschen zu helfen, denen Unersetzliches verloren gegangen ist, und mit jenen anerkennend und wertschätzend umzugehen, die selbst nichts mehr abzugeben haben.

Die Konzepte der Heilung enthalten immer auch eine Komponente der Norm und des Ideals, die angesichts der Versuche, ein narzisstisches Trauma auszugleichen, problematisch werden. TD lehrt den Therapeuten, Unsicherheit zu ertragen, Perfektionismus zu kritisieren, angesichts von Enttäuschung handlungsfähig zu bleiben. Er wird sich und andere davor bewahren, durch Drohung mit einer Entwertung primitive Idealisierungen retten zu wollen oder angesichts des Scheiterns narzisstisch hochbesetzter Erwartungen in Wut, Rache und Terror zu entgleisen. Er wird danach streben, ein konstruktives, von Austausch bestimmtes soziales Klima zu fördern und dadurch die Gefahren des explosiven Narzissmus zu begrenzen.

Dabei tut er gut daran, sich an dem Motto Wilhelms von Oranien zu orientieren, der vielleicht frühesten und am schönsten pointierten Zusammenfassung dessen, was eine professionelle Haltung ausmacht: »Ich brauche nicht die Hoffnung, um zu beginnen, noch den Erfolg, um fortzufahren!«

Anmerkungen

1 T. Moser, Bekenntnisse einer halb geheilten Seele. Psychotherapeutische Erinnerungen, Frankfurt (Suhrkamp) 2004.
2 S. Freud, Studien über Hysterie, GW I, S. 251 f.
3 Die Hysterie hängt damit zusammen, dass entweder immer oder nie an Sexualität gedacht wird. Die Beziehung zur Sexualität gleicht einer Trauma-Reaktion; auch Traumatisierte reden nicht selten entweder immer oder aber nie von ihren Verletzungen.
4 Vgl. Th. Giernalzcyk, Lebensmüde, München (Kösel) 1995.
5 Mit diesem Kürzel soll Robert Mitchum seine Drehbücher dort markiert haben, wo seiner Ansicht nach keine schauspielerische Aktivität notwendig war.
6 W. Koydl, Der Gandhi im blauen Blazer, in: Süddeutsche Zeitung v. 10. 12. 2002, S. 3.
7 A. Stifter, Erzählungen. Brigitta. Der Hochwald. Bergkristall, hg. v. E. Hederer, Bergen (Müller & Kiepenheuer) o. J., S. 38.
8 Stifter, a. a. O., S. 44.
9 Horaz, Briefe I, 2, 40: Dimidium facti, qui coepit, habet.
10 Vgl. Ch. Fortune, The Case of RN. Sándor Ferenczi's Radical Experiment in Psychoanalysis, in: L. Aron/A. Harris (eds.), The Legacy of Sándor Ferenczi, Hillsdale (The Analytic Press) 1993, S. 101 – 120, zit. n. der Übersetzung von E. Nemeny, in: Psyche 48, 1994, S. 683 – 706. Die Einschätzung von RN als großer Anregerin stammt von B. Wolnstein: Ferenczi, Freud and the Origins of American Interpersonal Relations, in: Contemp. Psychoanal. 25, 1989, S. 672–685.
11 Fortune a. a. O. Die Hauptquelle über Elisabeth Severn ist ihre Tochter Margaret, mit der die Mutter fast täglich korrespondierte; allerdings hat die Tochter die Briefe später, einem Wunsch der Mutter entsprechend, verbrannt.
12 Brief aus der Sammlung von M. Severn, zit. n. Fortune a. a. O., S. 686.
13 S. Ferenczi, Ohne Sympathie keine Heilung. Das klinische Tagebuch von 1932, Frankfurt (Fischer) 1988.
14 H. Will, Ferenczi und Groddeck – eine Freundschaft, in: Psyche 48, 1994, S. 720–737.
15 Fortune, a. a. O., S. 695.
16 Als Freud, selbst sterbenskrank, 1938 von den Nazis zur Emigration

gezwungen worden war, hatte Anna Freud Elisabeth Severn noch einmal in Freuds neues Heim in Hampstead eingeladen. Wir wissen nicht, ob und worüber die beiden gesprochen haben; vermutlich wurde aber das Thema des bösen Geistes nicht angeschnitten.

17 Anonyma über Anonyma, in: Psyche 48, 1994, S. 12; H. S. Krutzenbichler / H. Essers, Muß denn Liebe Sünde sein? Über das Begehren des Analytikers, Freiburg (Kore) 1991; J. M. Masson, Was hat man dir, du armes Kind, getan? Reinbek (Rowohlt) 1984.

18 E. Berne, Spiele der Erwachsenen, Reinbek (Rowohlt) 1967, S. 192 f.

19 W. Schmidbauer, Hilflose Helfer. Über die seelische Problematik der sozialen Berufe, überarb. Neuauflage, Reinbek (Rowohlt)1992.

20 »Neue« und »alte« Helfer sind definiert in: W. Schmidbauer, Helfen als Beruf. Die Ware Nächstenliebe, Reinbek (Rowohlt) 1983.

21 Vgl. T. Moser, Bekenntnisse einer halb geheilten Seele. Der Text ist ein sehr sensibel und anschaulich beschriebenes Dokument für eine solche Entwicklung. Irgendwann musste dann auch die erst (in *Lehrjahre auf der Couch*) so idealisierte Analyse entwertet werden; der Autor schwankt zwischen dem Triumph über das versagende Selbstobjekt und der Unterwerfung unter das noch mit Hoffnung besetzte.

22 G. Tomasi di Lampedusa, Der Leopard, München (Piper) 1960.

23 S. Freud, Über »wilde« Psychoanalyse, GW VIII, S. 118f.

24 E. Jones, Sigmund Freud, Leben und Werk Bd. 2, München (dtv) 1984, S. 325, sowie M. Gardiner, Sigmund Freuds berühmtester Fall. Der Wolfsmann vom Wolfsmann. Erinnerungen, Berichte, Diagnosen, Frankfurt (Fischer) 1972.

25 Ruth Mack Brunswick und Muriel Gardiner.

26 K. Obholzer, Gespräche mit dem Wolfsmann, Reinbek (Rowohlt) 1980.

27 Der jüdische Witz ist der vom Schadchen, der auf den Wunsch nach einer Braut, die jung, schön und reich sei, entgegnet: »Daraus mach ich drei Partien.«

28 W. Schmidbauer, Vom Es zum Ich. Evolutionstheorie und Psychoanalyse, München (List) 1975.

29 T. Moser, Zu viele Therapien, zu wenig Integration, in: Integrative Therapie 20, 1994, S. 15.

30 Das altdeutsche Wort *filt*, das im mittelhochdeutschen *vilz* und im angelsächsischen *felt* weiterlebt, weist auf germanisch *felti* hin, das mit einem indogermanischen Wort für »schlagen« verwandt ist, *falt* (daher

lateinisch *pellere*, ursprünglich *peldere*, »stoßen«). Dieses verloren gegangene Wort hat sich in *falzen* erhalten, ebenso in *Amfil*, einem verschollenen Ausdruck für den Amboss).
Der lateinische Ausdruck für den Filz wurde, wie andere Termini der Weberei, aus dem Germanischen entlehnt (*filtrum*, daher unser »Filter«). Da arme Leute billige Filzstoffe trugen, ist Filz auch ein Wort für die bäuerliche Bevölkerung geworden, deren Sparsamkeit dann das abschätzige »Filz« für den Geizhals prägen half.
Es gibt viele verschiedene Fasern, die von Menschen verwendet werden, um Seile zu drehen, Netze zu flechten oder Stoffe und Decken zu weben. Aber nur Schafwolle und einige andere Tierhaare können zu einem festen Material verfilzt werden. Will man einen Filz machen, in dem Pflanzenfasern enthalten sind, ist Wolle als Trägerstoff notwendig. Eine späte Erfindung sind gewebte Filze (z.B. Loden), bei denen ein Gewebe nachträglich verfilzt wird. Faserfilz wurde schon gemacht, ehe die Menschen spinnen konnten, und bedeckt bis heute die Zelte der Mongolen. Das Herstellungsprinzip ist einfach: Geeignete Schafwolle wird zu feinen Matten ausgekämmt und dann in so vielen Schichten aufeinandergelegt, bis die gewünschte Stärke des Stoffs erreicht ist. Für bestimmte Anwendungen (Hüte) werden andere Fasern hinzugefügt. Anschließend werden die Fasern durch ein Lösungsmittel (Wasser mit Seife) aufgeweicht, erhitzt und durch Schläge mit schweren Hölzern (später: durch maschinenbetriebene Pressen) zu ihrer endgültigen Form verdichtet.

31 S. Freud, Der Wahn und die Träume in W. Jensens ›Gradiva‹, GW VII, S. 31f.

32 R. R. Greenson, Technik und Praxis der Psychoanalyse, Stuttgart (Klett) 1973, S. 363.

33 Nur in diesen Fällen sei eine Fortführung der Analyse möglich, wenn der Kranke z.B. arbeitslos werde.

34 Die Teilnehmer haben ein Stück der Geschichte in A. Bauer/K. Gröning/M. Grohs-Schultz (Hg.), Psychoanalytische Perspektiven. Wolfgang Schmidbauer zum 60. Geburtstag, Frankfurt (Peter Lang) 2002, erzählt.

Literatur

Anonyma über Anonyma, in: Psyche 48, 1994, S. 12–28.

Balint, M.: Therapeutische Aspekte der Regression. Stuttgart (Klett) 1959.

Bandelow, B.: Das Angstbuch. Reinbek (Rowohlt) 2004.

Bauer, A./Gröning, K./Grohs-Schultz, M. (Hg.): Psychoanalytische Perspektiven. Wolfgang Schmidbauer zum 60. Geburtstag. Frankfurt (Peter Lang) 2002.

Beck, U.: Risikogesellschaft. Auf dem Weg in eine andere Moderne. Frankfurt (Suhrkamp) 1982.

Bendkower, J.: Psychoanalyse zwischen Religion und Politik. Frankfurt/M. (Campus) 1991.

Benjamin, J.: Die Fesseln der Liebe. Frankfurt (Stroemfeld) 1990.

Berne, E.: Spiele der Erwachsenen, Reinbek (Rowohlt) 1967.

Bion, W. R.: Erfahrungen in Gruppen. Frankfurt/M. (Fischer) 1990.

Bion, W. R.: Lernen durch Erfahrung. Frankfurt/M. (Suhrkamp) 1990.

Bion, W.: Second Thoughts. Selected Papers on Psychoanalysis. London (Heinemann) 1967.

Bion, W. R.: Transformationen. Frankfurt/M. (Suhrkamp) 1997.

Bradford, L. P./Gibb, J. R./Benne, K. D. (Hg.): Gruppen-Training. Stuttgart (Klett) 1972.

Breuer, St.: Sozialpsychologische Implikationen der Narzißmustheorie. In: Psyche 46, 1992, S. 1–31.

Butollo, W., et al.: Kreativität und Destruktion. Formen posttraumatischer Bewältigung. Stuttgart (Pfeiffer bei Klett-Cotta) 1999.

Cohn, R.: Von der Psychoanalyse zur themenzentrierten Interaktion. Stuttgart (Klett-Cotta) 1975.

Cremerius, J.: Gibt es zwei psychoanalytische Techniken? In: Psyche 33, 1979, S. 551–564.

Cremerius, J.: Vom Handwerk des Psychoanalytikers. Das Werkzeug der psychoanalytischen Technik. Bde. 1 u. 2. Stuttgart (Frommann-Holzboog) 1984.

Dührssen, A.: Analytische Psychotherapie. Göttingen (Vandenhoeck & Ruprecht) 1972.

Dyregrov, A.: Psychological Debriefing – An Effective Method? In: Traumatology 4: 2, Artikel 1, 1998.

Echter, D.: Lust auf Erfolg. Karrierestrategien für Frauen. Düsseldorf (Econ) 1994.

Echter, D.: Rituale im Management. München (Vahlen) 2003.

Elias, N.: Der Prozess der Zivilisation. Frankfurt (Suhrkamp) 1979.

Erdheim, M.: Die gesellschaftliche Produktion von Unbewußtheit. Frankfurt (Suhrkamp) 1982.

Erikson, E. H.: Der vollständige Lebenszyklus. Frankfurt (Suhrkamp) 1988.

Ferenczi, S.: Ohne Sympathie keine Heilung. Das klinische Tagebuch von 1932. Frankfurt (Fischer) 1988.

Fischer, G.: Psychoanalyse und Psychotraumatologie. Unterwegs zu einer kausalen Psychotherapie traumabedingter Störungen. In: Psychosozial 24, 2001, S. 35–52.

Fischer, G./Riedesser, P.: Lehrbuch der Psychotraumatologie. München (Reinhardt) 1998.

Flatten, G., et al.: Posttraumatische Belastungsstörungen. Leitlinie und Quellentext. Stuttgart (Schattauer) 1999.

Fortune, Ch.: The Case of RN. Sándor Ferenczi's Radical Experiment in Psychoanalysis. In: L. Aron/A. Harris (eds.): The Legacy of Sándor Ferenczi, Hillsdale (The Analytic Press) 1993, S. 101–120. Zit. n. der Übersetzung von E. Nemeny, in: Psyche 48, 1994, S. 683–706.

Foulkes, S. H.: Gruppenanalytische Psychotherapie. Stuttgart (Klett-Cotta) 1992.

Foulkes, S. H.: Therapeutic Group Analysis. New York (International Universities Press) 1964.

Freud, A.: Das Ich und die Abwehrmechanismen. München (Kindler) o. J.

Freud, S.: Abriß der Psychoanalyse. Das Unbehagen in der Kultur. Frankfurt/M. (Fischer) 1953.

Freud, S.: Aus den Anfängen der Psychoanalyse. Briefe an Wilhelm Fließ. Abhandlungen und Notizen aus den Jahren 1887–1902. Hg. von Ernst Kris. Frankfurt/M. (Fischer) o. J.

Freud, S.: Beiträge zur Psychologie des Liebeslebens I u. II. In: GW VIII, S. 65–91.

Freud, S.: Beiträge zur Psychologie des Liebeslebens III. In: GW XII, S. 159–180.

Freud, S.: Bruchstück einer Hysterie-Analyse. In: GW V, S. 161–286.

Freud, S.: Der Mann Moses und die monotheistische Religion. In: GW XVI, S. 101–248.

Freud, S.: Der Wahn und die Träume in W. Jensens ›Gradiva‹. In: GW VII, S. 31–125.
Freud, S.: Die Abwehr-Neuropsychosen. Versuch einer psychologischen Theorie der akquirierten Hysterie, vieler Phobien und Zwangsvorstellungen und gewisser halluzinatorischer Psychosen. In: GW I, S. 57–74.
Freud, S.: Die Frage der Laienanalyse. In: GW XIV, S. 207–296.
Freud, S.: Die ›kulturelle‹ Sexualmoral und die moderne Nervosität. In: GW VIII, S. 143–170.
Freud, S.: Gesammelte Werke. Bde. I–XVIII. Hg. v. A. Freud et al. 5. Aufl. London (Imago) 1972.
Freud, S.: Konstruktionen in der Analyse. In: GW XVI, S. 41–56.
Freud, S.: Massenpsychologie und Ich-Analyse. In: GW XIII, S. 70–161.
Freud, S.: Studien über Hysterie. GW I, S. 77–312.
Freud, S.: Über »wilde« Psychoanalyse. In: GW VIII, S. 118–126.
Freud, S.: Zeitgemäßes über Krieg und Tod. In: GW X, S. 323–356.
Freud, S./ Jung, C. G.: Briefwechsel. Frankfurt (Fischer) 1974.
Fromm, E.: Die Kunst des Liebens. Frankfurt (Suhrkamp) 1959.
Fürstenau, P.: Psychoanalytisch verstehen, systemisch denken, suggestiv intervenieren. Stuttgart (Klett-Cotta) 2000.
Gardiner, M.: Sigmund Freuds berühmtester Fall. Der Wolfsmann vom Wolfsmann. Erinnerungen, Berichte, Diagnosen. Frankfurt (Fischer) 1972.
Giernalzcyk, Th.: Lebensmüde. München (Kösel) 1995.
Greenson, R. R.: Technik und Praxis der Psychoanalyse. Stuttgart (Klett) 1973.
Horaz: Briefe I, 2.
Jones, E.: Sigmund Freud, Leben und Werk Bd. 2. München (dtv) 1984.
Kernberg, O.F.: Borderline-Störungen und pathologischer Narzissmus. Frankfurt (Suhrkamp) 1978.
Kernberg, O.F.: Schwere Persönlichkeitsstörungen. Stuttgart (Klett-Cotta) 1988.
Keupp, H.: Riskante Chancen. Das Subjekt zwischen Psychokultur und Selbstorganisation. Heidelberg (Asanger) 1988.
Kohut, H.: Narzissmus. Frankfurt (Suhrkamp)1973.
König, K.: Praxis der psychoanalytischen Therapie. Göttingen (Vandenhoeck & Ruprecht) 1991.
Koydl, W.: Der Gandhi im blauen Blazer. In: Süddeutsche Zeitung v. 10. 12. 2002, S. 3.

Krause, R: Affektpsychologische Überlegungen zur menschlichen Destruktivität. In: Psyche 55, 2001, S. 934–960.
Krause, R.: Allgemeine psychoanalytische Krankheitslehre. 2 Bde. Stuttgart (Kohlhammer) 1997/98.
Krutzenbichler, H. S. / Essers, H.: Muß denn Liebe Sünde sein? Über das Begehren des Analytikers. Freiburg (Kore)1991.
Kutter, P.: Das direkte und indirekte Spiegelphänomen. In: Pühl, H. (Hg.): Handbuch der Supervision. Berlin (Marhol) 1990, S. 291–302.
Lasch, Ch.: Das Zeitalter des Narzißmus. München (Steinhausen) 1980.
Levi, P.: Ist das ein Mensch? Die Atempause. München (Hanser) 1989.
Marcuse, H.: Das Veralten der Psychoanalyse. In: Ders.: Kultur und Gesellschaft Bd. 2. Frankfurt (Suhrkamp) 1965.
Marcuse, H.: Der eindimensionale Mensch. Studien zur Ideologie der fortgeschrittenen Industriegesellschaft. Darmstadt/Neuwied (Luchterhand) 1967.
Masson, J. M.: Was hat man dir, du armes Kind, getan? Reinbek (Rowohlt) 1984.
Menninger, K.: Leben als Balance. München (Piper) 1968.
Mitscherlich, A./Mitscherlich, M.: Die Unfähigkeit zu trauern. Grundlagen kollektiven Verhaltens. München (Piper) 1977.
Morgenthaler, F.: Technik. Zur Dialektik des psychoanalytischen Prozesses. Frankfurt (Syndikat) 1986.
Moser, T.: Bekenntnisse einer halb geheilten Seele. Psychotherapeutische Erinnerungen. Frankfurt (Suhrkamp) 2004.
Moser, T.: Zu viele Therapien, zu wenig Integration. In: Integrative Therapie 20, 1994, S. 15–25.
Obholzer, K.: Gespräche mit dem Wolfsmann. Reinbek (Rowohlt) 1980.
Perls, F.: Gestalttherapie in Aktion. Stuttgart (Klett) 1974.
Pohlen, M.: Gruppenanalyse. Göttingen (Vandenhoeck & Ruprecht) 1972.
Ramachandran, V. S./Blakeslee, S.: Die blinde Frau, die sehen kann. Rätselhafte Phänomene unseres Bewusstseins. Reinbek (Rowohlt) 2001.
Reiche, R.: Haben frühe Störungen zugenommen? In: Psyche 45, 1991, S. 1045–1066.
Rohde-Dachser, Ch./Meyer zur Capellen, R.: Prothesengott und Muttermacht. Psychoanalytische Bemerkungen zur Technikentwicklung, zur Naturzerstörung und zur Manipulierbarkeit unbewußter Fantasien. In: Rohde-Dachser, Ch. (Hg.): Zerstörter Spiegel. Psychoanalytische Zeitdiagnosen. Göttingen (Vandenhoeck & Ruprecht) 1990.

Schmidbauer, W.: Altern ohne Angst. Reinbek (Rowohlt) 2000.
Schmidbauer, W.: Helfen als Beruf. Die Ware Nächstenliebe. Reinbek (Rowohlt) 1983, 1996.
Schmidbauer, W.: Helfersyndrom und Burnoutgefahr. München (Urban) 2001.
Schmidbauer, W.: Hilflose Helfer. Über die seelische Problematik der helfenden Berufe. Überarb. Neuauflage. Reinbek (Rowohlt) 1992.
Schmidbauer, W.: »Ich wusste nie, was mit Vater ist!« Das Trauma des Krieges. Reinbek (Rowohlt) 1996.
Schmidbauer, W.: Liebeserklärung an die Psychoanalyse. Reinbek (Rowohlt) 1988.
Schmidbauer, W.: Persönlichkeit und Menschenführung. München (dtv) 2004.
Schmidbauer, W.: Vom Es zum Ich. Evolutionstheorie und Psychoanalyse. München (List) 1975.
Schmidbauer, W.: Wenn Helfer Fehler machen. Reinbek (Rowohlt) 1998.
Schmidbauer, W.: Wie Gruppen uns verändern. Vom Training zur Institutionsanalyse. Reinbek (Rowohlt) 1999.
Schön, D.: The Reflective Practitioner. New York (Basic Books) 1983.
Slater, P. E.: Mikrokosmos. Eine Studie über Gruppendynamik. Frankfurt/M. (Fischer) 1970.
Slavson, S. R.: Analytische Gruppentherapie. Theorie und praktische Anwendung. Frankfurt/M. (Fischer) 1977.
Stifter, A.: Erzählungen. Brigitta. Der Hochwald. Bergkristall. Hg. v. E. Hederer. Bergen (Müller & Kiepenheuer) o.J.
Tomasi di Lampedusa, G.: Der Leopard. München (Piper) 1960.
Will, H.: Ferenczi und Groddeck – eine Freundschaft. In: Psyche 48, 1994, S. 720–737.
Wolnstein, B.: Ferenczi, Freud and the Origins of American Interpersonal Relations. In: Contemp. Psychoanal. 25, 1989, S. 672–685.
Yalom, I. D.: Theorie und Praxis der Gruppenpsychotherapie. München (Pfeiffer) 1989.